"十四五"时期国家重点出版物出版专项规划项目

马克思主义理论研究与当代中国书系

国家出版基金项目
NATIONAL PUBLICATION FOUNDATION

# 西方马克思主义在中国的传播与影响研究

陈学明 等 著

中国人民大学出版社
·北京·

# 前　言

习近平总书记指出："学习研究当代世界马克思主义思潮，对我们推进马克思主义中国化，发展 21 世纪马克思主义、当代中国马克思主义具有积极作用。"① 回顾与总结当代国外马克思主义，特别是西方马克思主义在中国传播与产生影响的数十年历程，我们可以清楚地看到习近平总书记的这一判断是完全正确的。

在华东师范大学召开的马克思主义中国化成果国际传播研讨会上，我曾经这样说道：20 世纪下半叶以来，随着苏联模式的马克思主义受到日益严峻的挑战，产生的影响越来越小，有两种马克思主义异军突起。其一是西方马克思主义，其二是当代中国马克思主义。前者仅仅是一种理论，而后者不仅是一种理论，也是一种现实运动。就国际传播来说，西方马克思主义能够给予当代中国马克思主义重大的启示。

西方马克思主义从 20 世纪 70 年代末 80 年代初传到中国以后，在中国就产生了广泛的影响。

西方马克思主义在中国传播并产生影响大致可以分为四个阶段。这就

----

① 习近平.习近平谈治国理政：第 2 卷.北京：外文出版社，2017：65.

是：从 20 世纪 80 年代初至 90 年代初、从 20 世纪 90 年代初至 21 世纪初、21 世纪头 10 年、2010 年至今。

中国走上改革开放的道路，开辟新的历史时期，关键在于破除原有的思想障碍，实现思想解放。而在各种思想障碍中，对马克思主义教条式、僵化的错误理解无疑是最大的，我国第一阶段的西方马克思主义研究的意义就是促使人们突破这种思想障碍，进而为中国人民实现思想解放提供强大的思想武器。

20 世纪 80 年代末 90 年代初，国际风云突变，这主要表现在东欧一批社会主义国家的易帜和苏联的解体。我国的西方马克思主义研究也进入了一个新的阶段。这一阶段我国的西方马克思主义研究的一个重大意义就是为增强马克思主义信念带来推动力，为正确地总结苏东剧变的教训提供依据。

进入 21 世纪以后，我国的西方马克思主义研究的现实意义主要表现在为开辟中国特色社会主义道路提供理论资源。中国特色社会主义道路首先面临的一个问题是如何说明这一道路的合法性与合理性，即如何说明我们走这一道路不仅是正当的，而且是可行的。而西方马克思主义的理论，特别是西方马克思主义的现代性批判理论，正能为这一道路的合法性与合理性做出理论说明。中国特色社会主义道路已经取得了巨大的成就，但与此同时，它也面临着一些必须破解的难题和矛盾。

通过思考改革开放的全过程我们发现，一系列的理论创新都与西方马克思主义的影响有关：

以人为本。西方马克思主义传播到中国时就是以一种人道主义的马克思主义的面目出现的，西方马克思主义所强调的以人为出发点的思想显然对后来中国提出"以人为本"理念产生了影响。

建立社会主义市场经济。早在 20 世纪 80 年代，我国的一些学者就把西方马克思主义的西方市场社会主义理论传播到中国。市场社会主义理论力主把市场与社会主义结合在一起，后来中国提出推行社会主义市场经济不能不说与市场社会主义理论在中国的传播相关。

消除生态危机。西方马克思主义的生态马克思主义流派在中国传播广泛，当它开始流传到中国时，中国还在以牺牲自然获取生产力发展，后来中国把消除生态危机、建设生态文明作为国家战略，这受到生态马克思主义的启示。

为实现美好生活而奋斗。西方马克思主义是以深入批判当代资本主义的异化的人的存在方式著称的，它的这一理论在中国传播，体现人们对新的美好生活的强烈渴求。党的十九大报告提出把人民对美好生活的向往作为奋斗目标，这是西方马克思主义在中国的传播的正面效应。

创建中国式现代化道路。西方马克思主义对资本主义的批判，在一定程度上是对资本主义的现代化模式的批判。西方马克思主义理论家在批判资本主义的现代化模式的同时，还探讨了另一种实现现代化的可能性。由于他们把西方资本主义的现代化模式走向反面的根源不是归结为现代化理念本身，而是归结为承受现代性的资本主义的生产方式、资本逻辑，所以他们不但论证了非资本主义的现代化模式的必要性，而且说明了这种非资本主义的现代化模式的可能性。西方马克思主义的现代性批判理论显然对中国式现代化道路的形成产生了积极的影响。

创建人类文明新形态。西方马克思主义在说明另一种走向现代化的模式的可能性与必要性的同时，也论证了创建另一种人类文明形态的可能性与必要性。西方马克思主义理论家对当代资本主义文明的批判与对一种非资本主义的人类文明的呼唤是紧紧地结合在一起的。在他们的著作中，有大量的对另一种人类文明的内涵与意义的描述。他们对资本主义文明的批判，以及对另一种人类新文明的研究，对我们创建人类文明新形态有着启示意义。

中国实行改革开放，国门一打开，外面的东西必然要涌进来。当然，进入中国的不仅有国外的资本与技术，还有国外特别是西方的思想文化。面对这些外来的思想文化，中国改革开放的设计者与引路人用积极的态度对待它们，即：一方面，用自己开放的胸襟和恢宏的气魄，吸收和借鉴这些外来文化中的一切优秀成分，用它们来完善和发展自己；另一方面，决不盲目地全盘接受外来文化，拒绝外来文化中的"糟粕"，在吸收外来文化的优点的过程中决不失去自我。40多年时间过去了，我们完全可以说，中国在消化和吸收外来文化方面是成功的。西方马克思主义是中国实行改革开放后，最早传播到中国来，也是传播规模最大的一种外来文化。西方马克思主义在中国传播的历程与影响，是改革开放消化和吸收外来文化的成功的、最有说服力的例证。

马克思主义中国化展现出来的不是单纯发生在中国语境中的文化现象，而毋宁说是世界马克思主义宏观发展进程中的微观有机因子。所以，我们既应在马克思主义发展史的历时性结构中探讨马克思主义中国化的时代发生，又应在中国马克思主义与国外马克思主义的共时性结构中考察马克思主义中国化的民族生成。这就要求我们不断扩大理论视野，把当代国外马克思主义思潮，特别是西方马克思主义纳入自己的理论视野。

几十年来的历史表明，我们能够而且应当从当代国外马克思主义思潮，特别是西方马克思主义思潮当中，获取实现马克思主义中国化的理论资源。特别是在当代，马克思主义中国化的过程表现为中国特色社会主义的开拓与完善的过程，伴随着当代中国的空前艰巨的复兴大业，这种具有复杂性、艰巨性的工作尤其需要理论资源。一方面，当代国外马克思主义对资本主义的批判、对现代性的反思，为中国道路整体的合法性与合理性提供了思想支持。另一方面，中国是在加入以资本主义为主导的全球经济秩序条件下发展的，中国道路面临着国内外复杂的矛盾与挑战，当代国外马克思主义的一系列理论观点可以为应对各种具体问题提供理论借鉴。汲取国外马克思主义对于马克思主义基本理论的许多创新性阐释，结合我国社会主义建设实践和当代历史新变化，对马克思主义的基本理论进行新的适合当今时代的重新表述，打破教条主义的束缚，这一点十分迫切。

以记录"正统"或"纯粹"的马克思主义发展史为理由画出一条主线，轻视甚至排斥当代国外马克思主义思潮的理论成果，在学理上是缺少根据的。我们必须改变"唯我独马"的傲慢态度，把当代国外马克思主义思潮，特别是把其中一些对坚持与发展马克思主义真正做出贡献的流派和人物，纳入我们对马克思主义发展史的研究之中。我们应将当代国外马克思主义与当代中国马克思主义共同放置在马克思主义的坐标系里加以研究。国外马克思主义思潮的学理观点在中国学术思想界的传播，与马克思主义中国化理论的推进，以及与马克思主义在中国的发展并不是分离的，我们不能回避这一点，论述马克思主义的发展不能撇开国外马克思主义思潮。无论是排斥还是否认国外马克思主义，都会造成马克思主义发展史的"缺环"，都会破坏马克思主义"谱系"的完整性。

纵观西方马克思主义理论，其主要内容是对马克思主义，当代资本主义以及共产主义、社会主义的研究。而在中国产生影响的也主要是这三个方面的理论。所以，在这里，我们在简要探讨西方马克思主义在中国传播的四个主要阶段所产生的影响的基础上，着重分别研究西方马克思主义的这三个方面的理论在中国的传播和产生的影响。

西方马克思主义实际上是个比较模糊的概念。但它与国外马克思主义的界限还是比较清楚的，西方马克思主义仅仅指西方国家的，而不是整个国外的马克思主义研究。而且，西方马克思主义不能涵盖整个西方的马克思主义研究，它只是指由卢卡奇等人所开创的那种"新左翼"的马克思主义研究。我们在这里就主要探讨西方马克思主义的"三大理论"在中国的影响，适当涉及西方其他一些左翼思想家的相关理论。

由于时间仓促和囿于研究水平，本书难免有所缺漏，敬请读者批评指正。

陈学明

2022 年 10 月 26 日

# 目　　录

# 第一章　西方马克思主义在中国传播的四个阶段及分别产生的影响

西方马克思主义是在 20 世纪 70 年代末 80 年代初流传到我国的。中国学者对其已经进行了长达 40 年的研究。西方马克思主义研究伴随着中国改革开放的整个历史进程。西方马克思主义研究已经构成了当今中国马克思主义研究，甚至整个理论研究的一个不可分割的组成部分。西方马克思主义已经成为当今中国学界的显学。西方马克思主义对当今中国的发展产生了重大的影响。

西方马克思主义研究在中国的整个过程，大致可以分为四个阶段。这就是：从 20 世纪 80 年代初至 90 年代初、从 20 世纪 90 年代初至 21 世纪初、21 世纪头 10 年、2010 年至今。我在这里回顾一下我国的西方马克思主义研究的这四个阶段，着重揭示各个阶段的研究在当今中国所产生的意义。

## 一、第一阶段：为中国人民实现思想解放提供思想武器

中国走上改革开放的道路，开辟新的历史时期，关键在于破除原有的

思想障碍，实现思想解放。对马克思主义教条式、僵化的错误理解无疑是解放思想面临的最大障碍。

自20世纪70年代末开始，西方马克思主义思潮涌入中国，卢卡奇、葛兰西、马尔库塞、哈贝马斯、阿尔都塞、萨特这些西方马克思主义者的名字在中国一下子变得耳熟能详，他们的著作被译成中文出版，充满中国的书店，他们的理论和观点甚至走进了大学课堂。所有这些，给中国带来了什么呢？最主要的是带来了对马克思主义的看法的改变。人们从西方马克思主义那里，知道了马克思主义并不完全如当时所理解的那样。起码人们知道了马克思主义原来还具有以下这些特点：

其一，现实性。西方马克思主义理论家为自己提出了使马克思主义"现代化"的使命，20世纪西方马克思主义的发展过程是不断地与现实相结合的过程。20世纪西方马克思主义之所以能对20世纪西方的历史进程产生重大影响，主要是因为它具有现实性这一重大特征。尽管有的西方马克思主义者把马克思主义作为纯学术来进行研究，但总的来说，20世纪西方马克思主义的绝大多数派别都注重面对社会现实。即使他们同西方国家的工人运动几乎没有任何直接联系，即使他们从来没有企图建立某种政党来实践自己的学说，即使他们大多是关在书斋里钻研学问的学者、教授，即使他们写下的著作晦涩难懂，但是从他们关注的一些理论问题来看，他们实际上并没有回避现实的挑战，他们那深奥难懂的语言负载着大量关于急剧变化的资本主义世界的信息，把握着这个特定时代的脉搏，也倾注了他们对社会主义和马克思主义命运的深切关注。可以说，他们实际上是在书斋里，用他们特定的语言和方式曲折地反映着他们生活的那个时代。只要看一下整个20世纪西方马克思主义的发展过程，就可以清楚地知道，每一个阶段他们研究的主题都与现实息息相关。20世纪初，他们主要研讨的是如何看待资本主义的新发展；第一次世界大战前后，他们围绕着如何看待帝国主义与战争展开研究；苏联十月革命发生以后，他们又对苏联十月革命的意义以及西方国家的社会主义前景进行集中探讨；在法西斯主义兴起以及随之发生的第二次世界大战期间，他们的研究注意力转向探讨法西斯主义产生的根源；第二次世界大战结束以后，面对西方资本主义国家基于第三次科技革命所产生的新发展，他们把科技革命的社会政治效应纳入了研究视野。西方马克思主义理论家之所以能够比较自觉地使自己的研究与现实结合在一起，当然出于他们对马克思主义哲学的本质特征的认识。在漫长的历史过程中，他们越来越深切地认识到，马克思主义哲学是工人阶级自己解放自己的理论，实践性是它的本质特征之一，即它必须面向现实。马克思主义本质上永远是当代的。马克思主义的活力与魅力在于在实践基础上的创造性的发展。苏东剧变后，西方的一些马克思主义哲学研究者在反思苏联模式的马克思主义陷于失败的根源时，往往把失败的根源归结于理论脱离实际，即凝固地、静止地、教条式地理解马克思主义。他们运用大量的事实揭露了理论脱离实际给社会主义运动带来的巨大危害，这更激起了他们密切联系实际地进行马克思主义哲学研究的自觉性。

其二，开放性。整个西方马克思主义的发展历程都是一个开放的过程。这里所说的"开放"，指的是马克思主义哲学的研究者强调马克思主义应向各种思潮开放，吸收各种非马克思主义哲学的宝贵因素。西方马克思主义本来就是以把马克思主义哲学与非马克思主义哲学结合在一起为主要特征的，从属于西方马克思主义的主要是一些把马克思主义哲学与西方某一特定的哲学思潮"融合"在一起的派别，如"存在主义的马克思主义""结构主义的马克思主义""弗洛伊德主义的马克思主义""新实证主义的马克思主义""分析学派的马克思主义"等。这样，我们看到西方马克思主义的发展往往是借助于与其他西方哲学思潮的结合而实现的。在20世纪西方世界的哲学舞台上，出现了马克思主义哲学与其他哲学思潮相互交融、相互渗透的画面。西方马克思主义理论家在致力于吸收非马克思主义哲学的宝贵因素的过程中，首先是重新把马克思主义哲学同较早的欧洲权威的哲学体系联系起来，退回到马克思以前的哲学舞台上去。他们试图通过这一途径，即直接从欧洲哲学权威出发，沿着青年马克思的轨道，重建马克思主义的哲学体系。当然，他们更多的是试图把一些现代西方哲学思想"补充"到马克思主义哲学中去。可以说，他们广泛涉及现代西方的各种哲学流派，只要一出现有影响的新的哲学思潮，他们都会把其纳入自己的理论视野，寻找可以用来修正和发展马克思主义哲学的闪光点。西方马克思主义理论家热衷于马克思主义哲学的"开放"，与他们对马克思主义哲学的一个基本认识密切相关，这就是在他们看来，马克思主义哲学在其创始人那里就是一个开放的体系，马克思和恩格斯倘若不吸收他们以前的以及与他们同时代的哲学思想，就不可能创立马克思主义哲学体系，而历史发展到今天，马克思主义哲学要想继续保持旺盛的生命力，仍然必须保持自己的开放性，即仍然必须从一切优秀的哲学思想中吸收养分。

其三，多样性。纵观西方马克思主义在 20 世纪西方世界中的发展，不难看出这种发展往往是通过多样性来实现的。马克思的《1844 年经济学哲学手稿》于 1932 年首次全部发表以后，围绕着对《1844 年经济学哲学手稿》的不同解释，更是出现了各种版本的马克思主义解释路向，马克思主义研究的多样性趋势越来越明显。西方马克思主义最鲜明的特点就是多样性。各种西方马克思主义研究流派和思潮相继脱颖而出，"你方唱罢我登场"。西方马克思主义流派纷呈，除了法兰克福学派之外，"存在主义的马克思主义""弗洛伊德主义的马克思主义""结构主义的马克思主义""新实证主义的马克思主义""分析学派的马克思主义""生态学马克思主义""女性主义马克思主义"等先后呈现在人们面前。而且，西方马克思主义内部的各种流派与西方马克思主义之外的各种思潮交织在一起。实践证明，仅仅用"分化"甚至"分裂"这样的词语来描述和理解这种多样性是十分不妥的，马克思主义研究的多样性给马克思主义哲学带来的积极意义远大于消极意义，这种多样性是马克思主义获得发展的一个重要前提，20 世纪马克思主义在西方世界的繁荣是借助于这种多样性获得的。20 世纪西方马克思主义，以及整个马克思主义的发展中这种多样性局面的出现，不仅仅反映了随着时间的推移，马克思主义创始人那里的观点原本所具有的歧义性会越来越不可避免地显示出来，更反映了对马克思主义的理解会因理解者的立场、处境的不同而必然出现差异。

不能低估由西方马克思主义在中国的传播所带来的对马克思主义的这些特征的重新认识。正是在对这些特征的深刻把握的基础上，原有的一系列对马克思主义的错误理解被推倒，马克思主义的当代化、中国化得以推进。这是中国人民实现思想解放的理论前提。

## 二、第二阶段：为增强马克思主义信念带来推动力

　　20世纪80年代末90年代初，国际风云突变，这主要表现在东欧一批社会主义国家的易帜和苏联的解体。我国的西方马克思主义研究也进入了一个新的阶段。这一阶段我国的西方马克思主义研究的一个重大意义就是为增强马克思主义信念带来推动力，为正确地总结苏东剧变的教训提供借鉴。

　　无论是马克思主义的拥护者、同情者，还是马克思主义的反对者、诋毁者，都未曾想到，在苏东剧变后，自20世纪90年代中期起，西方法、英、德、美等主要资本主义国家掀起了一股研究和宣传马克思主义的热潮。事实已很清楚地展现在人们面前：马克思主义并没有像一些西方政要和右翼学者所宣称、所希望的那样"行将销声匿迹"，而是在全世界范围内"顽强地活了下来"，并且"活得很好"。面对国外特别是西方世界掀起的这股研究和宣传马克思主义的新热潮，我们国内有一批从事马克思主义理论和现代西方哲学研究的学者，敏锐地感觉到了其非同寻常的意义，并怀着一种历史使命感和政治责任感，立即加以跟踪探讨。

　　始于20世纪90年代中期的我国学者对苏东剧变后的国外马克思主义，特别是西方马克思主义的跟踪研究有声有色、热闹非凡，其所开展的主要活动有：

　　其一，召开研讨会。1996年10月14—15日，来自全国各地的几十名学者云集中国人民大学，借全国当代国外马克思主义研究会成立之机，围绕苏东剧变后的国外马克思主义研究动态，当代国外马克思主义研究的形势、问题和任务，以及我们如何开展国外马克思主义研究等，进行了坦诚而有深度的讨论。1998年6月26日，首都60多位专家学者在北京大学再次聚会，集中探讨苏东剧变后的国外马克思主义发展态势。1999年8月17—22日，世纪之交的国外马克思主义研究理论研讨会在云南省召开。在

出席这次会议的 30 多名学者中，既有长期专门从事当代国外马克思主义研究的专家，也有全国著名的现代西方哲学研究者。会议就如何评价苏东剧变后的国外马克思主义流派、怎样认识和研究当代国外马克思主义、后现代和全球化条件下的马克思主义的命运如何，以及马克思主义理论工作者应负怎样的责任等问题，展开了讨论。

其二，出席国际马克思主义大会。自 1995 年起，国际马克思主义大会一个接一个地召开，其中有的会议盛况空前，开得十分成功。这些会议均有中国的学者参加。与会的中国学者不但向大会递交了论文，而且积极地参与了讨论。回国后，他们根据自己的真情实感写下的一篇篇国际马克思主义大会会议纪要引起了人们的广泛注意。心系马克思主义的命运和前途的中国人民通过这些纪要得到了深刻而有益的启示。

其三，出国考察国外马克思主义研究状况。为了了解苏东剧变后的国外马克思主义、社会主义理论研究状况，不断有中国学者到国外去做专门的考察。以中国社会科学院时任副院长刘吉为首的学者代表团一行五人，于 1995 年 10 月 24 日至 11 月 11 日，访问了法国和德国。通过他们的考察报告我们可以知道：苏联东欧的社会主义国家瓦解后，世界社会主义运动处于低潮，但西欧思想理论界对马克思主义和社会主义的研究热情并没有冷却，整体研究热情不是在下降，而是在上升。比起以刘吉为首的中国社会科学院的学者代表团对欧洲的考察，中国人民大学当代国外马克思主义研究课题组的考察，不但考察的地域广，而且历时更长。他们考察的重点有两个：一是以马克思主义为指导的西方和广大第三世界的共产党、工人党（朝鲜、越南、古巴的政党不包括在内）的状况；二是国外特别是西方对马克思主义的研究现状及其走向。他们的结论是：大多数共产党人顶住了苏东剧变的冲击，在低谷中奋斗不息；马克思主义仍然吸引着尊重事实、追求进步、探究真理的人们。

其四，引进有关苏东剧变后国外马克思主义研究的图书资料。苏东剧变后，国外特别是在西方世界，随着马克思主义研究的不断升温，有关研究马克思主义的著作、论文比比皆是，一些关于马克思主义的专刊也有增无减。对当代国外马克思主义进行跟踪研究的首要工作就是将这些书籍、论文、杂志引入国内。在这方面，我国的理论工作者也倾注了大量的心血。

其五，对苏东剧变后的国外马克思主义进行研究。上述诸多活动在一定意义上说，都是为研究服务的。通过各种方式了解苏东剧变后的国外马克思主义的最新态势，根本目的是消化它、研究它，再在此基础上从正面、侧面、反面吸收一切有益的东西。我们对国外马克思主义的研究原来有很好的基础。对国外马克思主义的最新发展，即对苏东剧变后的国外马克思主义的研究则处于起步阶段。但尽管如此，也已有不少成果问世。一篇篇信而有征、有血有肉的分析文章，不时见于报纸杂志。

我国一些专家学者对苏东剧变后国外马克思主义，特别是西方马克思主义的跟踪研究，其产生的影响远远超出了学界本身。他们的跟踪研究，他们所写下的有关专著、论文，对我们的思想理论建设具有很大的积极作用。

首先是为增强马克思主义信念带来推动力。苏东剧变后，面对马克思主义遭受重大挫折的事实，增强对马克思主义的信念，加深对马克思主义的现实意义的认识，实际上在我们国内也已变得十分迫切。在这种情况下，把国外马克思主义研究的盛况介绍进来，特别是把国外这些马克思主义研究者在别人远离马克思主义之时自己却要走近马克思主义的种种理由介绍进来，显然是很有必要的。我们的当代国外马克思主义跟踪研究者在这方面做的工作既十分及时也非常有益。例如，有的学者通过介绍和分析国际马克思主义大会告诉中国人民：只要这个世界上还存在资本主义制度，还存在剥削和压迫，那么不管出现多大的反复和曲折，马克思主义的理想都不会消逝，马克思主义的旗帜都不会倒下。国外这些马克思主义研究者对马克思主义保持着崇高的信念，而这种信念又建立在对马克思主义的生命力和现实性的认知之上。他们用现代资本主义社会内在矛盾仍存在来论证马克思主义的现实性，理由是充分的。他们把马克思主义的现实意义揭示出来，活生生地摆在世人面前，相信一切正直的人都会有所触动，就是那些对马克思主义怀有偏见者，也会在高叫马克思主义已过时、已死亡时，心里发怵。有的学者把德里达论证马克思主义的现实意义的主要词句摘录下来，一段一段地加以评述，并富有激情地指出：像德里达这样身份的人都能讲出"没有马克思就没有未来""地球上所有的人，不管他们愿意与否都是马克思遗产的继承人"这般目光如炬的至理名言，我们还有什么理由对马克思主义表示怀疑呢？

其次是为正确地总结苏东剧变的教训提供借鉴。苏东剧变在我国引起的震动，实际上一点不亚于在世界其他地区。如何从由共产党执政的东欧社会主义国家的垮台中吸取教训，是摆在中国人面前的一项重大课题。实际上，苏东剧变以来，我们的一些真正富有责任感的理论工作者一直在思考这一涉及马克思主义与社会主义前途和命运的问题。正当我们从事这项工作时，国外的马克思主义研究者在这方面也做出了许多富有见地的思考。我们的一些对苏东剧变后国外马克思主义进行跟踪研究的专家学者，及时地把国外马克思主义研究者的思考传递了进来，通过这些专家学者的桥梁作用，把国外与国内在这一问题上的思考结合在一起。只要仔细观察一下国内涉及这一问题的有关文章就不难发现：它们中不乏借鉴国外马克思主义研究者的思考的文章。例如，在认识东欧社会主义的垮台会对社会主义产生什么影响时，常见这样一种提法：苏联模式的失败不等于整个社会主义事业的失败，反而因为这种"变了味的社会主义"的消失，而使真正的社会主义放下包袱而轻装前进，因此社会主义的追随者"没有理由披上丧衣"。显然，这种提法直接引自国外的马克思主义研究者。

# 三、第三阶段：为中国特色社会主义道路的合法性与合理性做出理论说明

进入 21 世纪以后，我国的西方马克思主义研究的现实意义主要表现在为开辟中国特色社会主义道路提供理论资源。实际上，我国的西方马克思主义研究在进入 21 世纪以后，无论是就其研究的深度还是广度而言，都在原有的基础上又有了新的发展，而这种发展主要表现在对当今中国社会产生越来越大的影响力。当今中国人民正胜利地行走在中国特色社会主义大道上，中国人民对自己的这一道路充满自信。中国特色社会主义道路的开

辟，是需要理论资源的，而不可否认，西方马克思主义就是其中不可或缺的。

中国特色社会主义道路首先面临的一个问题是如何说明这一道路的合法性与合理性，即如何说明我们走这一道路不仅是正当的，而且是可行的。而西方马克思主义理论，特别是西方马克思主义现代性批判理论，正好为这一道路的合法性与合理性做出理论说明。我国的一些西方马克思主义研究者都致力于从事这一工作。

按照新自由主义理论，中国道路不仅是不可能的，也是不合理的。原因很简单，按照新自由主义的现代性理论：所谓现代化就是西方化，这二者是完全同一的，想在西方式的也是唯一的现代化道路之外，再寻找一条新的走向现代文明之路，是痴心妄想。

中国目前所面临的问题实际上是现代性的问题，中国目前所处的危机实际上是现代化的危机。中国这些年向西方学习，实际上也就是努力"现代化"。中国向西方学习的过程实际上也就是现代化的过程。所以，处于新的历史拐点上的中国所要探讨的问题实际上就是如何面对现代化的问题。

按照新自由主义理论，处于新的历史拐点上的中国，似乎只有以下两种选择：

第一种选择：因为现代性给我们带来了磨难，使我们失去了诸多美好的东西，所以憧憬起前现代性的生活，竟然产生了干脆放弃对现代性的追求，使中国成为一块置身于世界之外的"非现代化的圣地"的意念。有些人开始主张中国停止始于 20 世纪 70 年代末的西方化、现代化的历程。在有些人看来，既然现代化的弊端已暴露无遗，那么我们为什么不马上悬崖勒马呢？

第二种选择：现代性是人类的必由之路，西方人走过的道路我们中国人也得跟着走。现代性的正面效应与负面效应都不可避免。我们只能置现代化所带来的种种负面效应于不顾，继续沿着原先的路走下去，让中国这块古老的大地彻底经历一次西方式的现代性"洗礼"。只有等到中国的现代化过程基本完成了，才有可能解决这些负面问题，倘若现在就着手去解决，只能干扰中国的现代化建设。

实际上，以上两种选择都是死路。前者要中国走回头路，而倒退无论如何都是无奈之举。后者则迟早会葬送中国，很有可能导致中国人民还没有充分享受到现代化的成果，而代价却已把中国拖垮了。

那么，处于历史拐点上的当今中国，还有没有其他选择呢？它还有没有其他道路可走呢？答案是"有"。我们急需一种理论能够说明：中国走向现代文明是必然的，但走向现代文明的道路可以与西方的道路有所区别。我认为西方马克思主义能够提供这种思想资源，或者严格地说，是西方马克思主义的现代性批判理论。

西方马克思主义的现代性批判理论有四个要点：

其一，人类走向现代文明是必然的，未来的共产主义社会就是高度文明的社会。马克思不但没有拒绝现代文明，还为现代文明欢呼。

其二，人类在走向现代文明的过程中，会经受种种磨难，现代化过程中所出现的种种负面效应，其根源不在于现代性理念本身，不在于科学技术、理性本身，而在于承受这种现代性的社会制度和经济运作模式。现代化过程中所出现的那些负面效应并不具有必然性。

其三，资本主义式的走向现代文明的道路不是一条理想的走向现代文明的道路，而是一条人类在现代化道路上的不归路。对资本主义的批判，就是对资本主义制度下走向现代文明的道路的批判。

其四，要寻找一条新的走向现代文明的道路，只要换一种社会制度，换一种经济运作模式，人类就完全可能既享受现代文明的成果，又避免现代化过程中所出现的那种负面效应。

我认为，在现代性理论方面，西方马克思主义是深得马克思主义要领的。

西方马克思主义的现代性批判理论是西方马克思主义理论体系中最有价值的理论。它的特点在于：它在激烈而愤怒地揭露当代社会里现代性的负面效应时，并不全盘否认现代性对当代人的积极意义，并不把现代性的负面效应完全归结于现代性本身逻辑发展的必然结果，并不希望现代人放弃对现代性目标的追求，而是要人们对现代性加以"治疗"。它努力地把物对人的统治追溯到人对人的统治，而不是把人对人的统治掩饰为物对人的统治。它深信，只要换一种社会制度，换一种社会组织方式，换一种价值观念，现代性理念以及作为这一理念具体实施的现代化运动就完全有可能避免目前所出现的各种弊端。它强烈要求现代化运动与社会主义而非资本主义结合在一起，并提出了实现现代性的资本主义形式与社会主义形式之间的区别，这样它就把对现代性以及现代化运动的负面效应的揭露和批判变成了对社会主义理想追求的必然性的论证。

联系西方马克思主义的现代性批判理论来反思中国的现代化运动，我们只能得出这样的结论：首先，我们绝不能放弃对现代性的追求，因为现代性对人类有积极意义，即使在追求现代性的过程中出现了这样或那样的问题，那也不是由现代性本身造成的。其次，我们也绝不能放弃对追求现代性过程中所出现的种种负面效应的关注与消除。既然在追求现代性的过程中所出现的负面效应并非根源于现代性本身，那么我们就不应当对这些负面效应持无能为力的态度，而应当积极地寻找出现这些负面效应的真实原因，并且想方设法消除这些原因，使负面效应降到最低限度。

在这里，我们不正是看到了中国道路的合理性与合法性吗？中国道路不正是旨在既充分享受现代文明成果又避免现代性的各种负面效应吗？中国道路不正是通过走一条与西方现代化不同之路来达到这一目的吗？

## 四、第四阶段：为破解当今中国面临的难题和矛盾提供理论启示

中国特色社会主义道路已经取得了巨大的成就，但与此同时，它也面临着一些必须破解的难题和矛盾。西方马克思主义研究在当今中国的另一重大意义就是为中国特色社会主义道路破解这些难题和矛盾提供理论启示。

其一，西方马克思主义的市场社会主义理论，能为我们解决开辟中国道路必然面临的第一对矛盾，即人与人之间的矛盾、两极分化的日益加剧

提供启示。

正当中国的改革开放总设计师邓小平提出市场只是手段，社会主义也可以搞市场经济，从而在全中国范围内掀起以社会主义市场经济为导向的经济改革浪潮之时，一些西方马克思主义理论家也发出了把市场机制引入社会主义经济体制的强烈呼声。尽管在西方马克思主义理论家阵营内部也存在着反对把市场与社会主义结合在一起的声音，但无疑西方马克思主义的主流是力主把两者结合在一起。尽管对市场社会主义的讨论由来已久，甚至可以追溯到20世纪30年代初，但在西方马克思主义理论家的推动下，这一讨论才成了一个热点。市场社会主义已成为当代西方马克思主义理论体系中的一个重要组成部分。最近几年，我国学界对西方马克思主义研究的一个聚焦点就是对市场社会主义的研究。我国的研究者对市场社会主义研究的兴趣与日俱增，倒并不是由于市场社会主义在西方世界的影响日益扩大，在西方马克思主义理论体系中的地位日益增强，而主要是基于清理马克思的市场理论的需要，以及加深我国走社会主义经济道路的必要性的认识的需要。正因为如此，首先，我国的研究者对市场社会主义的研究与梳理马克思的市场理论是同步的，并且在一定意义上是合而为一的。西方马克思主义的市场社会主义理论为我们正确地梳理马克思的市场理论积累了许多思想资料。一些西方马克思主义理论家指出，从马克思本人提出的理论来看，他是把市场经济与资本主义联系在一起的，而他所设想的社会主义所实行的是无市场的计划经济。所以，这些西方马克思主义理论家所做的一件主要工作是改变马克思把市场与资本主义联系在一起，并进而认为社会主义无市场的观点。其次，我国的研究者又把对市场社会主义的研究，把对社会主义市场经济这一马克思主义中国化的当代重要理论成果的把握，与对当代中国究竟为什么要走社会主义市场经济道路以及究竟如何走这一道路的认识结合在一起。在某种意义上，我们正是借助于对市场社会主义的研究，深刻地认识到了社会主义市场经济是马克思主义中国化的当代重要理论成果，同样也正是借助于这一研究，特别是借助于对社会主义市场经济这一马克思主义中国化当代重要理论成果的认识，日益坚定了走社会主义市场经济道路的信心，而且日益丰富和完善了具体实施社会主义市场经济的思路。

关键是要明确，只有切实贯彻社会主义市场经济理论，把市场这种配置资源的方式与社会主义的生产关系、社会主义的价值目标联系在一起，才能真正消除目前的两极分化日益加剧的现象。我们必须借助西方马克思主义的市场社会主义理论面对这一问题。这就是要着眼于生产关系，着眼于调整劳动与资本的关系。

其二，西方马克思主义的生态社会主义理论，能为我们解决开辟中国道路必然面临的第二对矛盾，即人与自然之间的矛盾、生态危机的日益加剧提供启示。

关键在于，生态学马克思主义为我们揭示了生态危机与资本逻辑的对立。其认为，资本的以下两个基本属性决定了资本在本质上是反生态的：第一是效用属性。生态学马克思主义者在揭露资本在本质上是反生态之时，总是这样提出问题：自然界本来是什么样子的？它与人类的关系本来应是怎样的？资本按其本性必然要把自然界改变成什么样子，必然使其与人类的关系变为一种什么样的关系？应当说，沿着这一思路来思考资本究竟会对生态产生何种影响，是一种马克思主义的思路，也确实抓住了资本与生态之关系的要害。第二是资本的增殖属性。其强调，资本的效用原则使自然界丧失了自身的价值而成为一种单纯的工具，而与效用原则连在一起的资本的增殖原则，又使自然界的这种工具化变得越来越严重。如果资本只是简单地利用一下自然界，如果资本对自然界的利用是有限度的，那么资本对自然界的破坏也会保持在一定的范围之内。问题在于，资本对自然界的这种利用绝不会是有限度的，资本追求的是无限的增殖，从而资本的利用也是无止境的，由此带来的对自然界的破坏也是没有尽头的。生态学马克思主义者在探讨当今生态危机的根源时，总是紧紧揪住资本的增殖原则、资本家对利润的贪婪这一点不放，尽管对某些人来说不太顺耳，但确实是把问题的本质揭示出来了，从而使他们对生态危机的分析、批判显得那么具有震撼力。

按照马克思的生态理论，显然在当今中国，消除对自然环境的日益严重的破坏的关键就在于限制资本逻辑。确实如马克思所分析的那样，当今中国几乎所有的生态问题都与资本无节制地追求利润联系在一起。离开了对资本逻辑的限制谈论保护生态环境就是缘木求鱼。

其三，西方马克思主义关于人的存在方式的理论，能为我们解决开辟中国道路必然面临的第三对矛盾，即人自身内部身心之间的对立、人的单向度的日益加剧提供启示。

人们有时把西方马克思主义称为人道主义的马克思主义是有根据的，由卢卡奇所开创的西方马克思主义的主流，始终坚持把马克思主义归结为一种人道主义，而且围绕着人的本质、人的需要、人的交往、人的自由、人的价值、人的异化等进行过系统的研究。在一定意义上，也可以把西方马克思主义称为"人学"。我国的西方马克思主义研究者对西方马克思主义的人学也情有独钟，在这方面所推出的著作和论文汗牛充栋。西方马克思主义理论家对人的研究往往是以对马克思主义的人道主义思想进行阐述的形式展开的，这就为我国的研究者把对西方马克思主义的人学的研究与理解和把握马克思的有关人的理论结合在一起提供了很好的条件。最近几年，我国的一些研究者所从事的一项重要工作就是利用西方马克思主义理论家对人，特别是对马克思主义人道主义研究的成果，形成了较为完整的关于马克思的人的理论的认识。可以说，在西方马克思主义的人学基础上，我们已经构建了马克思主义的人学体系。在这一体系中，马克思主义关于人的全面发展的理论占据突出的地位。实际上，西方马克思主义理论家对马克思的人道主义思想的阐述，最有价值之处在于：一是揭示了马克思对人的本质规定的全面性，即揭示了马克思不管从什么样的角度去规定人的本质，都总把人理解成具有无限丰富性的总体的人；二是与此相应，揭示了马克思总是全面地、整体地论述人的异化，即揭示了马克思所看到的人的异化总不是某一方面的异化而是整体的异化；三是由此出发，进一步揭示了马克思所理解的人的发展的第一个要求就是它的全面性，即揭示了马克思所说的人的发展是使人的各个方面、各个层次兼容并包地、相互协调地发展。我国研究者把马克思的人的全面发展理论从马克思对人的大量论述中凸显出来，给予充分关注，显然是吸收了西方马克思主义理论家的研究成果。

　　中国特色社会主义道路是否具有世界历史意义，主要取决于它能否为人类文明应对所面临的人的存在方式的矛盾与危机做出自己的贡献，它能否成为人类追求文明进步的一条新路，它能否为人类探索出一种新的存在状态。如果这样去思考问题，我们就能充分认识西方马克思主义的关于人的存在方式的理论的重大意义。

# 第二章 西方马克思主义的马克思主义理论在中国的传播与影响研究之一

在改革开放走向新的历史阶段之际，客观评估西方马克思主义的影响，尤其是对中国马克思主义的影响，对我们在新时代坚持和发展马克思主义，形成适应新时代的社会发展需要的哲学社会科学具有极为重要的意义。

## 一、西方马克思主义的马克思主义理论在中国传播与产生影响的过程

自改革开放以来，我国思想界就逐步掀起了西方马克思主义研究的热潮，尤其对马克思主义理论界而言，这既是一个必然的历史事件，同时亦历经了一番辗转曲折的过程。西方马克思主义正是我国理论界在现代化进程中面临现代性的新境遇、新问题，向西方学习借鉴中必然迎来的一股重要的社会思潮。从一定意义上来说，它是改革开放之后，最早传入我国亦是传播规模最大的一种外来文化。40多年来，对其展开的研究与探讨是国内最为活跃也是成果最为丰富的学术领域之一，它充分印证了我们消化与

吸收外来文化的卓越成效。

当然，我们接纳和吸收西方马克思主义的开端还要追溯到改革开放之前的 20 世纪四五十年代。那时，我们只是零星地去翻译和研究卢卡奇、萨特、梅洛-庞蒂等在欧洲具有重要影响的左派哲学家的思想，而且并未将他们视作西方马克思主义的代表人物。可以说，这时西方马克思主义仅仅出现在我国哲学界、文学界等领域，并不是受到马克思主义理论界瞩目的一种社会思潮。

改革开放以来，伴随着马克思主义理论界出现的新状况，西方马克思主义开始进入我国马克思主义研究者的理论视域当中，这其中有着看似偶然的因素，就如最初将西方马克思主义概念引入我国的徐崇温先生所提到的那样，研究西方马克思主义最初始于一个临时性的政治任务：中央领导在出访欧洲时了解到这一思潮，当时主持中国社会科学院工作的胡乔木要求研究人员提供一份有关该思潮的材料以供参考。这种历史的偶然性成为我国马克思主义理论界研究西方马克思主义的一个契机。随后，1978 年，徐崇温先生在《国外社会科学》第 5 期上发表《关于西方的"马克思主义研究"——流派和观点综述》一文，介绍了西方马克思主义的起源和代表性人物，其中包括在西方国家开始流行的德国和美国的法兰克福学派、意大利的德拉-沃尔佩学派以及法国的阿尔都塞学派①。1982 年，他又在天津人民出版社出版了《西方马克思主义》一书，拉开了我国西方马克思主义研究的序幕。

尽管看似出自历史的不经意，但西方马克思主义必然作为一个思潮的整体为我们所关注亦是一个不争的历史事实。因为自从改革开放打开国门，我们对国家与时代的历史处境及其问题的探究与追问最初是从迫切地汲取和消化西方文化的养料开始的，它应和着我们深入了解西方及其思想文化，探索造就现代社会历史渊源的一种精神诉求，而西方马克思主义可以说在当代西方文化中占据着举足轻重的地位。

自 20 世纪 20 年代西方马克思主义诞生以来，经过半个多世纪的发展，

①　陶德麟，等. 当代中国马克思主义若干重大理论与现实问题. 北京：人民出版社，2012：89.

西方马克思主义的理论发展和社会影响达至巅峰，逐渐成为一门全球性的显学。1976年，佩里·安德森出版了著名的小册子《西方马克思主义探讨》，对西方马克思主义进行了命名，这个名字随即被西方学界普遍接受并广泛流传开来。西方马克思主义也由此大举进军学界，牢固树立起自己20世纪西方四大哲学主流之一的历史地位。西方马克思主义随着现代西方著作思潮传入我国，并日益成为一种显学，这一时期恰逢世界范围内各种不同的马克思主义派别集聚交锋、新老左派围绕马克思主义的现实发展展开争鸣与对话，同时这一时期更是中国社会转型最为剧烈、社会问题集中频发的时期，更是中国思想界、理论界和学界思想最为活跃，且急需马克思主义理论提供思想支撑的关键时期，对马克思主义理论的最新理解、最新理论、最新成果的理论诉求就成为直接助推马克思主义理论及其相关理论发展的重要思想契机，西方马克思主义自然就成为我们接纳和借鉴学习的主要对象。

然而，西方马克思主义为我们所认同和借鉴的同时也历经迂回曲折。中国知识分子已经不再是最初在近代中国被迫打开国门之后，盲目地、热切地吸收、借鉴西方先进思想文化的状况，而是保持了一种谨慎甄别的姿态。中国知识分子接受西方马克思主义并尝试发挥其理论的批判作用，但又对其激进批判锋芒保持一定的警惕。因此，出现最初对其定位为"非马克思主义"和"反马克思主义"的思潮的现实状况就不难理解了，借助对西方马克思主义的研究，学者们树立了对自由化思潮或异端邪说批判的靶子。在相当长的一段时间里，人们可以放心地研究西方的其他哲学思潮，唯独对西方马克思主义的研究忌讳较多，当然这也与西方马克思主义在诞生之初就被共产国际扣上了"非马克思主义""异端"的帽子有关，这直接影响了我国一些老一辈学者对它的基本判断。新中国成立之初，我国的马克思主义研究和教学体系基本上承袭于苏联斯大林教科书模式，这对当时我国西方马克思主义研究产生了某种不利的影响。在方法论上，苏东模式在一定程度上内含着一种"马克思主义-反马克思主义"的二元对立思维倾向，在这一框架中，所有的西方马克思主义都被贴上了"反马克思主义"的标签，都被置放到"资产阶级意识形态"的框架之中。可以说，这种简单的二分法直接影响了我国马克思主义研究者对西方马克思主义的历史定位。20 世纪 60 年代，《哲学研究》编辑部组织编译了两套内部读物《苏联哲学资料选辑》和《资产阶级哲学资料选辑》，就是这一思维的明确印证①。在这里，西方马克思主义是没有独立地位与合法性的，它们都是被当作与马克思主义相对立的资产阶级意识形态介绍到国内的，并且还附加了一个"供批判使用"的标签。因此，在当时的语境中，所谓的"西方马克思主义研究"实际上就是借助于正统的马克思主义来直接批判这些"资产阶级意识形态"，在这里，西方马克思主义只不过是意识形态斗争的靶子，它自身的理论价值及其合理性完全没有进入研究者的视域之内②。它的合理性及其理论价值完全被阉割了，这种标签直到 20 世纪 80 年代初还有一定影响。

　　1978 年党的十一届三中全会的召开，标志着我国社会主义事业进入了新时期。关于真理标准问题的讨论的开展以及改革开放方针政策的实施，都在客观上促进了西方马克思主义被我国思想界尤其是马克思主义理论界高度关注。随着对马克思的《1844 年经济学哲学手稿》等文献的研究的兴起，蕴含在西方马克思主义中的马克思主义理论革新研究的新范式、新话题和新思路被马克思主义理论界唤醒和挖掘出来，于是，西方马克思主义究竟是否归属于马克思主义开始被热烈地加以讨论。围绕这一问题，马克思主义理论界产生了激烈的争论，形成了以"非马克思主义论"和"马克思主义说"为主导的两大阵营。经过这场争论的洗礼，国内学者逐渐放弃了给西方马克思主义贴上"反马克思主义"的标签的做法，而是代之以一种开放性的心态和立场考量与接纳它，并将其定性为不仅归属于马克思主义的有益研究，而且是其中的一个重要分支，从而实现了认识态度的彻底转变。

　　马克思主义研究者深切地认识到，西方马克思主义的确在马克思主义发展史上做出了不可忽视和替代的重大理论贡献，他们让人们真切地领略到马克思主义的真精神③。西方马克思主义质疑和批判第二国际和苏联马

---

　　①　周嘉昕. 中国学界关于国外马克思主义哲学研究的历史和现状. 理论探讨, 2011 (5).

　　②　孙乐强. 30 年来国外马克思主义研究的历史回顾. 理论视野, 2012 (1).

　　③　陈学明. 论研究"西方马克思主义"在当代中国的意义. 南京大学学报（哲学·人文科学·社会科学版），2005 (2).

克思主义对马克思思想的理解，深入地开展了重新阐释马克思主义的研究工作，在一定程度上恢复了马克思主义的本来面目，使我国理论界看到了马克思思想的崭新面向，从而激发了人们重新研究和解读马克思主义的强烈兴趣。并且，我国马克思主义研究进入破除苏联教科书体系的马克思主义束缚的新阶段也深受西方马克思主义的启迪，可以说，西方马克思主义在一定意义上进一步唤醒和革新了我们的思维方式，使我国的马克思主义研究呈现出焕然一新、别开生面的研究氛围和态势。

因此，我国学者对西方马克思主义实现了由否定性批判到肯定性借鉴的转变，将它纳入马克思主义研究的范围之内，积极地考量它的理论价值和实践意义，它也逐渐成为推动我国马克思主义研究发展的重要理论资源。

进入 20 世纪 90 年代，世界局势发生了重大转变，随着东欧剧变、苏联解体，马克思主义的理论效应在世界范围内遭遇前所未有的低潮。可以说，这时的西方马克思主义于我们而言，称得上一剂强心针。它在时代发展的状况下对马克思主义的当代性以及当代价值的阐扬，使我们清醒地认识到马克思思想即便在现实中似乎遭遇了挫败与挑战，也依然具有不可磨灭的生命力，我们所要做的就是一如既往地去坚持和发展它。西方马克思主义因而极大地提振和坚定了我们的马克思主义信念，为我国的马克思主义研究重新注入了信心与活力。学者们迫切地从西方马克思主义中汲取他们论证马克思主义当代价值的养料，西方马克思主义的研究也真正迎来了它的春天。与此相呼应的是，我国的马克思主义研究也随之步入了新阶段，马克思主义经典文本的翻译和编纂、马克思主义被赋予"实践唯物主义"的理论定位、"马克思主义理论研究和建设工程"的开启、马克思主义哲学研究的真正起步，都在同一时期发生。

进入 21 世纪，西方马克思主义研究呈现为系统性的理论研究和强势发展，并且带有全球化时代的诸多特征，无论是译著、论文还是专著等，在数量和研究水平上都有显著的提升。这一阶段，更为重要的是，我们更着力于以中国眼光、中国立场、中国意识和中国价值去审视西方马克思主义，从西方马克思主义本土化的角度去挖掘和呈现它的价值，这种研究方向对我国的马克思主义研究的推进与创新，以及建构中国特色社会主义理论体系发挥着更为重要的助力作用。

回望和梳理这段西方马克思主义在我国的传播和接受历程，使我们对西方马克思主义之于我国马克思主义的影响和作用有了一个初步的把握。可以说，对西方马克思主义的研究在上述三个历史阶段对我国马克思主义理论界均产生了十分积极的意义。在这个过程当中，两者首先呈现的是一种共振的关系。当我们对待西方马克思主义的研究态度、研究方法发生转变时，我国马克思主义研究的思路、内容、方法、范式也都在一定程度上有相应的变化。总体来说，西方马克思主义对我国马克思主义的重要影响，或者说，我们的马克思主义理论界在对西方马克思主义研究40多年的历程中所取得的收获应该主要体现在这样两个方面：其一，在进一步唤醒和革新我国马克思主义研究思维方式中扮演了重要的角色。其二，西方马克思主义对马克思主义的当代性及其当代价值的阐扬为我国的马克思主义研究带来了信心和活力。因而，我们看到，倘若没有西方马克思主义者的辛勤耕耘，今天别开生面地研究中国马克思主义的局面很难说将会是怎样的一番景象，同时，我们也可以进一步说，倘若缺失了对西方马克思主义之于我国马克思主义的意义和价值的考察，西方马克思主义与我国马克思主义两者的究竟关系就始终是蔽而不明的，中国马克思主义的建构历程、话语体系、研究范式的转变也难以摸索与厘清，这样，我们对未来的马克思主义理论的建构就缺失了重要的一环。

接下来将从上述两个方面细致地梳理和清晰地呈现西方马克思主义对我国马克思主义的影响，为我们更进一步地深入探索两者的关系，从而更好地建构和推动21世纪的中国马克思主义理论提供一定的参考与借鉴。

# 二、西方马克思主义唤醒和革新了我国马克思主义研究的思维方式

1978年我国走上了改革开放的新道路，开辟新的历史时期的关键在于

破除原有的思想蔽障，实现思想上的彻底解放。在各种思想蔽障当中，无疑马克思主义教条的、僵化的误读和曲解是最亟待祛除的。西方马克思主义反对第二国际和苏联马克思主义的教条化、庸俗化的倾向，开创了一条马克思主义阐释的新路向，为我们展示了马克思主义开放的立场，充分体现了马克思主义在实践中不断自我批判、自我发展的精神。就这一个方面而言，它带给中国马克思主义的最重要的影响是成为我们打破苏联马克思主义的阐释范式，以及反对教条主义的重要而直接的思想资源，促使中国马克思主义从教条、僵化的思维方式的禁锢中解脱出来，从单向的肯定性思路转向基于反思的、批判的立场来审视现实问题，为实现我们的思想解放提供了强大的精神指引，为改革开放的中国提供了崭新的马克思主义理论形象。

从第二国际开始，出于正确地阐释和宣传马克思主义理论的需要，教科书式马克思主义阐释路向经过恩格斯、伯恩施坦、考茨基、梅林、拉布里奥拉，再经过普列汉诺夫等人的不断完善和演变，传入中国后已经成为阐释和宣传马克思主义的主要方式。第二国际理论家为了完整、准确地宣传马克思主义哲学，撰写了类似教科书的专门性著作，如考茨基的《唯物主义历史观》、拉布里奥拉的《关于历史唯物主义》。然而，真正实现马克思主义理论教科书化的是苏联。这些苏联的理论家将恩格斯在《反杜林论》中开创的马克思主义的阐释加以系统化。1937 年，斯大林撰写了《联共（布）党史简明教程》第四章第二节，即"论辩证唯物主义和历史唯物主义"部分，力图对马克思主义哲学基本原理做出简明而系统的阐述。他对马克思主义的归纳，将马克思主义彻底法典化，奠定了"辩证唯物主义和历史唯物主义"二分框架，成为后来马克思主义教科书体系的蓝本。

由于苏联的领导地位，这一教科书式马克思主义阐释路向对中国马克思主义产生了巨大的影响，在我国马克思主义理论界的各种版本的教科书中，大都可以寻到这种马克思主义阐释路向的踪迹。在人民大众中普及苏联教科书体系的马克思主义的同时，这种教条主义、庸俗化、经院化的马克思主义阐释方式和观点就深深嵌入人们心中，成为禁锢人们思想的理论框架。

首先，就这种教科书式阐释马克思主义的内容而言，它本身就对马克思思想存在着误读和曲解。这种阐释坚持两个基本原则：一是以脱离人的实践活动的"抽象的物质"为理论原点；二是以辩证唯物主义与历史唯物主义的二分理论架构为核心的理论框架。总体来说，它的基本观点有：第一，马克思主义由马克思主义哲学、马克思主义政治经济学、科学社会主义三部分组成。第二，马克思主义哲学就是辩证唯物主义和历史唯物主义，历史唯物主义是辩证唯物主义在社会历史领域的推广运用。第三，马克思主义哲学有两个基本要点：一是人类社会是第二自然，二是坚持反映论。他们一直沿用这一思路，作为评价一种理论是不是马克思主义的标准[①]。

这样一来，马克思的从感性活动原则所建构的自然史和人类史是同一部历史的核心观念被遮蔽了起来，历史唯物主义的实践性、革命性、批判性由此无从立足与彰显，正是由于马克思思想的根本特征被湮没，他创立的新唯物主义与一切旧唯物主义和唯心主义的根本区别也就被抹杀，马克思思想的划时代贡献和意义因此难以凸显出来。归根结底，这种阐释由于并未真正领会和把握马克思的为超越近代形而上学而发起的哲学革命的真正实质，而仅仅把马克思思想简单、错误地理解为只是在近代形而上学框架之下的一种唯物主义和辩证法、自然观和历史观的机械的统一。因此，这种阐释路径的根本缺陷就在于没有恰当把握马克思思想本身的理论性质。

其次，从阐释形式来分析，教科书体系的马克思主义的话语方式是简洁明了、不加论证地去阐明马克思主义的基本概念、范畴、规律、原理，并做一个系统性的把握。这种阐释具有体系的完整性和话语的独断性，要求将相对历史条件下的思想创新变成相对确定的真理或原理，与马克思主义和实践性、革命性、批判性的特质相背离。如果我们把对马克思主义的理解封闭于其中而没有一种理论上的自觉，而只是结论先行，仅仅将马克思主义作为一个等待被发现的本真教条，就势必会使之僵化和变成理论教

---

① 　陈学明，王凤才. 西方马克思主义前沿问题二十讲. 上海：复旦大学出版社，2008：25-26.

条，因此，这一话语方式存在着先天的内在缺陷①。

苏联马克思主义理论界也曾经意识到存在的这些问题，20 世纪 80 年代，他们开始着手反思并力图重建马克思主义理论体系，然而最终没有跳出辩证唯物主义与历史唯物主义二分的总框架的窠臼，未能摆脱对马克思主义的抽象物质本体论的错误的理解模式。

对我们而言，改革教科书体系的马克思主义从改革开放之初就成为我国马克思主义理论界的共识。在冲破苏联和中国本土"左"的教条主义思想樊篱的禁锢、推动改革开放伟大实践的内在需要，以及由"实践是检验真理的唯一标准"讨论所带动的思想解放运动导引之下，我们揭开了对教科书体系的马克思主义进行彻底批判的大幕。这一批判反省的核心针对的就是马克思主义的教条主义、庸俗化这一阐释模式和研究范式，它所要革新的是我们的马克思主义研究的思维方式和话语形态。这次批判直接带动了我国的马克思主义研究中的观点、内容和形态的创新，同时也唤醒了马克思主义理论界的"方法论自觉"。

因此，我们看到，解构教科书体系的马克思主义成为我们去着手开拓和建构中国马克思主义的一个理论前件。在这个过程当中，与改革开放同步在我国引进并蓬勃发展起来的西方马克思主义扮演了十分重要的角色，它深深地影响了中国的马克思主义研究者。

西方马克思主义是第一个对苏联马克思主义展开全面而系统批判的思潮，不仅如此，正是其直达要害的深刻批判，冲击着我们固有的观念，使我们领略到马克思思想的无限丰富与崭新的内容。西方马克思主义经典作家的大批经典文献以及研究文献被译介到中国，像卢卡奇、柯尔施、阿尔都塞、布洛赫、葛兰西、法兰克福学派等的经典译作，为我们反思教科书体系的马克思主义提供了极为重要的理论资源和参照系，使我们意识到在苏联教科书体系的马克思主义之外，还存在这样一种如此不同的解读马克思思想的马克思主义思潮。西方马克思主义首先从研究范式上为我们打破了教科书体系的马克思主义的垄断地位，为我们打开了更为开阔的理论视

---

① 任平. 当代中国马克思主义研究. 北京：北京师范大学出版社，2017：38.

域，给予我们批判反思的意识进一步的启迪，加快了我们实事求是、解放思想的步伐。

西方马克思主义究竟在哪些方面给我们提供了资源与启示呢？从总体上来说，包括西方马克思主义对第二国际和苏联马克思主义的深刻批判以及由此开辟出的马克思主义崭新的阐释路向。

首先，是批判了第二国际和苏联马克思主义在理解马克思思想的哲学本质问题上的错误，揭示了它们理论上的痼疾。

第一，第二国际和苏联马克思主义对马克思思想做了实证主义化和客观主义化的阐释和解读。换言之，它们仍然是在近代形而上学的知性解读框架下理解马克思的。这样，不仅未能阐明马克思对近代形而上学的超越，也无法说清马克思哲学革命变革的实质，以及马克思的新唯物主义相较旧唯物主义的超拔之处。具体而言，根本原因在于它们没有认识到哲学维度在马克思思想中的重要性。

在柯尔施看来，第二国际的马克思主义理论家们有的认为马克思抛弃了哲学的幻想，有的认为关心哲学问题是毫无意义的事情，这样才导致了以康德、马赫等人的哲学来补充马克思主义的一种理论尝试①。柯尔施强调马克思思想的哲学维度，归根结底是要纠正马克思主义阐释中的那种实证主义化、客观主义化的倾向，从而重现哲学的批判意蕴。他批评列宁把已经被马克思超越了的近代形而上学重新引回到马克思主义当中来。本雅明也指出，教条主义的马克思主义的产生正是由于消解和否定了马克思的历史唯物主义学说的哲学维度，曲解了历史唯物主义具有历史进步论的倾向，这就从根本上抹杀了历史唯物主义的实践性和革命性。

因此，西方马克思主义理论家一致明确提出，马克思是一个哲学家，而不是经济学家或者社会学家，而政治经济学和科学社会主义都是马克思哲学的内容，是整个马克思主义哲学的有机组成部分。马克思反对的是旧哲学——近代形而上学。马克思批判哲学，正是要在现实中实现超越了近

　　① 仰海峰. 国外马克思主义视域中的马克思主义：上：以卢卡奇、柯尔施与葛兰西为例. 国外社会科学，2018（1）.

代形而上学的新哲学①。

第二，由于第二国际和苏联马克思主义将马克思主义法典化、框架化，马克思思想感性的丰富内容被禁锢了。其将马克思思想归结为一套机械的公式，以简单的教条概括整个历史及个别事件，具体的人与事件从虚假的历史哲学中剔除出去，辩证法化约为自然辩证法，历史唯物主义被理解为将辩证唯物主义推广应用至人类社会历史领域。因此，马克思的历史唯物主义就只剩下一对对空洞的抽象：意识与存在、生产力与生产关系、经济基础与上层建筑。历史进程被简化为几种生产方式单线的必然的进化序列，历史唯物主义被阐释为仅仅从属于近代形而上学框架当中关于人类社会发展的一般规律的科学，不允许通过实践检验的实证科学。

就苏联马克思主义的这种粗糙的、机械的阐释而言，马尔库塞就曾经对其进行过深入而详尽的批判。他认为马克思主义辩证法本是一种分析社会秩序中的矛盾和对立的批判和革命的工具，但是到了苏联马克思主义这里，辩证法却用来合法化已经建立起来的范畴、规律和原则，并使之成为为现存王国辩护的工具。他强烈反对苏联马克思主义将马克思主义划分为辩证唯物主义和历史唯物主义的做法，认为这种划分对马克思主义来说是毫无意义的。事实上，辩证唯物主义和历史唯物主义是一回事。苏联马克思主义者将历史唯物主义仅仅看作辩证唯物主义的基本规律和原则在社会历史领域的扩展和应用，它不过是一种特殊的科学哲学体系的一个分支，而对真正的马克思主义者来说，历史唯物主义乃是马克思主义的基础②。列斐伏尔在《马克思主义的现实问题》等论著中提出，苏联马克思主义的这种理解使马克思主义陷入了危机，马克思主义被官方化、经院化了，探讨的精神为迂腐的精神所取代③。

西方马克思主义对苏联马克思主义的另一个批判，是批判苏联马克思主义将抽象的物质而不是实践作为马克思思想的核心。西方马克思主义则高度重视马克思的实践观点，例如，葛兰西甚至把实践提升到了"实践一元论"的高度，称自己所理解的马克思主义为"实践哲学"，以此来凸显

① 陈学明，王凤才. 西方马克思主义前沿问题二十讲. 上海：复旦大学出版社，2008：5.
②③ 陈振明. 评西方马克思主义者对"苏联马克思主义"的批判. 教学与研究，1997（6）.

马克思主义哲学的革命实践功能。他在《狱中札记》中这样说道："'要从实践哲学是'自足的'这样的基本观念中去寻找。这个'自足'概念不仅包含了构建一种全面的、完整的世界观以及一种全面的哲学和自然科学理论所需要的一切基本要素，而且包含了使一个完整的实际社会组织活跃起来，变成一种全面完整的文明所需要的一切要素。"①

　　西方马克思主义者认为马克思在批判了近代形而上学之后，提出自己的哲学原则就是突出实践的重要性，认为不是"物质的抽象本性，而是社会实践的具体本性"是马克思主义哲学的主体和基础，是马克思主义革命性和批判性的源泉②。卢卡奇、柯尔施、葛兰西特别强调恢复马克思主义的黑格尔传统，因为黑格尔传统中包含着革命性、批判性的因素，以此来对抗实证主义化、客观主义化的阐释路线。但是他们并不赞同苏联马克思主义在马克思与黑格尔思想关系问题上的"颠倒说"的阐释，认为这种阐释只是将黑格尔的"绝对精神"替换为"抽象的物质"而已，这样做必然会导致经济决定论和机械决定论的马克思主义。他们认为，事实上，马克思正是在"感性活动"亦即实践的基础之上颠倒了黑格尔哲学。正是基于实践，马克思才真正确立了区别于一切旧唯物主义的新唯物主义学说。在这一理解的基础上，西方马克思主义者进而提出要凸显在第二国际和苏联马克思主义阐释中所缺少的主体维度。在经济决定论的阐释框架中，主体成为被遮蔽的存在，因此，卢卡奇、柯尔施、葛兰西开始了致力于探索唤醒无产阶级的阶级意识，形成新的革命主体，通向全人类自由解放的路径的研究。

　　西方马克思主义能够做出如上的分析和判断，基于其遵循了一种科学的研究方法。其倡导回到理论的源头，即回到马克思和恩格斯的经典文本当中去，在原初语境中把握文本的本真意义。沿着"返本"这一方向，西方马克思主义者发现了加诸马克思身上的这些误读和曲解，要求还原马克思思想的真貌，呈现马克思思想的"真精神"。正是这一思路，使得他们

---

　　①　GRAMSCI A. Selections from the prison notebooks. New York：International Publishers Company，1971：462.

　　②　陈学明，王凤才．西方马克思主义前沿问题二十讲．上海：复旦大学出版社，2008：14.

开辟出马克思主义的崭新的阐释路向。

总而言之，西方马克思主义理论家认为，第二国际和苏联马克思主义是基于近代形而上学思维方式来理解和阐释马克思思想的，因而形成一种实证主义化和客观主义化的马克思主义理论模式是一个必然的结果。它不仅难以科学地阐明马克思哲学变革的实质，也无法彰显马克思哲学的批判的、革命性的思想特质，无法使无产阶级感性的革命意识摆脱资产阶级意识形态和文化价值观的阴影，难以形成集体的感性意识，因而无法有效地指导西方革命。基于这种考量，他们将批判的锋芒直指第二国际和苏联马克思主义。

改革开放以来，中国马克思主义进入了发展的新时期，过去不曾被认为是马克思思想中所包含的内容，如异化问题和人道主义问题、自然的人化和人的本质力量的对象化问题、人的本质和自由问题等，开始进入马克思主义研究者的视域，并被高度关注和热烈讨论。可以说，这些问题，在我们的本土文化当中是很难有东西可以与其相比附的，细究起来，其只能从西方哲学的源远流长的思想脉络当中，尤其是从德国古典哲学当中寻得踪迹①。而西方马克思主义作为一种马克思主义哲学传统②，正是在西方马克思主义的新理念和新成果陆续为我们所借鉴和消化的过程中，直接激发了我们进一步全面了解和深入领会马克思思想的极大兴致。在苏联教科书体系的马克思主义之外，马克思主义创始人那里还有如此丰富且多面的思想为我们的马克思主义研究者所发现，而对这些思想的探讨恰恰与改革开放初期我们探索思想解放的路径相应和，有利于我们摆脱苏联和中国本土"左"的教条主义思想的禁锢。

对西方马克思主义研究的推进，使得马克思主义理论界更深受其影响，他们对苏联马克思主义的批判以及对马克思思想的本真面目的探索，都成为进一步唤醒和革新中国马克思主义研究思维方式的重要理论资源。就思维方式的革新这一方面而言，西方马克思主义对我们的影响主要是，

①　邓晓芒．中国 20 世纪对马克思主义哲学的接受与发展．哲学动态，2006（5）.

②　何萍教授指出，西方马克思主义不是一种术语的运用，而是特指一种马克思主义哲学传统，即共产国际内部的、与苏联马克思主义哲学传统相敌对的西欧国家的马克思主义哲学传统。转自：陶德麟，等．当代中国马克思主义若干重大理论与现实问题．北京：人民出版社，2012：94.

与西方马克思主义有所呼应，我国马克思主义理论界主要开展了如下的研究工作，将马克思主义理论研究推进到了一个崭新的历史阶段。总体来看，可将之归纳为如下两个方面：

其一，我国的马克思主义研究者主张必须回到马克思主义的源头——马克思那里去，重新深入地解读经典的文本文献。批判僵化的、教条的苏联教科书体系的马克思主义，需要我们力求按照马克思思想的本来面目，对其加以准确传播、理解和普及，这就向我们提出了重新思考其本真意义和出场路径、重新回到马克思、还原马克思的理论目标的要求。中国马克思主义研究者提出，苏联教科书体系的马克思主义的僵化、教条的思维严重遮蔽了马克思的原初语境。解放思想、突破教条，就要从历史、从马克思文本的原初语境中重新解读马克思思想的发生、发展、变化，重新思考思想的出场过程，恢复马克思思想超越一切传统形而上学的新哲学本质。"回到"视域的形成是对苏联教科书体系的马克思主义的在场合法性与我国马克思主义理论创新出路的反思①。当人们回到原始文本时，才发现马克思思想中还有那么多的内容是我们以前未曾注意到，甚至是视而不见的。在这种方法的激发下，我国马克思主义理论界逐渐开拓出了文本-文献学解读、教科书改革，以及原理与体系创新等马克思主义研究的新范式②。

其二，中国马克思主义学者在破除固化的教科书体系的马克思主义话语框架、祛除马克思主义理解中的误读和曲解中，认识到其中至为关键的一点是马克思思想的核心概念是实践。学者们不仅高度认同西方马克思主义提出的"实践"是马克思主义的起点、范畴和建构原则的观点，而且将这种理论视域从僵化的理论投向活生生的时代，投向实践探索，转向现实问题本身，转向人自身，提出要从实践出发、以问题为导向去破除观念上的崇拜和现实中存在的"神话"。

围绕着实践而开展的讨论彻底打破了教科书体系的马克思主义一统天下的局面，这是中国马克思主义学者首次用自己的语言阐释马克思主义的

---

① 任平. 当代中国马克思主义研究. 北京：北京师范大学出版社，2017：94.
② 同①67.

标志，并一度成为中国哲学界的热门话题。

1985 年高清海的《马克思主义哲学基础》是这场讨论的第一个重要成果，这一成果在理论体系上力图把实践的观点提到首要和基本观点的地位，开始把马克思思想理解和建构为"实践唯物主义"。1988 年，国内召开了两场具有重要意义的会议：一是全国哲学体系改革讨论会，会议形成共识，即实践唯物主义应是重建马克思主义哲学体系的方向；二是全国实践唯物主义讨论会，会议就实践唯物主义的内容进行了深入而全面的研讨。1991 年，辛敬良又出版了《马克思主义哲学导论：实践的唯物主义》，这部著作以前所未有的力度贯彻实践唯物主义精神，并提出实践是主体与客体分化和统一的基础。1994 年出版的肖前的《马克思主义哲学原理（合订本）》提出了两个极其重要的观点：一是马克思主义哲学是实践唯物主义。只有在实践范畴的基础上，马克思主义哲学才超越了以往的全部哲学，构成了一个唯物论与辩证法相统一、自然观与历史观相统一、本体论与认识论相统一的完整严密的理论体系。二是马克思主义哲学对社会历史的唯物主义理解，并没有脱离对自然的唯物主义理解，同时，马克思主义哲学对自然的唯物主义理解也没有脱离对社会历史的唯物主义理解，相反，它把历史的观念带入自然领域，实践概念不仅是唯物主义历史观的基础，也应是唯物主义自然观的基础。这表明，《马克思主义哲学原理（合订本）》已经领会到马克思思想的真谛①。

关于实践唯物主义问题的讨论在 20 世纪 80 年代末虽有过较为短暂的沉寂，却又很快"升温"，其后虽有所"冷却"，但时至今日仍未终止。许多学者明确提出，实践不仅仅是一个认识论的概念，更是一个历史观和本体论的概念，越来越多的学者认可马克思主义哲学是实践本体论的观点。提出马克思的哲学所造成的哲学变革，就是从本体论的层面发动和展开的，从根本上说，马克思哲学的本体论就是实践本体论；提出马克思哲学中的"物"是"可感觉而又超感觉的社会的物"，"存在"是在实践活动中生成、具有社会关系内涵的社会存在；提出马克思的哲学不是追求"终极

---

① 杨耕.30 年的学术追问：马克思主义哲学体系的反思与重建.中华读书报，2018 - 11 - 28.

存在""原初物质"的"形而上学",相反,"拒斥形而上学"是马克思哲学的基本原则,马克思的哲学是"关于人类解放何以可能"的新唯物主义哲学,应以"实践"为基础重建马克思主义哲学的理论空间,实现实践唯物主义、辩证唯物主义、历史唯物主义的"一体化"①。

这场讨论对于打破苏联教科书体系的马克思主义的"唯我独尊"的积极作用不言而喻。回归马克思本身,还原马克思思想,以及以"实践唯物主义"为龙头的重新解读马克思主义哲学的运动,可以说构成了改革开放40多年来马克思主义阐释的重要基础,并支撑了40多年来马克思主义研究的主体框架。当然,其意义绝不仅仅是强化了"实践"的观点,它带来的是对马克思主义本身开放的科学态度、对马克思文本的多元视角以及对理论研究规范的重新认识。从国内马克思主义研究的历史来看,这种将马克思主义定位为"实践唯物主义"的观点体现了马克思主义研究的新阶段,即已经从已摆脱深受苏联教科书体系的马克思主义的僵化、教条的思维方式、话语体系束缚的阶段,转向了实践唯物主义的理论体系的新阶段。

另外,随着国内学者对西方马克思主义研究的推进和深入,西方马克思主义者所提出的一系列重要而典型的范畴与概念,如"物化""主体性""整体性""实践一元论""文化霸权""社会批判""社会生活批判""合法性""解构""重构""匮乏""症候解读"等,已深深地植入了中国马克思主义研究者的思想深处,成为支配许多学者的研究的前提,成为他们重新解读马克思主义、把握中国的改革现实、解释世界局势发展的一些重要的语言工具②。可见,西方马克思主义的确在以一种潜移默化的方式影响着中国学者。

因此,可以说,这是我国马克思主义理论界的一次正本清源的前提性考察和纠偏,在我国马克思主义研究者积极吸收和借鉴西方马克思主义

---

① 何萍.1949年以来中国马克思主义哲学的逻辑进路:为庆祝中华人民共和国成立70周年而作.武汉科技大学学报(社会科学版),2019,21(5).

② 李惠斌.西方马克思主义研究与中国的马克思主义哲学创新.马克思主义哲学研究,2004.

的、有别于苏联教科书体系的、马克思主义的阐释路向和理论成果的过程中，西方马克思主义对我们的影响不仅在于解构和突破了苏联教科书体系的马克思主义理论框架，还在于我们已经在以一种更加开放、辩证、批判的崭新思维方式和多元研究视角建构中国马克思主义的当代形态。

# 三、西方马克思主义为马克思主义当代价值的<br>阐释带来了信心和活力

西方马克思主义反哺中国的马克思主义研究，充分释放其理论资源效应的第二个方面是西方马克思主义对马克思主义的有力辩护和对马克思主义当代性的极具说服力的阐释，以及对马克思主义的当代价值的充分彰显。

马克思所创立的马克思主义不仅为人类社会生活及其文明危机的实质提供了迄今为止最透彻深入的分析，而且澄清了当代社会科学研究的理论基石与发展路径。它具有不可比拟的思想解释力与时代感召力，迄今为止，它在世界范围内仍然是最具生命力的思想学说。相关研究表明，《共产党宣言》至今售出约 5 亿册，成为人类历史上最畅销的著作之一。2013年，《共产党宣言》和《资本论》一起被列入联合国教科文组织世界记忆名录即是一种明证。

然而，对马克思思想误读和曲解从它诞生之日起就未曾停止，西方马克思主义所激烈批判的第二国际和苏联马克思主义就是其中的代表，归根结底，这是对马克思思想的一种近代知识论路向上的误读。在误读和曲解的过程中，马克思思想的当代性被遮蔽，并且不只是如此，马克思思想在现实境遇中亦接连遭遇了一系列挫折，其当代价值亦备受质疑。20 世纪 20 年代初，无产阶级革命在西方世界屡屡失败，人们普遍对革命前景丧失信心；20 世纪 50 年代至 60 年代，随着斯大林的一系列错误被揭露，在全世界范围内掀起了反马克思主义、反共产主义的声浪；20 世纪 80年代至 90 年代，东欧的社会主义国家纷纷发生剧变，一些原先的马克思主

义者急着倒戈①。

而且，世界历史已经出现了许多令人瞩目的惊人变化，经济的全球化、科学技术特别是高科技的飞速发展，让整个世界日益处于一个普遍交往的时代，世界历史的发展亦向马克思主义提出了新的问题与挑战，譬如社会主义的历史命运问题、全球化和全球性问题、新科技革命浪潮及其对人的存在方式的重构问题等等，不仅马克思主义面临一个新的历史境域，马克思主义的当代性和当代价值也受到严重的挑战。马克思主义不仅仅话语权在渐渐被边缘化，甚至遭遇当代退场的危险，"历史终结论"和"马克思主义过时论"甚嚣尘上。人们不禁问道：马克思主义是否还能是我们这个时代的一面"不可超越的旗帜"呢？

有些学者根据历史的变迁来指认马克思思想已经过时了，认为马克思主义行将销声匿迹。马克思主义的当代性和当代价值，无论是从理论还是从现实层面都日益凸显出来，成为需要再度审视和评估的重要议题。在这一思考中，西方马克思主义从在当代状况中力图发展马克思主义的维度，为阐扬马克思主义的当代性和当代价值做出了值得我们深思和借鉴的卓越贡献。

在中国马克思主义理论界，尤其是自从"马克思主义理论研究和建设工程"开启以来，学者们都在致力于确立并推进马克思主义的当代性和当代价值的研究工作。在这一研究中，西方马克思主义由于其对马克思思想当代性和当代价值的恰切领会与深入把握而备受我们关注和青睐。正如有学者所认识到的那样："马克思的当代性问题，本身就是西方马克思主义研究的问题意识。"② 从一定意义上说，西方马克思主义是马克思思想在当代西方社会与文化处境里的命运及其哲学运动③，马克思哲学的当代性，实质上是西方马克思主义的题中应有之义。在今天依然活跃于世界学术舞台的哈贝马斯看来，探讨马克思主义对我们时代状况的重要意义始终是重要的话题。"哈贝马斯的评述聚焦的核心问题是：历史哲学和革命理论相

①  陈学明，王凤才．西方马克思主义前沿问题二十讲．上海：复旦大学出版社，2008：14.
②③  邹诗鹏．从马克思哲学的当代性方向研究西方马克思主义．求是学刊，2006（5）.

统一的马克思主义遗产在当今的重要意义何在?"① 换言之，即研究马克思主义的当代性问题。西方马克思主义不仅在甚嚣尘上的"马克思思想已经过时"的困境中有力地捍卫了马克思思想，而且在当代状况中向我们充分展示了马克思思想不证自明的当代价值，为发展马克思主义做出了真实努力，更为我国马克思主义者提供了强大的信念支撑，带来了中国马克思主义的创新发展，使马克思主义的当代价值在我国的改革开放实践中得到了进一步彰显与延续，成为我们在新时代始终坚持马克思主义和中国特色社会主义道路的有力支持。

自西方马克思主义诞生以来，在每个历史阶段，尤其是在马克思主义在世界范围内陷入低潮的危难时刻，在资本主义经济和自由民主制度被看成历史终结的情况下，西方马克思主义者反复阐述和深入阐明马克思主义的当代性和当代价值，得出马克思主义依然是能够指导世界社会主义运动面向未来的理论学说，以及马克思主义根本没有过时的结论。正是他们的积极努力，使我们深切地感受到，人类不能没有马克思主义，人类必须而且只能在马克思主义的旗帜下开创新生活。

从 20 世纪 20 年代的西方马克思主义的创始人卢卡奇、葛兰西、柯尔施、法兰克福学派到 20 世纪末的作为西方马克思主义的最新形态的生态学马克思主义、晚期马克思主义、文化马克思主义等，无不把论证马克思主义的当代性作为自己理论研究活动的主题②。总体来说，他们认为，马克思率先考察了资本主义现代性的本质，他的思想深刻地影响了当代社会科学理论的发展，不仅影响到社会学、政治学、经济学、哲学、人类学和国际关系学等社会科学，也影响到地理学、信息技术以及人文学科（如艺术学、文学和教育学等）。马克思在批判资本主义制度缺陷和剥削本质的同时，亦向被压迫者提供了可供选择的政治行动方案，这引发了人们思考和探索 20 世纪的社会主义革命道路问题，进而去积极思考 21 世纪的社会

---

① 穆勒-多姆．于尔根·哈贝马斯：知识分子与公共生活．北京：社会科学文献出版社，2019：97.

② 陈学明．对马克思主义三个要害问题的回答："西方马克思主义"给予我们的启示．教学与研究，2003（7）.

主义等人类未来发展道路和自由解放的问题。

具体而言，卢卡奇指出，马克思主义并没有被现实的困境驳倒，即使马克思的一些结论和话语被放弃了，也不影响马克思主义的理论与实践意义。马克思主义的活的灵魂是以辩证法为核心的研究方法，这意味着拘泥于马克思的言论而不能领会马克思哲学真精神的人，只能是教条的马克思主义者，并且他们只能把马克思思想教条化。倡导按照马克思的方法来面对当下的问题，这传达出了卢卡奇对马克思主义的强烈的理论信心。萨特有句名言：马克思主义是不可超越的哲学。他的理由是，只要产生和掌握一种哲学并受这种哲学指导的实践还有生命，这种哲学就仍然是有效的，只要它所反映的那个历史时期还没有被超越，这种哲学就不可能被超越。正因为马克思主义所表现的那些历史因素直到目前尚未被超越，所以现在企图超越马克思主义是一种幼稚的想法，是根本办不到的①。哈贝马斯在面对马克思的历史唯物主义学说陷入时代窘境时，选择了去重建历史唯物主义，力图在当代状况下发掘和展现出历史唯物主义的潜力。尽管他的重建最终草草收场，但这样恰恰反衬出历史唯物主义的当代生命力②。本雅明不仅驳斥了教条主义的马克思主义认为历史唯物主义带有历史进步论倾向的观点，而且进一步澄清了一个关键之处，即真正传达出历史唯物主义精神的是它的"现实化"，也就是它的实践品格，为其做了合理的辩护。本雅明版本的马克思主义从不同的角度深化了人们对马克思主义的内在精神的理解，而不是将之作为教条来接受，而且他的建构更进一步地证明了马克思的历史唯物主义是不可超越的视域③。

苏东剧变之后，新自由主义思想家福山在其《历史的终结与最后的人》一书中向马克思主义的当代性提出了严重的质疑与挑战。他认为，马克思主义已经寿终正寝了，共产主义只不过是人类历史上的一场噩梦，只不过是一个幽灵，已经成为历史，"自由民主制度乃是地球上不同的地区

---

① 陈学明．对马克思主义三个要害问题的回答："西方马克思主义"给予我们的启示．教学与研究，2003（7）.

② 夏巍．劳动的张力：哈贝马斯重建历史唯物主义的缘起．理论探讨，2014（6）.

③ 夏巍．本雅明对历史唯物主义的新阐释．马克思主义与现实，2019（4）.

和文化所共同拥有的唯一一致的政治愿望"，它才是"通往全球性政治自由的运动"①。德里达针对"福山宣言"出版了《马克思的幽灵》一书，他大声疾呼"不能没有马克思，必须要有某种马克思的精神、遗产或思想"。詹明信（也译詹姆逊）则旗帜鲜明地指出：今日的资本主义并没有发生根本性的变化，从而庆贺马克思主义的死亡是不合逻辑的。特里·伊格尔顿在《马克思为什么是对的》一书中从十个方面有力地驳斥了马克思思想已经过时的观点，进一步阐明和重申了马克思资本批判的真理价值："作为有史以来对资本主义制度最彻底、最严厉、最全面的批判，马克思主义大大改变了我们的世界。由此可以断定，只要资本主义制度还存在一天，马克思主义就不会消亡。只有在资本主义结束之后，马克思主义才会退出历史的舞台。"②

总而言之，西方马克思主义者从多个角度为马克思思想做出了有力的辩护，这种辩护无疑对我国的马克思主义研究产生了极为积极的正面意义。在马克思主义的理论效应在世界范围内遭遇前所未有的低潮的状况之下，可以说，这时的西方马克思主义于我们而言，称得上是一剂强心针，为我国的马克思主义研究注入了信心与活力。从而，我国的马克思主义研究未受到低潮的过多干扰，学者们便迫切地想从西方马克思主义中汲取印证马克思主义的当代价值的养料，在这种力量的驱动之下，我国的西方马克思主义研究真正迎来了它的春天。

如果说，如上文所述，西方马克思主义从马克思主义的经典文本出发重新阐释马克思思想、探索其真精神，这一步工作是在"返本"的话，那么，深入现实生活，关注时代危机和问题，从现实当中寻找新质要素的生长点，实现马克思主义在当代的发展与创新则是在"开新"，这种努力在西方马克思主义者那里呈现为一种高度的学术自觉。

西方马克思主义在新的时代状况之下，着力从主体性的角度去凸显马克思思想中的感性意识在历史发展中的重要作用，更加强调马克思思想的

---

① FUKUYAMA F. The end of history and the last man. London：Hamish Hamilton，1992：PXIV.

② 伊格尔顿. 马克思为什么是对的. 北京：新星出版社，2011：7.

批判性意蕴以深入而全面地对自资本文明以来陷入的现代性状况做出恰切的分析，同时与当代西方各种思潮融合去弥补或抛弃马克思思想中的空场或缺陷，以此彰显马克思思想的鲜活的生命力。具体分析如下：

其一，凸显了马克思思想的主体性与文化维度。卢卡奇、柯尔施与葛兰西等早期西方马克思主义代表人物，在批判将马克思思想做经济决定论、机械决定论的近代知性科学解读中，再度审视黑格尔思想之于马克思思想的意义，力图恢复被遮蔽的黑格尔传统，并且从黑格尔传统出发，来凸显被遮蔽的马克思思想的主体维度。这一主体维度，在第一次世界大战后欧洲无产阶级革命失败的境遇当中，具体显现为在这个物化的社会中，只有无产阶级才是认识与改变社会存在的主体，因为只有无产阶级才能穿透资本主义社会物化的现实①，马克思主义者的任务就是要探讨无产阶级如何从自身的生存状况之中获得批判资本原则的感性的阶级意识，唤醒与激发这种意识，从而突破资本主义意识形态的侵蚀与遮蔽，发挥无产阶级改变世界的实践力量。基于此，他们提出了总体性文化革命观、无产阶级争取文化领导权的斗争。

相较于马克思所处的自由竞争的资本主义时期，卢卡奇、葛兰西、柯尔施等人所面对的时代条件是生产日益组织化、机械化，这一时期资本主义社会组织日益科层化，人自身愈益变成生产系统的工具。正是这样的历史变迁、现实生活，使得他们在理论上去着力强调人的主体性②。他们清醒地意识到，西方国家的社会主义革命如若无法冲破物化意识的束缚，将无法达到主体性的自觉，因而，开启从文化研究的视角去发展马克思主义的路径，将理论聚焦在对资本主义各种异化的文化意识的批判上，力求拯救革命的感性意识，便成为他们努力的方向③。

其二，弘扬了马克思思想的批判精神。西方马克思主义赓续了马克思思想的批判特质。现实社会主义从实践上发扬了马克思主义的批判精神，

---

① ②　仰海峰．国外马克思主义视域中的马克思主义：上：以卢卡奇、柯尔施与葛兰西为例．国外社会科学，2018（1）．

③　夏巍．国外马克思主义文化理论研究概览：以历史唯物主义为核心的考察．理论视野，2016（11）．

而西方马克思主义主要是从理论上发扬了马克思主义的批判精神。他们的理论显示出强烈的反思性、批判性和否定性的特征。西方马克思主义的许多著作，诸如《理性的毁灭》《启蒙辩证法》《否定辩证法》《辩证理性批判》等都充满了这种批判性的哲学思维。西方马克思主义批判理论及其批判思维的引入，促进了我们的思想解放，使我们从单向的肯定性思维中解放出来，能够以反思的、批判的立场看待现实。

马克思的辩证法，并非如第二国际和苏联马克思主义所认识到的那样，是自然辩证法，而是感性劳动的辩证法。辩证法的基石不是与人的感性活动相分离的自然，而是感性活动所创生的历史过程，也就是马克思所说的物质生活关系或者现实的自然界。哈贝马斯曾这样评价道："历史辩证法表达的是劳动关系的内部矛盾和外部活动。"① 这一过程绝非观念的自我运动，而是为社会内在矛盾所推动。社会现实具有内在的矛盾与冲突，说明其自身就具备革命性与批判性的特质。马克思的历史唯物主义洞悉并揭示了这一点，如实地展示出社会现实的特点，因而，他的辩证法"是描述社会力量、社会冲突和社会趋势的一种方法"②。由此，历史唯物主义也就获得了批判性和革命性的特质。基于这一点，马克思强调，真理性的新知识必将现实理解为实践，因为实践是生活世界的自我批判，亦即全部社会生活在本质上都是实践的。换言之，一方面，社会生活是由实践建构的，另一方面，社会生活本身是自我批判的。因而，在真理性的新知识对世界的肯定的理解之中，同时也包含着对世界的否定的理解，这种表达在本质上同样是批判的。所以，归根结底，新知识就不是从世界之外设定一个外在的标准，从思辨的观念出发来批判世界，而是要揭示出世界自身的矛盾与冲突。

在马克思主义发展史上，西方马克思主义代表了对马克思的这一思想特质领会得最为深入的思想学派，在他们的理论建构中充分凸显了马克思思想深刻的批判性精神。这体现在两个方面：一是他们坚持了马克思对资本主义社会的批判，并将这一批判深入新的历史时期现实生活的方方面

---

① 哈贝马斯. 理论与实践. 北京：社会科学文献出版社，2004：474.
② 蒂里希. 蒂里希选集：上. 上海：上海三联书店，1999：57.

面，展开了多维度的深刻批判；二是他们坚持了马克思的生活世界自我批判的精神，表现在坚持了理论与实践的相统一。如上文所述，他们在强调马克思思想的核心原则是实践的基础上，强调理论的建构本身就是对现实的批判性反思。在他们看来，理论与实践不是先有理论，然后将其应用于现实就被视作实践了，而是强调理论建构本身就是对现实的批判性反思，只有在这个层面，才能真正地做到理论与实践的统一，否则就会出现理论与现实应用中的教条化。

哈贝马斯指出，作为一种新知识形态，历史唯物主义就是一种直接实践的理论，它将现实表达在理论之中，从理论自身就能够理解现实本身，而不必从理论出发去实际地批判事物。他说："理论不能用本体论的意图来研究，而只能用实践的意图来研究。"① 在卢卡奇那里，他的《历史与阶级意识》一书的副标题即"关于马克思主义辩证法的研究"，他开宗明义地提出，马克思主义的活的灵魂是以辩证法为核心的研究方法："马克思主义问题中的正统仅仅是指方法。它是这样一种科学的信念，即辩证的马克思主义是正确的研究方法，这种方法只能按其他人奠定的方向发展、扩大和深化。"② 在这一认识的前提之下，卢卡奇强调了马克思主义哲学中批判性的一面，并将这一批判与政治经济学的批判结合起来，后来出版的《青年黑格尔》《关于社会存在的本体论》即是明证。卢卡奇开启了西方马克思主义重提马克思的辩证法，挖掘其批判特质的理论传统。葛兰西则认为，马克思主义的正统性不是因其现成理论，而是因其批判精神和实践意识，他提出的马克思主义为"实践哲学"的观点，凸显了马克思主义哲学的革命实践功能，这与卢卡奇具有相似的理论指向。柯尔施的《马克思主义和哲学》《卡尔·马克思》等著作也体现了他为重现马克思思想的批判意蕴所做出的真实的努力。

早期西方马克思主义者在对马克思思想的重新阐释当中强调了其批判

---

① 　哈贝马斯．理论与实践．北京：社会科学文献出版社，2004：464-465.

② 　卢卡奇．历史与阶级意识．北京：商务印书馆，1992：47.

的特质，在法兰克福学派这里，尽管在不同的发展时期①对这种批判性的理解存在一定的差异，却一致地强调批判性是马克思主义的重要特质，正如哈贝马斯所理解的那样，历史唯物主义是具有解放旨趣的社会批判理论。法兰克福学派将这种理解渗透到对现实问题的诊断与分析的层次，开展了广泛而深入的批判，因而，批判精神是法兰克福学派的理论内核。批判理论不仅为我们全面而深入地理解当代资本主义社会开启了独树一帜的多维批判的视角，而且提供了在不同于马克思和恩格斯的时代去坚持与发展马克思主义的经验和路径②。

批判理论确立的起点就是对实证主义的批判，霍克海默是这一批判的理论先驱，他在《传统理论与批判理论》一文中就明确了法兰克福学派思想努力的首要目标是扬弃迄今为止的一切作为"传统理论"的实证主义，以批判理论取代传统理论。此后，法兰克福学派成员将这种批判精神渗透到对第二次世界大战之后发达工业社会普遍的异化结构和现代人文化困境的深入剖析中，开展了"启蒙理性批判""工具理性批判""大众文化批判""工具理性批判""科学技术批判""意识形态批判""爱欲压抑批判""消费主义批判"，这些针对现代工业文明的全方位批判体现了马克思的批判精神在当代语境中的延续，以新的方式展现了马克思思想的批判力量。

西方马克思主义者不仅能够辩证地批判现代资本主义社会，而且能够辩证地对待各种思想学说，例如：对新自由主义的批判，一大批著名的哲学家和知名学者，如法国的安德烈阿尼、德国的哈贝马斯、英国的麦克莱伦和卡利尼科斯、美国的贝拉米·福斯特都参与了对新自由主义的批判。另外，理论界还展开了关于生态危机的批判，西方马克思主义是较早从哲

① 王凤才教授认为，法兰克福学派的批判理论经历了三期发展：第一期发展（从 20 世纪 30 年代初到 60 年代末，以霍克海默、阿多诺、马尔库塞等人为代表）致力于批判理论构建与工业文明，可以被视为"早期批判理论"；第二期发展（从 20 世纪 60 年代末到 80 年代中期，以前期哈贝马斯、施密特、弗里德堡等人为代表）致力于批判理论重建与现代性批判，可以被视为"新批判理论"；第三期发展（从 20 世纪 80 年代中期至今，以后期哈贝马斯、维尔默、奥菲、霍耐特等人为代表）完成了批判理论的"政治伦理转向"，可以被视为"后批判理论"。转引自：王凤才. 从批判理论到后批判理论：上：对批判理论的三期发展的批判性反思. 马克思主义与现实，2012 (6).

② 夏巍. 法兰克福学派政治经济学批判研究概览. 理论视野，2019 (7).

学的视角展开生态危机批判的思潮之一。它一方面发掘马克思主义经典作家的生态思想，另一方面从资本生产导致生态危机甚至人类毁灭的新的角度展开资本主义批判。西方马克思主义者强烈批判以福山等为代表的历史终结论，深刻揭示了资本主义自由民主制度的局限性，诠释了马克思主义的自由和平等思想，如以科恩为代表提出的平等主义的社会主义对正义问题的探讨、以伍德为代表的政治马克思主义对民主问题的探讨，在国际理论界都产生了广泛影响，马克思主义的阐释甚至还因此出现了政治哲学的转向。

其三，与当代资本主义的各种思潮的融合，拓展了马克思主义的理论空间。

西方马克思主义还着眼于通过"理解角度的置换与创新"来重新阐释和发展马克思主义，这个新的视角出自对资本主义的现实条件、时代问题的深切领会和对当代西方崭新的社会思潮的把握与借鉴。

存在主义的马克思主义从存在主义出发，弗洛伊德主义的马克思主义从精神分析学出发，结构主义的马克思主义从结构主义出发，法兰克福学派从批判理论出发，进一步阐释了马克思思想。萨特主张填补历史唯物主义的"人学的空场"。他将历史辩证法归结为人的辩证法，认为作为历史主体的人应是历史唯物主义的重要议题，因此，需要用人的存在概念对历史唯物主义的"人学的空场"加以补充，并用个体生活史的前进——回溯的精神分析方法来补充马克思主义的辩证法。马尔库塞则认为，改变主体结构特别是主体的心理意识结构，是现代工业文明社会扬弃异化和实现社会使命及人类解放的统一途径。在弗洛姆看来，马克思虽然提出了经济基础与上层建筑理论，但并没有清楚地说明经济基础是如何转变为意识形态的，在经济基础与上层建筑之间留有一个"空场"，只有借助弗洛伊德的社会性格理论才能合理地解决这一问题。阿尔都塞则指出，不能将马克思主义简单化为理论上的反人道主义，他试图以结构主义的多元决定论，来破除对马克思思想做经济基础终极决定论和线性因果关系的误解。他将历史唯物主义解释为一种多元决定论，即经济因素无疑对历史发展的进程具有归根结底的决定作用，但在此基础上还必须考察上层建筑诸因素的特殊效能对历史发展的影响。哈贝马斯不仅重建了启蒙理性和历史唯物主义的社会批判功能，还根据交往行为理论作为"整合历史唯物主义材料的新形式"重建了"新的"历史唯物主义理论。本雅明则将历史唯物主义与犹太神学思想相融合，在艺术生产领域探究和揭示资本主义社会异化状况的奥秘，并牢牢抓住由机械复制技术所引致的艺术嬗变中蕴藏着的革命潜能，积极地投身于无产阶级和大众"感性意识"的拯救工作，这是他立足于时代境遇而采取的实践策略，是他力图改变现实世界的最重要的途径。1968年之后，西方马克思主义又陆续出现了生态学马克思主义、女性主义马克思主义、后马克思主义、族性马克思主义、后殖民理论、世界体系论等，使马克思主义走出自己的传统领地，关注性别、生态、地方性、文化等问题，以证明西方马克思主义不仅在"中心"，而且在"边缘"进一步释放了马克思主义的理论和政治潜能，使马克思主义的影响进一步扩大，印证了其当代性[①]。

可以说，西方马克思主义不仅在对第二国际和苏联马克思主义的批判中一定程度上还原了马克思思想的真面目，捍卫了马克思思想的真理性和科学性，还在新的历史境遇当中，从多个角度坚持了马克思主义的理论初衷、原初路向，不但进一步延续了马克思主义的真精神，而且补充了马克思主义的批判视域和内容，为马克思主义的当代发展做出了不可忽视的重要贡献。不可否认，这种发展有力地印证了马克思主义的当代性和当代价值。

西方马克思主义不仅充分地论证了马克思思想并未过时，而且在时代状况中秉持马克思主义的精神和思路去诊断、分析和破解现实的诸多问题，使我们更加深入地理解了马克思思想的当代性和当代价值，给予我国马克思主义研究深刻的启迪。他们的新观点、新成果、新思路为我们的马克思主义研究者所高度关注，他们对时代问题的关切度、捕捉现实问题的敏感度、研究视角的开拓性和前瞻性，也都为我们所合理地吸收与借鉴，由此带来了中国马克思主义的创新发展，将我国的马克思主义研究推进到

---

① 汪行福. 国外马克思主义历史与现状的思考. 哲学动态，2018（10）.

一个崭新的阶段。不只是如此，其最重要的理论效应是把中国的马克思主义研究置于全球范围内进行一种普遍性的探索，这无疑是意义重大的。我国的马克思主义从教条、僵化的束缚中解放出来，逐步树立了开放的马克思主义立场，并在全面建设的新征程中，逐步摸索出基于中国立场、中国问题意识的在世界视野中保持理论自信的新局面。所以，无论从哪个角度来看，西方马克思主义都对中国马克思主义的全面创新的新局面的开启做出了不可忽略的重要贡献。其具体影响大体为以下几个方面：

其一，使我国马克思主义研究领域、研究主题、研究方法拓展与丰富。

在西方马克思主义的有力激发下，我国马克思主义研究领域的重心从思辨的形而上学问题转向了人们现实的生活世界，开启了诸多新的理论主题、新的研究方法。从与中国马克思主义理论界相对应的研究领域来看，其中，有一部分延续和拓展了西方马克思主义的固有主题，如异化、主体性、马克思思想早晚分期、实践唯物主义、人道主义、人的存在方式、历史唯物主义、生活世界、文化批判、生存哲学、现代性理论等。另外，也有西方马克思主义挖掘出的新主题。例如，交往理性、生态主义、空间生产、结构和解构等，这些问题未曾出现在我国原有的马克思主义研究中。另外，真理与价值、真理与认识、经济基础与上层建筑的关系、理论与实践的关系、人与自然的关系、自然与历史的关系这些经典的研究主题，也由于西方马克思主义的影响，焕发出进一步深度研究的热情。除此之外，存在主义的方法、结构主义的方法、诠释学的方法、分析哲学的方法、现象学的方法、解构主义或后现代主义的方法也成为我国马克思主义研究借鉴和运用的研究方法，这一系列深入探索呈现了我国马克思主义创新的繁荣局面，更进一步显示了马克思主义的当代价值。

其二，进一步打开了我国马克思主义研究的世界视野与开放格局。

21世纪以来，建设面向世界历史时代的中国马克思主义理论，在全球资本占据的空间中理解并展现中国道路、世界视野和开放格局，无疑是极为重要的。西方马克思主义的基本背景就是全球资本主义，它所展开的诸多问题及其理论论域，不仅是马克思主义对当代西方资本主义时代的回应及延展，也是全球资本主义时代的重大理论资源。可以说，西方马克思主义不能仅仅被看成是一种学说，还应当被看成是马克思主义在当今世界特别是在当代西方的表现方式，呈现了马克思主义理论探索的世界视野。因此，对当下中国马克思主义研究而言，西方马克思主义是一项重要的参考性资源。对西方马克思主义资源的视野的持续关注与研究，进一步打开了我们的世界视野和更加开放的格局，使我国的马克思主义研究在当今全球资本主义背景中对基础理论及其重大实践问题展开更加具有开放性和普遍性的理论探索。历史与现实也表明了把对马克思主义的"信"与"行"置于开放的世界马克思主义的视野与格局当中是必须的，唯有如此，才可真正确立我们自身的理论自信。从这个角度来看，西方马克思主义研究及其持续推进，实际上更有利于"在马言马""在马信马""在马行马"，有利于我们开创中国马克思主义理论的新局面①。

其三，催生了我国马克思主义研究中的中西马克思主义对话研究模式。

马克思主义的当代性以及当代意义的再认识、再彰显势必要求中国马克思主义与西方马克思主义形成最广泛和不断深入的对话。20世纪我国马克思主义理论界最重要的努力是开启了揭示马克思主义当代性和当代价值的理论工程，而这只有在与西方马克思主义的批判性对话途中才能真正做到。在对马克思主义的当代性和当代价值的深入研究过程中，也催生了中国马克思主义与西方马克思主义的对话研究范式。马克思早期思想、马克思与恩格斯的关系、人道主义与异化、存在主义与马克思主义、现象学与马克思主义等都成为重要的对话内容。对话也从初始简单化批判方式的对话（拒斥多于分析、批判甚于论辩、立场多于学识）发展到深度对话（大量译介、学术交流活动，编写了关于国外马克思主义历史的大部头著作），然后发展到21世纪的全面自主对话。对话需要思域的开放性，这样，对话也让思想走向开放，推动了理论创新②。这一研究范式对于中国马克思主

①　邹诗鹏. 西方马克思主义研究的资源性意义及其反思. 马克思主义理论学科研究，2019，5（5）.

②　任平. 当代中国马克思主义研究. 北京：北京师范大学出版社，2017：132-146.

义研究者深入了解当代西方学术前沿、提高中国学者的理论素养和对话水平、打破西方学术一统天下的话语霸权有着莫大的积极意义。

对话造就了中国马克思主义理论界的译介、出版、研究国外当代学术著作事业的繁荣和发展，使西方马克思主义研究真正扩展到国外这个范围。在中外对话中产生的对马克思主义的新理解也成为中外学者共同努力的结果，并且推进了对西方马克思主义的深度研究，在前沿信息上基本追平西方马克思主义，在对话广泛度上与西方马克思主义大体相当。这也大大促进了学科建设人才培养和人才队伍建设。更为重要的是，大多数西方马克思主义者承继了马克思对西方中心主义的批判与超越，自觉地超越西方中心主义立场，并客观地分析中国特色社会主义在全球资本主义外部空间中可能遇到的阻碍。而且，在若干资源中，主流的西方马克思主义传统更为亲近中国特色社会主义道路，如果可能也更愿意内在地理解中国特色社会主义道路。因此，我们完全可以利用与西方马克思主义的交流，在研究、解释和批判西方马克思主义的学术理论、共享和共襄世界学术理论的同时，积极有效地讲述和传播中国声音，实现中国马克思主义的理论输出。

# 四、简单的归纳

如前文所述，我们从两个方面探讨并阐明了西方马克思主义对中国马克思主义的主要影响，或者说，前文是我们的马克思主义理论界在对西方马克思主义研究 40 多年的历程中所取得的主要收获：

其一，在进一步唤醒和革新我国马克思主义研究思维方式中扮演了重要的角色。

西方马克思主义批判第二国际和苏联马克思主义对马克思思想的误读和曲解，并深入地开展了重新阐释马克思主义的研究工作：一是批判第二国际和苏联马克思主义在理解马克思思想的哲学本质问题上的错误；二是批判它们将抽象的物质而不是实践作为马克思思想的核心。西方马克思主义的结论是：第二国际和苏联马克思主义是基于近代形而上学思维方式来理解和阐释马克思思想的，因此，形成一种实证主义化和客观主义化的马克思主义理论模式是一个必然的结果。由于第二国际和苏联马克思主义将马克思主义教条化、框架化，马克思思想的丰富内容被禁锢了。它既难以科学地阐明马克思哲学变革的实质，也无法彰显马克思哲学的批判的革命性的思想特质，无法使无产阶级感性的革命意识摆脱资产阶级意识形态和文化价值观的遮蔽，集体的感性意识就难以形成，因而就无法有效地指导西方革命。西方马克思主义开启的新的阐释路向在一定程度上恢复了马克思主义的本来面目，使我国理论界看到了马克思思想的崭新面向，从而激发了人们重新研究和解读马克思主义的强烈兴趣。同时，尽管我们不能说完全受到了西方马克思主义研究的推动，但可以确定的是，我国马克思主义在破除苏联教科书体系的马克思主义的束缚中的确深受西方马克思主义的启迪。从一定意义上说，西方马克思主义进一步唤醒和革新了我们的思维方式，使我国的马克思主义研究呈现出焕然一新、别开生面的研究氛围和研究态势。

其二，西方马克思主义对马克思主义的当代性和当代价值的阐扬为我国的马克思主义研究带来了信心和活力。西方马克思主义在新的时代状况之下，着力从主体性的角度去凸显马克思思想中的感性意识在历史发展中的重要作用，更加强调马克思思想的批判性意蕴以深入而全面地对自资本文明以来陷入的现代性状况做出恰切的分析，同时与当代西方各种思潮融合去弥补或抛弃马克思思想中的空场或缺陷，以此彰显马克思思想鲜活的生命力。这使我们清醒地认识到，马克思思想即便在现实中似乎遭遇了挫败与挑战，也依然具有不可磨灭的生命力，我们所要做的就是一如既往地去坚持和发展它。

我们在对西方马克思主义对中国马克思主义的影响的探讨中，也明显发现其存在一定的消极因素：

其一，西方马克思主义的理论失误问题。首先，在西方马克思主义对第二国际和苏联马克思主义的批判中，一些论断可能存在模糊、偏差甚至是错误的地方。其次，在西方马克思主义对马克思主义发展的过程中，部分学者出现了偏离马克思主义的原初路向的现象，由于我们对这些现象缺少足够的辨识和批判能力，在消化和吸收他们的观点和论断时，出现了全盘接纳的情况，产生了负面影响。再次，他们在遵循"返本"路线去还原经典文本的真精神时，也出现了编译方面的解构主义倾向，这也值得我们警惕。另外，部分学者思想中还隐含着各种欧美中心主义和新自由主义前提以及各种非马克思主义的政治立场，我们在未来的研究中必须清晰辨别。最后，部分西方马克思主义者对未来没有信心，抱有悲观主义情绪，这也部分影响到我国的马克思主义研究。

其二，西方马克思主义与实践相脱节的问题。西方马克思主义者除了早期几位代表人物直接参与了革命实践并且是工人革命运动的领袖，其他大都是专业的学者。虽然他们在理念上坚持了马克思的理论与实践相统一，重在强调马克思主义的实践特质，但是论及他们自身，很大一部分学者还是退缩至理论的沉思当中去。这当然不是说西方马克思主义者不关注现实，恰恰相反，他们以理论的方式密切关注现实的发展。他们对当代资本主义进行了深入的批判，对社会主义建设实践中的问题也提出了不少有建树的意见。他们的主要意图是在理论的沉思中构建与实践相一致的理论，在理论中批判现实。在他们看来，只要能够做到这一点，也就传承了马克思主义的批判精神，甚至有学者还提出了较为激进的批判理论。但是，由于缺少直接实践的基础，他们的理论呈现出脱离实践的纯粹学院化的特征，往往批判锋芒弱化，建设性不足。这种学院化的理论态度，在推动马克思主义研究学术化方面起到积极作用，但对我国马克思主义理论界的研究产生了消极影响。

其三，中国马克思主义研究中的"西马化"问题。"西马化"对中国马克思主义研究者坚持马克思主义立场产生了一定的不利影响。西方马克思主义孕育于西方资本主义社会，从理论内容到话语表达都体现了多元主义的背景和倾向，并且包含着对马克思主义不切实际的歪曲和否定。西方马克思主义研究，由于处在资本主义社会的框架下，因此会存在立场方面的问题。这就需要我们取其精华，去其糟粕①。如果对西方马克思主义理

---

① 罗骞. 西方马克思主义对我国哲学学科的影响. 社会科学辑刊，2019（4）.

论全盘接受，并将它们直接嫁接到我们的马克思主义研究上，将中国马克思主义研究"西马化"，就很容易重新陷入教条主义的错误当中。因此，在中国马克思主义研究中，必须坚持中国特色社会主义道路，立足于中国立场、中国问题意识、中国价值，反思中国现时代的重大现实问题。对于西方马克思主义的研究，我们也应该继续积极探索西方马克思主义本土化的方向和路径。

其四，西方马克思主义的适用性问题。西方马克思主义孕育成长于西方，面向和针对的也是西方的现实问题。当然，今天在经济全球化的世界历史大背景之下，许多问题呈现出了共通性，但不能忽视的是，其中仍然存在很大的差异。因而，一方面，西方马克思主义的探索对我们分析自身的现实问题有重要的启示价值。但是，另一方面，就问题而言，倘若我们的研究单纯将西方马克思主义研究的问题当成我们自己的问题，缺乏清晰的理论自觉，就会导致理论与现实并不相干的现象。而且，很多西方马克思主义者并不了解我国的文化传统和现实情境，往往从抽象的理论预设和主观愿望出发进行批评。如果不能审慎地辨析，受到他们的某些片面观点的影响，就会干扰我们的理论，甚至干扰我们的实践。

更好地认识世界、认识中国，办好中国自己的事情，全面服务于我国社会主义现代化建设事业，始终是我们学习和借鉴国外先进思想文化的初心①，因此，中国的马克思主义今后应站在新时代的制高点上，始终坚持站在中国特色社会主义立场上，强化使命担当，基于中国实践，对西方马克思主义的理论成果进行分析甄别，充分吸收其中有利于提高中国马克思主义学术研究水平、理论创新能力的思想精粹，为创新发展 21 世纪马克思主义和当代中国马克思主义做出有益贡献。

---

① 张亮，孙乐强 . 21 世纪国外马克思主义思潮的发展趋势及其效应评估 . 马克思主义与现实，2019（6）.

# 第三章　西方马克思主义的马克思主义理论在中国的传播与影响研究之二

　　20 世纪 70 年代末，随着"真理标准"讨论的思想准备，我们重新确立了马克思主义的正确思想路线，并在党的十一届三中全会上实现了党和国家政治路线的伟大转折，在一系列理论问题和实践方略上逐步开展拨乱反正，开启了改革开放的历史新篇章。在"反正"的基础上，我们进而有"开新"，即进一步地对原有的、传统的"正"的否定或曰扬弃。中国共产党领导中国人民在改革开放新时期逐步实现了对社会主义事业的全面突破创新，形成了中国特色社会主义的道路、理论、制度、文化。在中国特色社会主义的理论和文化领域创新中，乃至在相当程度上于道路规划和制度创建方面，我们都可以看到西方马克思主义的有益理论元素在发挥积极作用。可以说，新时期我们对西方马克思主义的接触、认识、吸收，给国内理论界带来了广泛而深刻的理论震动和理论影响，也帮助广大国人加深了对马克思主义的认识，加深了对当代资本主义和社会主义的认识，加深了对人类生存方式和文明样态的认识，而这种理论上的接触、认识、吸收本身又融入了中国特色社会主义的伟大实践，是这一伟大事业的有机组成部分，随着这一时代的常青事业不断前进。

　　习近平曾不止一次在讲话当中提及他本人对西方马克思主义作品的阅

读，并多次积极评价西方马克思主义的世界历史意义和对中国、对他本人的积极影响。2014 年，习近平访问欧洲多国，他在中法建交五十周年纪念大会上的讲话中提及，通过阅读法国思想家的著作（其中包括西方马克思主义思潮的重要代表人物萨特的著作），"让我加深了对思想进步对人类社会进步作用的认识"①；随后，习近平在德国科尔伯基金会的演讲当中又评价德国的哲学辩论为人类文明进步做出了重大贡献，其中他列举到西方马克思主义的又一重要代表人物马尔库塞，并认为"包括我本人在内的很多中国读者都从他们的作品中获得愉悦、感受到思想的力量、加深了对世界和人生的认识"②。作为 20 世纪 80 年代青年杰出代表的习近平同志，其阅读和感悟的这段心路历程是对当时包括西方马克思主义在内的"西学"再次"东渐"、再次广泛深入影响中国大众的思想方式和社会建设发展方向的绝佳注解。

反过来说，我们既要看到西方马克思主义的理论元素积极影响了中国新时期人们的思想和实践，同时又尤其不能忘记中国新时期的生动现实本身对理论发展所具有的基础性地位。严格地说，早在 20 世纪 60 年代，就已经有少量西方马克思主义代表人物的思想观点和论著受到中国研究者的关注，如卢卡奇、萨特等。但受当时整体的时代氛围的制约，相关内容还只是在理论界内部小范围传播，并且一般只是进行了相当简单化、图解化的述评，将之笼统列入西方"资产阶级""小资产阶级"的范畴，乃至将之称为"反动"思潮。关注它们，往往只是为了了解一些马克思主义和社会主义的外部动态信息，是出于非常技术性的、实用主义的目的。例如，像对萨特的关注，是基于其作为一位对华较为友好、在国际上有较大影响力的思想家、活动家，因而去关注和了解与之相关的背景知识。因而，只有在改革开放的新的时代背景下，特别是在新时期精神文化领域的思想解放的热潮当中，在对旧有的马克思主义理解模式的反思突破中，在对国外特别是西方思想文化的交流学习热潮中，西方马克思主义才真正具有理论意义和实践意义地在中国获得传播、研究和吸收。

---

① 习近平在中法建交五十周年纪念大会上的讲话 . 人民日报，2014-03-29.
② 习近平在德国科尔伯基金会的演讲 . 人民日报，2014-03-30.

中国社会科学院徐崇温先生可以算是新时期西方马克思主义研究工作当中的一位起到了开创性作用的先驱领军人物，并且他亲身实践了从收集政治参考资料向开展学术研究工作的转变。根据徐崇温先生的回忆，1977—1978 年，中央领导交代当时主持中国社会科学院工作的胡乔木，让其提供一份有关西方马克思主义的材料，徐崇温先生花了几个月的时间整理了一份 6 000 字的材料交给胡乔木，上报中央①。其后，中联部西欧局的同志邀请徐崇温讲授葛兰西，继而高等教育部邀请他赴上海、哈尔滨等地的高校讲授西方马克思主义，随后他在许多高校、党校、军队院校、社会科学研究机构相继介绍西方马克思主义。1978 年后，《哲学译丛》杂志开始大量刊登西方马克思主义的代表性论文译稿，与此同时，国内研究者开始翻译、介绍和研究西方马克思主义的思潮、流派、代表人物及其著述思想，如徐崇温的《"西方马克思主义"述评》（《社会科学辑刊》1979 年第 2 期）等学术论文开始公开发表。

　　在西方马克思主义的研究专著方面，徐崇温先生也具有开创性的贡献，其于 1979 年出版的《评苏联和"西方马克思主义者"的辩证法理论》（吉林人民出版社）是率先涉及西方马克思主义重要理论问题的论著，其于 1980 年出版的《法兰克福学派评述》（生活·读书·新知三联书店）更是领研究风气之先，将西方马克思主义的理论内容作为专著的核心主题。1982 年，徐崇温先生在前期研究积累的基础上出版了 46 万余字的专著《"西方马克思主义"》（天津人民出版社），第一次系统地向国内介绍西方马克思主义的产生、发展、代表性流派、任务及其著述思想，并阐明自己对西方马克思主义的评价分析。该书一经出版，立即引起广泛的社会影响，《哲学动态》等权威性刊物都发表文章和述评，高度评价该书的思想性和学术贡献，甚至我国的香港和台湾地区都有相关的评论文章对此投以关注。

　　为了"能够不凭想象、凭主观上的好恶，而是根据客观事实，根据原著，对'西方马克思主义'的性质和作用做出正确的判断"②，徐崇温先生

---

① 徐崇温．"西方马克思主义"研究在我国的开展．江西师范大学学报（哲学社会科学版），2012，45（1）．

② 徐崇温．我国"西方马克思主义"研究发展．中国社会科学网，2011-11-21．

在重庆出版社的积极支持下，主编了一套专门聚焦于西方马克思主义的大型丛书，即国外马克思主义和社会主义研究丛书。这套丛书就内容来说，一方面包括对西方马克思主义主要人物、流派的代表性著作的翻译，另一方面包括关于西方马克思主义的研究性作品，其中包括个案性、专题性和综合性等不同角度和层次的研究。重庆出版社的这套"灰皮书"先后分四批陆续出版，时间跨度延展到了 20 世纪 90 年代末。尽管由于各种原因，这套丛书在翻译和研究当中不可避免地存在一定程度的"学术瑕疵"和"理论视差"，但总的来说，它为推进西方马克思主义在中国的传播和研究提供了一份宝贵的文献资源和思想资源，成为影响一代学人和社会读者的西方马克思主义参考资料，厥功至伟。

在重庆出版社出版的这套丛书当中，翻译的西方马克思主义代表著作包括：西方马克思主义早期创始人的经典著作，如卢卡奇的《历史与阶级意识》《关于社会存在的本体论》，柯尔施的《马克思主义和哲学》《卡尔·马克思》，葛兰西的《实践哲学》；法兰克福学派主要代表人物的著作，如霍克海默的《批判理论》，霍克海默和阿多诺的《启蒙辩证法》，阿多诺的《否定的辩证法》，马尔库塞的《理性和革命》《单向度的人》，哈贝马斯的《交往与社会进化》《交往行动理论》；分析学派的马克思主义的代表性著作，如柯亨的《卡尔·马克思的历史理论》，约翰·罗默的《社会主义的未来》，威廉姆·肖的《马克思的历史理论》；东欧新马克思主义和南斯拉夫实践派的代表性著作，如尼科利奇的《处在 21 世纪前夜的社会主义》，赫勒的《日常生活》，马尔科维奇和彼德洛维奇的《南斯拉夫"实践派"的历史和理论》；此外，还包括胡克的《对卡尔·马克思的理解》，列斐伏尔的《论国家》，德拉-沃尔佩的《卢梭和马克思》，莱斯的《自然的控制》；等等。

在这套丛书中，关于西方马克思主义的研究性作品包括：徐崇温的《"西方马克思主义"》《用马克思主义评析西方思潮》《民主社会主义评析》，欧力同和张伟的《法兰克福学派研究》，欧力同的《哈贝马斯的"批判理论"》，张伟的《弗洛姆思想研究》，陈学明的《哈贝马斯的"晚期资本主义"论述评》，余文烈的《分析学派的马克思主义》，李青宜的《"西方马克思主义"的当代资本主义理论》，郑一明的《"西方马克思主义"的文化哲学思想研究》，冯宪光的《"西方马克思主义"美学研究》，等等。这批研究成果代表着这一时期国内学者对西方马克思主义的主要关注方向和研究深度特点。其中，陈学明、张志孚主编的《当代国外马克思主义研究名著提要》（上中下三卷本）较为全面地梳理介绍了国外特别是西方马克思主义主要流派和代表人物，对其重要观点进行了导读式的研究，呈现了这一时期国内学者对西方马克思主义译介、评述的理论成果。

复旦大学哲学系也是国内学界较早进入西方马克思主义翻译研究领域的一支代表性力量，如陈学明从 20 世纪 80 年代早期便开始以"薛民"为笔名发表了一批西方马克思主义研究论文：《谈"西方马克思主义"的"左"的倾向》[薛民、敦庸，《复旦学报（社会科学版）》1981 年第 2 期]，《"西方马克思主义"的由来和发展》[敦庸、薛民，《复旦学报（社会科学版）》1982 年第 2 期]，《"西方马克思主义"的主要特征试析》[薛民、敦庸，《上海师范大学学报（哲学社会科学版）》1983 年第 2 期]，《关于西方马克思主义的几点思考》（薛民、俊达，《国内哲学动态》1986 年第 11 期），等等。20 世纪 80 年代后期，陈学明还翻译了弗罗姆（又译弗洛姆）的《逃避自由》（工人出版社，1987）、《寻找自我》（工人出版社，1988），以及合作翻译了马尔库塞的《爱欲与文明》（黄勇、薛民译，上海译文出版社，1987）。1989 年，俞吾金与陈学明编写的《国外马克思主义哲学流派》是一部较为系统地介绍西方马克思主义思潮的教科书，该书及其修订版《国外马克思主义哲学流派新编：西方马克思主义卷》（上、下册）在国内产生了较大影响。

在 20 世纪 80 年代的西方马克思主义研究热潮当中，西方马克思主义的代表性流派和人物的作品译著还有《卢卡契文学论文集》（中国社会科学出版社，1980）、《论文学》（吕同六译，人民文学出版社，1983）、《卢卡奇自传》（杜章智编，李渚青、莫立知译，社会科学文献出版社，1986）等，带有学术研究性质的作品有《法兰克福学派：批判的社会理论》（江天骥编，上海人民出版社，1981）、《萨特其人及其"人学"》（黄颂杰、吴晓明、安延明著，复旦大学出版社，1986）等。此外，国外对西方马克思主义进行研究的一些论著，如佩里·安德森的《西方马克思主义探讨》（高铦、文贯中、魏章玲译，人民出版社，1981）以及朱塞佩·费奥里的《葛兰西传》（吴高译，人民出版社，1983）等也被译介入国内。此外，当时在诸如《近现代西方主要哲学流派资料》（《哲学译丛》编辑部，1981）、《现代西方哲学流派》（王克千、欧力同等，中国青年出版社，1983）、《现代西方哲学述评》（刘放桐，人民出版社，1985）、《现代西方哲学教程》（夏基松，上海人民出版社，1985）、《当代西方哲学思潮概要》（郑杭生，中国人民大学出版社，1987）等一些关于现代西方哲学的综合性著作中，也在相关章节对西方马克思主义进行了关注和述评。

除了这些专业研究领域内的刊物和论著，当时在首先面向社会大众读者层面的文献方面，也有对西方马克思主义的关注和传播。在 20 世纪 80 年代广为传播的如新知文库（生活·读书·新知三联书店）、"文化：中国与世界"系列丛书（生活·读书·新知三联书店）、走向未来丛书（四川人民出版社）、面向世界丛书（辽宁人民出版社）等著名的丛书载体当中，在对"西学"的广泛涉猎当中同样收录了西方马克思主义的一些相关作品。其中，既包括西方马克思主义者的作品译本，如《弗洛伊德著作选》、弗洛姆的《弗洛伊德的使命》、萨特的《存在与虚无》等，也包括中国学者的述评研究作品，如徐崇温的《结构主义和后结构主义》，陈学明的《弗洛伊德的马克思主义》《马尔库塞的六本书》，李青宜的《阿尔都塞与"结构主义马克思主义"》《"西方马克思主义"的当代资本主义理论》，等等。

总的来说，中国走上改革开放的道路，开辟新的历史时期，国人在改革开放的大时代用一种空前积极的态度对待西方的思想文化因素，用自己开放的胸襟和恢宏的气魄，关注、吸收和借鉴这些外来文化中的各项优秀的成分，用它们来发展和完善自己。习近平同志在对那个年代的回顾中所深切感受到的思想的力量、思想进步对人类社会进步的作用，在这个过程当中得到了充分展现。同时，正如有学者所说的，20 世纪 80 年代可谓是国内人文社科领域学术理论译介的一个高峰①。译介高峰之后，在一种特

---

① 白虎，蓝江.2016 年西方学术理论译介述评.中国图书评论，2017（2）.

定历史阶段才具备主客观有利条件产生相应的研究高峰。在主观条件上，中国学界和整个中国社会刚刚摆脱了思想事业的长期封闭匮乏，中国人民当时对改革压力和取向具有共识、共情，从而我们的研究者主观上就具有强烈的问题意识，刺激了其后的研究高潮和理论突破。而在客观条件上，我们的西方马克思主义研究在 20 世纪 80 年代起步的时候，虽然视野能力还显稚嫩、起步延滞相当大，但滞后的研究在一定程度上反而使得我们在西方马克思主义经历长期积累之后，留下过去阶段那些学术和社会影响深远持久的西方马克思主义思想家深刻的作品和带有理论线索系统性、现实问题批判性的学说。上述条件，在相当程度上促成我们走上了第一次研究高峰。

# 一、西方马克思主义对中国马克思主义<br>人学论域的激活

研究高峰的出现，关键在于要破除原有的思想障碍，实现思想解放。在各种思想障碍中，对马克思主义教条式、僵化的错误理解无疑是最大的。我国第一阶段的西方马克思主义研究的意义就是促使人们从对马克思主义教条式、僵化的理解中摆脱出来，为中国人民实现思想解放提供了强大的思想武器。但由上述传播译介情形我们也可以看出一个重要特点，20世纪80年代，中国对西方马克思主义的接触和接受，无论是内容主题还是载体形式，都是内嵌于当时对西方思想文化著作进行大规模译介传播的浪潮之中的——这种新时期"西学东渐"的整体态势对于我们理解西方马克思主义在国内的传播和影响具有十分重要的背景意义。从宏观的历史进程来说，中国在近代西方资本主义列强的侵略下打开国门，原有的社会发展进程被打断，被纳入资本主义的全球体系，沦为半殖民地半封建社会。而中国共产党领导中国人民进行的新民主主义革命和社会主义革命与建设，使得中华民族获得了民族独立，跨越资本主义社会形态，走上了社会主义现代化建设的道路，并且在这条道路上取得了巨大的成就。但是与此同

时，在 20 世纪 80 年代这个时间节点，社会大众和理论界所着重感受到并因而对之怀有高度忧患意识的，是这一历史发展路径所不可避免地存在的消极的另一面：中国旧有的社会状况和思想观念固然已经受到了空前猛烈的改造，但落后的社会生产的土壤仍然存在，以及由于传统因素的残余和历史惯性，再加上中国在独立自主建设社会主义的探索过程中存在外部环境制约和主观经验缺乏，中国在社会主义道路早期开辟和探索的过程中遭受了很大困难和挫折，存在许多缺点和不足。

在这样的起点历史语境下，国人深感中国的不发展，深感传统社会主义建设模式的不完备，深感人的切实利益和发展诉求遭到压抑，深感对马克思主义传统解读的教条化和片面化，从而国人内心也就凝聚着对此真诚而热切的反思和变革诉求。这些时代诉求催生了改革开放事业，提出了新的时代任务，即集中精力开展现代化建设；这些现实诉求也呼唤着理论和观念层面的创新，尤其是呼唤作为党和国家指导思想的马克思主义理论有所突破。既然是出于对过去和现存的种种不满、反思和要求变革，那么在改革开放新时期所形成的开放多元的社会和学术环境当中，"西学"的再次"东渐"所造成的最直接结果，就是希望从过去未被考察（至少是未被重视）过的资源中寻求出路，援"西学"入"马"，以"西学"来解"马"，作为资"马"之鉴，寻求出"新"，这种求索路径是符合事物发展的辩证法则的。

就这样，西方马克思主义的理论元素被融入了 20 世纪 80 年代我国整个社会思想界普遍兴起的所谓"新启蒙"思潮。正如我们前文中提到的"新知""文化：中国与世界""走向未来""面向世界"等著名的丛书名，其中就包含着一种打开国门、打开视野的"启蒙"寓意。就像有学者评论的："新启蒙"时代的学者们"不是从官方意识形态的需要出发……而是从当时整个社会的思想和文化变革的需要出发，从他们对于自身作为知识分子的社会和历史使命的理解出发，投身到大规模的翻译活动的组织工作中去。对他们而言，这绝非技术性的工作，也不是学术性的工作，而更是一项思想性的工作，一项精神启蒙的工作"①。

---

① 王晓明. 翻译的政治：从一个侧面看 80 年代的翻译运动//酒井直树，等. 印迹：1：西方的幽灵与翻译的政治. 南京：江苏教育出版社，2002：278-279.

在此"西学"再次"东渐"的热潮期间，马克思的《1844年经济学哲学手稿》译本于1979年的适时出版以及西方马克思主义依托《1844年经济学哲学手稿》所进行的非正统的理论阐发的传播成为当时这种思想性工作的重要组成部分。同时，即使是一些原先已经为国人所熟知的马克思著作特别是早期著作，也在新的历史条件下被重新"发现"和审视，激发起国人对青年马克思的时代境遇、对青年马克思深沉而热烈的理论创作的不同程度的共鸣和有侧重的解读。

因而，西方马克思主义在中国传播所造成的第一个重大理论影响就是同其他西学元素和重新发现马克思的元素一道，掀起了人道主义的思想热潮。这一理解路向在相当大的程度上重演了启蒙运动以来西方近代哲学的演进方式，推崇人性和人的地位、意义、权利、尊严、价值等。在理论论证方式上，这一理解路向往往表现为对青年马克思的格外倚重，或者虽然关注和援引马克思成熟时期以及恩格斯、列宁等其他经典作家的学说论断，但实质上以马克思青年时代的一些思想和表述为核心，并将其作为基本的统摄性的理论资源。同时，这种解读方式往往又引入如康德哲学等西方近代思想资源，解读、补充、融合马克思主义哲学，用以反对其所认为的旧哲学和旧政治意识形态教条，乃至使马克思主义哲学"回到××去"。用这种人道主义范式来理解马克思主义，其现实基础可以被归结为对西方业已实存的那种人的自由的表现形式即实存的现代化道路的推崇，而在理论形态上的具体表现，则是回到了某种西方近代哲学。由于不同程度地采纳了西方近代哲学具体的观点内容或其根本的思维方式，因而马克思主义哲学也被看作西方近代哲学大潮中的普通支脉。

既然当时中国新启蒙大潮中的时代议题是反思和批判人的被侮辱、被奴役、被遗弃和被蔑视的境遇及其原因，那么实际上也可以推论说，援引青年马克思和西方马克思主义的作品，进而对马克思主义本身进行人道主义式的解读，把人性和启蒙的问题当作马克思主义的基本问题，这种解读在更深层面是一种借用，即借用马克思主义以充当合法性资源和理论武器。正因为是这样一种借用，所以即使是纯粹"西学"领域的论者，也会乐于引马克思为资源，如前述"走向未来"丛书的前言，就是在剥离了

"无产阶级"和"武器"的话语之后，套用马克思关于"思想的闪电"击中"素朴的人民园地"① 的不完整格言。

用人道主义和启蒙的视角来解读和借用马克思，其实已经是一种对马克思主义的去政治化。但是，这种去政治化实际上又包含着自身的另一种政治、另一种意识形态，是从马克思主义所主张的"人类解放"退回到资产阶级革命时代的"政治解放"的层次，即主张既然中国的问题在于发展水平的落后，那么中国近代史上追求民族民主革命并最终走上社会主义道路，却是所谓"救亡压倒启蒙"，实际上还没有完成例如反封建、反专制的历史任务，需要在启蒙理念的指引下，首先完成思想的革新，并再现西方的文明成果的建制，而且首先是其政治性的建制。归结起来，就如同马克思评价黑格尔哲学中对自然、精神和现实的人的形而上学改装一样，"新启蒙"也是一种意识形态的想象，是意识形态化了的"现代"、"传统"和"马克思主义"。

大致来说，这种人道主义的理解路向的局限性表现为：（1）主张在思想文化、法权观念领域实现关于"人性""自由"等的启蒙，以及在政治的上层建筑领域对近代西方式的要素进行模仿乃至移植，从马克思主义"人类解放"的理论高度，退回到资产阶级革命时代的"政治解放"。（2）出于对人这种抽象的主体力量的推崇，成为抽象的实践哲学，去掉了马克思主义哲学唯物主义的本质规定，失去了其共产主义的实践向度。（3）虽然关注经济基础，关注社会经济形态，但却是不加区分地拥抱西方实存的那种现代性，主张在中国的现代化当中再现西方社会的现代性整体表现，包括再现西方式的自由市场经济和市民社会，再现资本的原则和逻辑，再现经济理性和资本理性。（4）虽然也主张对资本原则加以限制乃至批判，但限于人本主义历史观基础和哲学思维方式，也只是设定了某种抽象的、非历史的、非唯物主义理解的"人""人的本质"之类概念，并将之作为本原性的存在，试图以此来解释历史，批判资本的"非人性"，事实上成为某种道德伦理批判和纯粹概念演绎。

---

① 马克思，恩格斯．马克思恩格斯选集：第1卷．2版．北京：人民出版社，1995：15-16．

这一"新启蒙"语境下追求的"现代",等同于"现代西方",包括对现代西方所呈现之结果和所达成之道路,都只是一种笼统的把握,这种笼统把握的西方图景,不仅缺乏科学的分析,也缺乏深入的批判,更加入了很大的想象建构成分,其中特别突出的是有意或无意地回避了对笼统的"现代"和"西方"进行明确定性,即加以资本主义定性。同样,它也意识形态化地、笼统地对待传统,其中也包括了既往社会主义实践的传统,把传统社会主义看作某种在相当大程度上由封建的、东方专制社会的因素,与产生于西方先进文明的马克思主义和社会主义的混合、杂糅。从以上两点出发在逻辑上得出的必然结论,是参与到20世纪80年代"新启蒙"的时代合唱中的马克思主义,即被"启蒙主义"化了的马克思主义,最终要么作为过去的迷误残余,受到直接的批判攻讦,要么也只会作为被意识形态化了的马克思主义,被边缘化而失去自身独立存在的必要。事实上,从启蒙主义路向的这一层次理解的后续发展来看,其主流的确是同马克思主义哲学明确地分道扬镳了——它不能不被扬弃了,它已经被扬弃了。

　　相反,西方马克思主义围绕着人的本质、人的需要、人的交往、人的自由、人的价值、人的异化等论题的系统阐发却正是因其马克思主义的底色而能够在历史的进一步深入发展中散发出真理的光芒。西方马克思主义的各个理论家对当今人的存在方式的描述尽管有着不同的表述方式,但共同的地方都是认为当今人已完全被物、商品支配,人实际上成了商品的奴隶,相应地又成了劳动的工具,或者说,人成了消费机器和劳动机器。他们在考察人的存在状态时都紧紧地抓住消费和劳动这两点做文章,即人在从事这两项最重要的活动时究竟有没有自我实现? 这样,西方马克思主义关于人的存在方式的理论揭示了我们当下存在状态中的痛苦本质:凡是有利于人的本质的实现的生活方式都是幸福的;相反,凡是阻碍人的本质的实现、扭曲人的本质的生活方式都是痛苦的。

　　尽管谈论人的本质有其抽象设定的形式,但我们看到,西方马克思主义所谈论的精神实质总体来说一是强调人的本质的全面性,二是在全面的本质中尤其突出人的劳动,即把劳动视为人的本质之所在,这是积极的。在强调人的本质的全面性,尤其是强调人的本质是劳动的同时,他们特别反对把人的本质归结为单纯的对物质的需求，即把人说成仅是充满物质欲望的人。他们就用这样的标准来衡量当今人的存在状态的好坏，即不断地追问：当今人的这种存在状态能够体现人的全面发展吗？当今人的这种存在状态能够实现人的整体的人性吗？当今人的这种存在状态能够促使人的劳动的本质得以实现吗？当今人的这种存在状态能够使劳动成为一种自由自觉的活动，从而从中获取无穷的享受吗？

这种批判方式，帮助我们确认了这样非人的存在状态根源于资本主义，根源于资本逻辑，探讨了改变这种存在状态的可能性和现实性，为新的人的存在状态提出了种种设想。从而这一路向促使我国研究者把对西方马克思主义人学的研究与对马克思主义关于人的理论的把握结合在一起，在相当大程度上拓宽了中国学界对马克思主义本身的认知，开辟出马克思主义人学的新论域：一是凸显了马克思对人的本质规定的全面性，即揭示出不管马克思从什么样的角度去规定人的本质，他总在人的社会联系和历史发展当中，把人理解成具有无限丰富性的总体的人；二是与此相应地强调了马克思总是全面地、整体地论述人的历史性的异化，即人在一定的社会总体条件下，发生总体的异化；三是由此出发进一步深化了马克思所理解的人的发展，首要的是要求发展的全面性，即揭示出马克思所说的人的发展是使各个个人在其自由的联合体当中，在各个方面、各个层次兼容并包地、相互协调地得以发展。

可以说，今天我国研究者使马克思关于人的全面发展的理论从马克思对人的大量论述中凸显出来，并给予其充分关注和系统梳理，显然是吸收了西方马克思主义理论家的研究成果。在西方马克思主义人学的基础上，我们才得以真正构建出马克思主义的人学理论体系，这是真正"自己的"而非被"借用"的马克思主义创新成果。我们今后需要更加深刻地切入现实生活，为社会转型当中国人的生存境遇提供分析，在经济社会举措的统筹部署之下，在社会制度的顶层设计之下，指明中国人的自由全面发展之路，乃至让中国特色社会主义道路发挥出世界历史意义，为人类文明应对其所面临的人的存在方式的矛盾与危机做出自己的贡献，成为人类追求文明进步的一条新路。

# 二、西方马克思主义对中国马克思主义
# 实践哲学的助推

与上述在思想和政治启蒙合唱中更多地属于从旁参与和被借用的地位相比，随后的马克思主义理论研究的独立地位和创新积极推动了马克思主义哲学界实践唯物主义思潮的兴起和繁荣，而在深入解读和分析马克思文本、彰显马克思哲学的实践本性方面，西方马克思主义提供了重要思想资源。由于西方马克思主义从根本上说坚持了马克思主义的自我定位，从而其与国内以苏联教科书体系为蓝本的马克思主义的研究对象、领域和问题意识有着亲缘性的关系。然而，西方马克思主义的各个具体流派试图解释和发展出一个他们所理解的"真正的马克思"，与列宁主义特别是苏联的教条式解读相抗衡，因此，20世纪80年代以来西方马克思主义在中国传播的过程中，其思想材料尤其适应国人的思想背景。可以说，西方马克思主义的上述理论优势有效执行了将国人的思维从苏联教科书体系的束缚中解放出来的任务。又由于西方马克思主义是在世界观和方法论的元问题层面就发挥着这样积极的意义，因而它也就间接地帮助我们在改革开放和社会主义现代化建设的社会历史实践中发展和繁荣了马克思主义研究，不断开创了马克思主义的新理论和新思想。

从卢卡奇、柯尔施、葛兰西等开创者开始，西方马克思主义对苏联官方的马克思主义理论的批判性分析，就直指其本体论的根本立场。西方马克思主义在哲学上试图用实践一元论或实践本体论来取代苏联主张的物质一元论或物质本体论①，将辩证法归结为主-客体辩证法，并用总体辩证法来批判、否定和改造正统的客观辩证法或自然辩证法叙事②。虽然西方马克思主义各流派在其进一步发展当中试图用当代西方各哲学流派去解释和补充马克思主义，但对中国学界而言，西方马克思主义对苏联的正统马克

---

① 黄德良．"西方马克思主义"实践观述评．毛泽东邓小平理论研究，1987（2）．
② 谢斌．西方马克思主义与自然辩证法．北京社会科学，1987（3）．

思主义解释模式的反思，以及对马克思主义本来面貌的探索，本身就起到了直接冲击苏联马克思主义的物质本体论正统地位的作用。从而，它对于中国从苏联教条主义的束缚中解脱出来，重新回归马克思主义经典作家的研究，以及对于马克思主义正本清源，推动当代中国马克思主义发展，是大有裨益的。

从卢卡奇到法兰克福学派，从存在主义马克思主义到结构主义马克思主义，无不对实践范畴产生强烈的兴趣，无不用大量的篇幅谈论实践。西方马克思主义基于其对实践的理解和推崇，得出了与苏联马克思主义不一样的观点。我们可以列出许多西方马克思主义代表人物的相应论断，比如：葛兰西认为，"客观的总是指'人类的客观'，可以认为它正等于'历史的主观'"；列斐伏尔提出，"物质是一个 X""自然界本身是无动于衷的"，为了说明人的活动使自然界具有意义，他把物质作为纯粹的方法论结构；阿多诺说"客体只是一个术语上的伪装"，在他看来，客体不能离开主体而独立存在；马尔库塞认为，不仅仅要在客观的意义上，更要在主观的意义上理解自然界，自然"本身就是一种生命力，是主体-客体"；梅洛-庞蒂说，"世界就是我们所知觉的那个东西""事物和世界是通过我的身体而给予我的"；凡此种种，不一而足。

综合西方马克思主义者的相关意见可以说，他们认为马克思的新世界观区别于旧的唯物论。这种新世界观不是站在单纯实体或客体的角度而是站在主体或实践的角度，即从主体方面把对象、客体和感性现实当作人作为主体的感性活动，当作实践去把握。因而他们主张，应当将实践原则上升为本体论原则，即从实践本体论的角度去认识和把握马克思的新世界观，将自然、社会和思维统一于人的历史性的实践，而不是统一于抽象性的物质原则。游离于人的社会历史实践之外的抽象的纯粹外在的自然就是一个"无"，是一个纯粹形而上学的抽象。例如，对辩证法问题而言，在西方马克思主义看来，不存在没有主体性原则的纯粹客体性的辩证法，辩证法的内在根据就是主体性。黑格尔的那种纯粹概念或思维范畴之间的辩证法或逻辑学在本质上植根于作为思维的"主体-客体"的辩证法，但在西方马克思主义的语境中，这种辩证法是唯心论的或思辨学的，马克思主义哲学的根本贡献就在于在社会历史存在而非意识形态化的思维观念中把握"人在他所创造的客观世界中的主体-客体之间的关系"的辩证法。

　　这一观点对 20 世纪 80 年代的国内理论界来说，有着强烈的冲击力，即使是这一观点的反对者、批判者也从一开始就敏锐地抓住了西方马克思主义这一论题的关键性、核心性。当时主流的反对意见认为，西方马克思主义将实践原则上升到本体论的高度，无异于"从根本上取消了马克思主义的唯物主义"①，"把实践抽象地实体化，从而用主体-客体原则同格之类的东西去否定外部自居的客观存在"，继而"主张主客体、物质和精神统一于实践，实际上不过是黑格尔唯心主义实践观的另一种说法而已"②，正统马克思主义与西方马克思主义的两种实践观的对立实际上是马克思主义与非马克思主义的对立③，西方马克思主义的实践一元论或实践本体论是"'克服'了唯物主义的一元论而陷入了唯心主义的一元论"④。但随着马克思主义哲学界本身从 20 世纪 80 年代初期起逐步兴起了将马克思主义哲学定性为实践唯物主义的思潮，正如黄楠森先生描述当时的思想界景象时开门见山地概括："近年来有一个概念同异化劳动、人化自然等概念一起流行起来，那就是实践的唯物主义。"西方马克思主义的相关理论成果实际上已经成为一份可供借鉴的重要思想资源，并切实地影响、助推了这一以实践为核心的新哲学观的建构。

　　1988 年 9 月下旬，《哲学动态》编辑部、中国人民大学哲学系、中国人民解放军装甲兵工程学院联合召开全国实践唯物主义讨论会，《哲学动态》第 12 期以专刊形式将会议论文向公众发布，正如该刊导语言，"一场关于马克思主义哲学是应当坚持辩证唯物论，还是应代之以实践唯物论的争论，在哲学界热烈地展开了"。其后，在《哲学研究》《哲学动态》《马克思主义研究》等学术期刊中和《人民日报》《求是》《光明日报》等党报党刊上，关于实践唯物主义的大讨论乃至论战轰轰烈烈地展开了，这无疑

---

　　① 朱庆祚，欧力同. 实践的观点和唯物主义：从"西方马克思主义"的"实践观"谈起. 社会科学，1980（3）.

　　② 张汝伦. 西方马克思主义实践观述评. 社会科学辑刊，1983（5）.

　　③ 胡义成. 简评"西方马克思主义"的实践观. 辽宁师院学报，1981（2）.

　　④ 黄德良."西方马克思主义"实践观述评. 毛泽东邓小平理论研究，1987（2）.

是 20 世纪 80 年代末国内马克思主义研究界的一件大事。在这一大讨论当中，一派坚持物质本体论或物质一元论，坚持传统的辩证唯物主义本体论叙事，但一般也并不反对实践唯物论概念的运用，不反对在认识论、历史观等局部哲学论域中采纳实践的首要性，并赞同在世界观的外部效应方面承认马克思主义哲学的实践性；另一派则大力倡导马克思主义的哲学唯物论就是实践唯物论，并由以重构整个马克思主义哲学叙事，将马克思主义哲学的内核定义为实践性，乃至还有论者欲走向实践本体论、实践一元论、实践超越论等去掉"唯物主义"后缀的形式。

当然，直接来看，新时期马克思主义哲学界对实践和实践唯物主义的哲学阐发，也是出于对传统社会主义现代化模式下个人的主体性的压抑的反思，出于对传统宣教性的马克思主义哲学叙述框架的刻板僵化和观点缺陷的反感，不能不带有历史发展进程中的曲折性。同时，其以《关于费尔巴哈的提纲》和《德意志意识形态》作为哲学阐发的首要文本依据也带有局限性，因为这些文本固然是唯物史观的诞生地，但也因此不能不带有新世界观初创时的幼稚痕迹，尤其此时马克思还只完成了其第一大发现，"这种阐述只是表明当时我们在经济史方面的知识还多么不够"①。此外，新时期对实践的哲学探索既然尤其受到卢卡奇、柯尔施、葛兰西等西方马克思主义早期代表人物的思想影响，而卢卡奇等人正是在 20 世纪 20—30 年代西欧革命的环境中，对苏联和第三国际的一些理论表述进行了反驳，那么在他们的理论工作当中，就既会有基于自身实践经验和理论创新而对后者的教条主义错误的纠正，又会有因囿于自身条件限制而产生的缺陷和对后者的误解。

所以，从诞生的历史语境条件来看，注重实践的新时期哲学反思和探索思潮蕴含着两个方向上的生长点：一种可能是可以成为实践唯物主义等的合理形态，进而依照马克思自身的理论逻辑而与其政治经济学的第二大发现相结合。但也有另一种可能，即仍然在启蒙的社会氛围和学者的个人思路下，固守文本本身的某些不甚严谨的措辞表达和后世一些解读者的片

---

① 马克思，恩格斯．马克思恩格斯选集：第 4 卷．2 版．北京：人民出版社，1995：212.

面倾向，并在理论探索过程中交互强化，向着近代启蒙以来抽象的主体性、抽象的人类中心主义哲学偏移，乃至有论者主张去掉"唯物主义"的后缀（实际上是其内在的本质规定），从而使之自觉地成为非唯物主义的实践哲学。而这样抽象的实践哲学、主体性哲学等，实际上还没有超越近代哲学的主客二元设定，例如只是回到了康德式的哥白尼革命的层次。

真正说来，所谓实践唯物主义，本身无疑应当建立在唯物主义的一般理论立场之上，即以尊重物质的客观性、规律性等基本判断为前提，进而突出人的实践特别是人们改造自然界的生产实践在世界中的重大地位，并使得客观性、规律性等经典范畴本身得到更充实、全面的理解，达成主观和客观的真正统一。这样才是真正符合马克思主义的理论旨趣的，也的确是在旧有的理论表达中没有受到充分重视和彰显的，而上述的后面那种偏移，则是我们需要加以辨明的。其实，西方马克思主义的主创者之一卢卡奇，就在晚年进行了积极的反思。他在《关于社会存在的本体论》中要求采取本体论上的唯物主义基本立场，不混同于西方哲学的发展趋向，要求承认外部自然界的优先地位，并且承认人化自然和"人化"这一中介（实践活动本身）也有其自然性、客观性，在此基础上，使世界的物质统一性、物质世界的规律性等被更深刻地理解。他的这些反思也都可以为实践唯物主义保持其正确的理论立场、不蜕化为非唯物主义的抽象实践哲学提供借鉴。

并且，我们还可以考察马克思初创其第一大发现时的历史背景。马克思当时对实践的强调，是有着论证共产主义运动、直接服务于1848年社会革命实践的问题意识的。例如，马克思批判费尔巴哈，指出可感之物、可感之世界是以生产它们的活动为前提的，"是工业和社会状况的产物，是历史的产物，是世世代代活动的结果"①。这并不仅仅是为了论证人对自然的能动改造作用本身，不仅仅是为了凸显人在这一方面的主体性和力量，更是包含着一种论证目的，即要论证人之于一切人造存在物，包括人的社会关系、社会形态，都居于创造主体的地位，从而论证人对社会状况本身

---

① 马克思，恩格斯 . 马克思恩格斯选集：第1卷 . 2版 . 北京：人民出版社，1995：76.

有能力加以改造，即"改造工业和社会结构的必要性和条件"①，从生产转到革命。马克思、恩格斯作为无产阶级革命家，把哲学上的主客关系这一理论问题，与无产阶级的生产斗争和革命斗争实践结合在一起，这就为更加深刻地解决主客关系问题开辟了道路。通过对社会实践的革命性作用的强调，相互分立的主客体获得真正统一，而这是仅仅如康德式"为自然立法"所无法达到的。

相应我们也可以看到，西方马克思主义的创始人卢卡奇晚年在《关于社会存在的本体论》当中对其一生哲学道路的系统总结与积极反思，也为正确看待马克思本体论的实践性提供了重要视角。卢卡奇在该书中所做的检讨之一，是针对早年在《历史与阶级意识》中认为马克思主义的核心是方法，从而在《关于社会存在的本体论》中主张要回到存在去，存在的概念应该占主导地位。卢卡奇认为，如果只谈认识论、方法论而不谈本体论，马克思主义就是一种无根的浮萍，而如果真的是这样，马克思主义就退化为认识论主义，就与西方哲学的总体发展趋向一致了，马克思主义也就没有了社会存在本体论地位，所以他要回到存在，讨论存在是什么、何以存在。而其检讨之二，针对的则是早期否认物质世界的客观存在。卢卡奇早年为了强调世界和自然是人化自然，否认自然辩证法、否认自然界的客观存在，而到了晚年，他则转而提出关于两种本体论，即自然本体论和社会存在本体论的学说。晚年卢卡奇认为，承认自然是理解马克思主义的一个前提和出发点。前述检讨之一所构建的社会存在本体论，在卢卡奇晚年新的理论框架当中，也是建立在自然本体论的基础之上的，承认后者才能有前者。并且，由于承认了自然本体论，因此卢卡奇也转而承认，自然辩证法是存在的。

其实，前面我们提到的西方马克思主义研究的重要开创性人物徐崇温先生也在 20 世纪 80 年代积极投入了对马克思主义哲学形态的讨论，并认同马克思主义的新唯物论是实践唯物论，并在对西方马克思主义的研究当中反过来用这一实践唯物论的尺度分析、批判西方马克思主义理论探索中

---

① 马克思，恩格斯．马克思恩格斯选集：第 1 卷．2 版．北京：人民出版社，1995：78.

的背离之处。在他看来，实践唯物论包含两个相互联系的基本点：一方面，强调劳动实践具有创造财富、改造世界的伟大历史作用，因而引入了马克思主义的世界观；另一方面，马克思主义的实践概念强调外部自然界的优先地位和对劳动实践的自然制约作用，因而属于唯物论的范畴。他指出，马克思主义的实践概念是以劳动为基础的，不仅没有把自然或物质世界排除出去，还强调优先性的自然或物质世界对劳动实践的中介性的限制或约束作用。反过来说，这种关于马克思主义哲学形态的争论也使得他关于西方马克思主义的相关研究定性工作获得新的视角和尺度，更深入地刺激了西方马克思主义研究的开展。正是基于对实践唯物论的这一理解，徐崇温先生评价西方马克思主义的理论确实背离了实践唯物主义，马克思主义应当是实践唯物论，而不是实践本体论或实践一元论，更不是以之为基础的实践唯心论。徐崇温先生基于他的理论见解，把马克思主义哲学表述为"物质-实践本体论"①，这可以说是触及了马克思主义哲学的实质的。

总而言之，只要坚持马克思主义的"原本"来"以马解马"，合理地吸收包括西方马克思主义在内的其他探索方向的合理因素，我们就能够凝练出具有独创性和时代性的中国化马克思主义哲学理解，真正回答好当代中国历史语境所提出的问题，例如，这种突破可以包括：

（1）突破长期以来以经典教科书为代表的理论框架，形成对马克思主义哲学的宏观框架和关注重心的种种新理解路向，合理地凸显"主体性""实践""人化自然"等理论元素的地位，产生学术新理解，并切合中国特色社会主义现代化建设的伟大实践。

（2）全面深化马克思主义哲学对人类社会发展、社会形态演进的规律性和复杂性的认识，特别是深化对资本主义和社会主义阶段的性质、条件和任务的认识，并且这种哲学层面认识的深化，不仅与马克思的政治经济学批判研究紧密结合，还与中国特色社会主义的历史定位及其基本经济制度、基本政治制度的具体建制紧密结合、互为表里。

（3）形成马克思主义哲学的丰富学科谱系，以及具有结构和层次的系

---

① 徐崇温. 用马克思的思想统一对实践唯物主义的认识. 哲学研究，1989（12）.

统化建树，包括形成具有马克思主义自身特色的本体论、认识论、历史观等理论建构，广泛地参与到经济哲学、科技哲学、社会哲学、文化哲学等学科交叉和更加关切社会生活的话语场中，发出马克思主义应有的声音，并且还在对马克思主义本身的理解过程中，接触、吸收和深化文献考据、语义分析、文本诠释的理论成果和方法论路径。

（4）马克思主义哲学广泛地与古今中西，特别是与西方发达国家的哲学思想进行学术对话，思考现实和思想本身，在其中积极主动地"出场"，多角度地进行交换和比较，在构建中国特色社会主义文化的过程中发挥积极的主导作用。

## 三、西方马克思主义在苏东剧变背景下提振了
## 对马克思主义的信心

西方马克思主义不仅仅是在抽象务虚地谈论"主义"并同苏联的正统叙事相对立，它的主义是切入时代问题的武器，"对苏联模式的现实社会主义的批判"是他们"以思辨语言为武器，研究时代提出的新课题，回答社会主义遇到的新挑战"，"给西方世界的社会主义运动带来了新的生机"①。相应地，西方马克思主义是十分具有现实感的理论工作成果，其对当代西方资本主义社会的批判、对苏联社会主义模式的分析以及对社会主义合理形态的反思，同它的哲学理论一样在新时期引起了中国读者的共鸣和回响。从20世纪80年代开始，国内理论界的先行研究就认识到了西方马克思主义的此类批判性分析和构想是有价值的，要发展马克思主义，就必须对当代西方社会进行深入认识，而"研究、参考和分析'西方马克思主义者'提供的思想资料，又是必由途径之一"②。

西方马克思主义对资本主义的分析、对苏联模式的批评、对社会主义的憧憬和对革命的希望等内容的参考借鉴意义，从最弱的层次说"毕竟提

---

① 宗锦福．"西方马克思主义"与当代社会主义．社会主义研究，1987（1）．
② 徐崇温．论研究"西方马克思主义"的重要性．北方论丛，1980（6）．

供了西方现代左翼激进主义者思考解决有关当代人类面临的种种迫切问题的极其有价值的思想资料"①。而如果更加积极地看问题，那么在 20 世纪尤其是在列宁逝世之后，西方资本主义世界的确发生了马克思、恩格斯和列宁无法预料的变化，西方马克思主义对此进行了严肃的思索，因而并不能将早期西方马克思主义"对革命的悲观预期"和"对意识形态危机的意识"简单地批判为对马克思主义的违背或叛离，西方马克思主义"应该在整个马克思主义的发展史中占有自己的位置"，在某种意义上，可以认为西方马克思主义是"当代资本主义社会的马克思主义"②。

　　虽然西方马克思主义激烈乃至充满义愤地揭露资本主义社会当中现代性的负面效应，但这并不是全盘否认现代性对当代人的积极意义，并不把现代性的负面效应完全归结于现代性本身，并不是将现代性的负面效应当作现代性内在逻辑发展的必然结果，并不是希望现代人放弃对现代性目标的追求，而是希望人们对现代性加以"治疗"。西方马克思主义的批判进路，是努力地把物对人的统治追溯到人对人的统治，而不是把人对人的统治掩饰为物对人的统治。它强调，只要换一种社会制度，换一种社会组织方式，换一种价值观念，现代性理念以及作为这一理念的具体实施的现代化运动就完全有可能避免目前所出现的各种弊端——实际上，其对西方资本主义的现代化运动的负面效应的揭露和批判，也就相应蕴含着对社会主义理想追求的必然性论证。

　　到了 20 世纪 90 年代，苏东剧变和冷战结束使得马克思主义和社会主义在当代世界的发展进入一段更加艰难的低谷期、考验期。在这一时期，西方马克思主义之前长期被以正统自居的苏联强加的异端乃至假马克思主义、反马克思主义的帽子不攻自破了，事实反而证明，西方马克思主义思潮在反思乃至批判苏联模式社会主义的僵化体制时，从未放弃对资本主义本质的揭露和批判。特别是面对着新自由主义自 20 世纪七八十年代兴起以来对西方社会民主主义式改良势头的逆转，面对着新自由主义对第三世界和苏东阵营不断进行干涉和颠覆并似乎取得了冷战胜利而得意扬扬地宣布

　　①　徐崇温．关于"西方马克思主义"研究中的若干问题．马克思主义研究，1987（1）．
　　②　张战生．"西方马克思主义"刍议．马克思主义研究，1986（3）．

历史终结，西方马克思主义理论家却反其道而行之"走近马克思"，倡导"另一个世界是可能的"，推动了马克思主义和社会主义思潮度过低潮、走向复兴。

因而，西方马克思主义也就得以在 20 世纪 90 年代以来为我国的社会主义事业正确总结苏东剧变的教训提供借鉴、为我国增强马克思主义信念带来推动力，其正面意义全面彰显出来了。西方马克思主义在中国的传播研究出现了百花齐放、欣欣向荣的可喜局面。从研究范围来看，由对以卢卡奇、柯尔施、葛兰西为代表的西方马克思主义早期代表人物和法兰克福学派等西方马克思主义经典流派人物的研究拓展到了"生态学马克思主义""市场社会主义""分析学派的马克思主义"等众多流派范式的研究。从研究主题来看，中国学界围绕现代性问题、意识形态问题、科学技术的社会效应问题等方面开展了专题性研究，并取得了许多理论成果，标志着西方马克思主义在中国的传播研究向纵深发展。

1996 年，全国当代国外马克思主义研究会在北京成立，这标志着西方马克思主义在中国的传播与研究取得了深度进展，来自全国各地的几十名学者聚集于中国人民大学，围绕苏东剧变后的国外马克思主义研究动态、当代国外马克思主义研究的形势、问题和任务，以及如何开展国外马克思主义研究等主要议题进行了热烈讨论。全国当代国外马克思主义研究会坚持每年举办一届"国外马克思主义论坛"，这一持续至今的学术盛典在中国学界产生了重要影响，已成为中国学界马克思主义研究的一道亮丽的风景线。此外，1998 年 6 月 26 日，首都 60 多名专家学者在北京大学就苏东剧变后中国学界的国外马克思主义研究进展进行了回顾性总结，对学界所取得的理论成果给予了充分肯定，并就中国学界今后的国外马克思主义研究的问题意识与研究方法展开了深入讨论。

1999 年 8 月 17—22 日，世纪之交的国外马克思主义研究理论研讨会在云南省召开，与会学者就如何评价苏东剧变后的国外马克思主义流派、怎样研究和认识当代国外马克思主义、后现代和全球化条件下的马克思主义的命运，以及马克思主义理论工作者应负的责任等重要问题展开讨论。在本次会议上，学者们提出要把对当代国外马克思主义的研究与对当代西方哲学的研究结合起来，要协调国外马克思主义与国内马克思主义的关系，等等。上述学术会议的密集举行，充分反映了中国学者对苏东剧变后马克思主义命运高度的理论自觉，体现了中国学界对国外马克思主义发展动态的高度关注，同时也彰显了中国学者对国外马克思主义的问题意识。

苏东剧变后中国学界兴起的西方马克思主义研究热潮，尤其表现为一些专业性的学术机构、研究团队如雨后春笋般地涌现出来。例如，中共中央编译局当代马克思主义研究所、中国社会科学院马克思主义研究院、中国人民大学马克思主义研究院、复旦大学当代国外马克思主义研究中心、南京大学马克思主义社会理论研究中心、中国政法大学西方马克思主义研究中心以及黑龙江大学文化哲学研究中心等都是苏东剧变后我国学界的西方马克思主义研究重镇，并已组建了具有较高理论素养、老中青结构合理的研究队伍。西方马克思主义研究热潮表现在研究成果产出上，则为众多学术刊物上专门研究西方马克思主义的文章层出不穷，诸如《哲学研究》《哲学动态》《马克思主义研究》《马克思主义与现实》《教学与研究》《国外社会科学》《国外理论动态》等学术刊物为西方马克思主义在中国的传播做出了重要的学术贡献。

苏东剧变后，随着全球化时代生态危机日益严峻和在中国现代化建设过程中日益凸显，生态学马克思主义作为西方马克思主义领域的一个新的流派开始进入我国学界。李其庆的《法国学者拉比卡谈"生态学社会主义"》（1993）、周穗明的《关于生态社会主义的一些情况》（1994）、孟利生的《对生态社会主义的几点评价》（1996）等研究成果开一时风气之先，对生态社会主义的产生背景、理论主题、理论特征等方面进行了研究述评。随着学者们研究的进一步深入，研究主题由生态社会主义逐渐转向了生态学马克思主义（或称生态马克思主义）。王珊珊的《生态学马克思主义探析》（2001）、陈学明的《人的满足最终在于生产活动而不在于消费活动：生态学马克思主义的一个重要命题》（2002）等都是国内较早将生态学马克思主义课题化的代表性成果。国内学界随即兴起了生态学马克思主义研究热潮，生态学马克思主义成为西方马克思主义领域研究的一门显学。

生态学马克思主义研究的主要特点：一是像本·阿格尔、威廉·莱斯、戴维·佩珀、安德烈·高兹、詹姆斯·奥康纳以及约翰·贝拉米·福斯特等生态学马克思主义理论家的重要著作陆续被译介到我国学界，这对深入推动国内学者从事生态学马克思主义理论研究提供了必要的文本资源。二是形成了对生态学马克思主义的理论基础、发展脉络、理论主题及其当代意义等方面的整体性研究。这样，生态学马克思主义的理论图景及其基本观点也就被较为充分、清晰地揭示出来。生态学马克思主义认为，资本主义制度和生产方式的非正义以及由此带来的科学技术的非理性运用和消费主义价值观与生存方式是当代生态危机产生的根源，并且认为解决生态危机的途径在于通过激进的生态政治变革，实现向生态社会主义社会的过渡。

中国在对生态学马克思主义的初步接触和研究当中，正面肯定了生态学马克思主义对我们看待和解决中国的生态问题方面的极为重要的启示意义，也就是说，生态学马克思主义可以帮助我们看到，当今中国几乎所有的生态问题都与资本因素和资本原则联系在一起，其产生是源于资本无节制地追求自身增殖而无视自然本身、无视人与自然在本性上应有的和谐关系，乃至无视资本自身的再生产条件。也就是说，当今中国要应对自然环境的日益严重破坏，关键在于限制资本逻辑，实施以生态为导向、以人的发展为导向的生产。当然，就像对市场的态度一样，我们既然还需要追求丰富的物质财富，那么就必然还要利用资本的扩张作用。然而同样地，我们既然不能以丰富的物质财富为唯一目标，那么就不能一味地扩张资本的作用，更不能放任资本依其本性无限扩张而使人类世界连同资本本身一起走向再生产断裂的崩溃结局。因而，我们要在限制与发挥资本逻辑之间保持合理的张力，降低资本破坏的程度。

同样，对市场社会主义的跟踪研究也构成了我们新时期按照马克思主义原则辩证对待市场经济、探索开辟社会主义合理样态的重要参考。苏东剧变后，市场社会主义成为西方马克思主义理论家的一个理论新宠和中国研究者的重点关注内容绝不是偶然的。固然西方马克思主义理论家关于市场与社会主义之间关系的讨论由来已久，认为社会主义正面利用市场因素的早期观点甚至可以追溯到 20 世纪 30 年代初，但直到最近几十年，特别是结合苏联社会主义计划经济模式的晚期困境和最终消亡，市场社会主义探讨特别是正面的系统建构才真正成了一个理论热点问题，也才极大发展了理论深度和观照现实的能力，成为当代西方马克思主义思潮中的一个重要组成部分，在世界范围内的影响日益扩大，成为中国研究的一个重要对象。一方面，苏东剧变表明了人们对苏联社会主义模式的失望；另一方面，尽管资产阶级宣传机器一再宣称只有资本主义才是未来之路，但资本主义既无效率又无平等的社会现实更令人绝望。正是在这种情况下，西方国家的一批左翼学者企图寻找第三条道路，即既能充分发挥市场带来的效率又能发挥公有制带来的平等。

就国内对市场社会主义的研究来看，大体上始于 20 世纪 90 年代初，和我们逐步接受市场原则、开启中国特色市场经济之路的进程同步。颜鹏飞的《西方马克思主义学派关于资源配置机制的新探索——论市场社会主义》（1995），余文烈、吕薇洲的《英国工党的市场社会主义模式》（1998），张宇的《市场社会主义理论：当前的问题》（1999），姜辉的《西方市场社会主义理论面临的挑战与发展前景》（1999）以及陈学明的《社会主义理论的重大突破——评苏东剧变后国外关于"市场社会主义"的研究》（1999）等都是国内较早介入市场社会主义研究的代表性成果。特别是由段忠桥翻译的《市场社会主义——社会主义者之间的争论》（2000）一书汇集了施韦卡特、蒂克庭、奥尔曼和劳勒四位市场社会主义者之间的对话，为国内学者深入了解市场社会主义流派提供了宝贵的思想资源。

西方马克思主义理论家对市场社会主义的阐发，为我们正确地梳理马克思的市场理论积累了许多思想资料，正如西方马克思主义理论家们所指出的，从马克思本人所提出的理论来看，他的确是把市场经济与资本主义联系在一起的，而他在当时的情境下所设想的社会主义所实行的是无市场的计划经济。所以，这些西方马克思主义理论家首先要做的一件工作，是改变把市场与资本主义联系在一起并进而认为社会主义无市场的观点。他们主要从西方发达资本主义的社会条件出发，阐明他们可设想的社会主义中（至少在一个相当长的历史阶段中）继续保留市场的原则和建制的必然性、必要性，特别是在积极的意义上发挥市场的作用，使之作为新社会的有机组成部分，而避免类似苏联模式计划经济的僵化弊病。从而，在相当大的程度上，对市场社会主义的研究作为一个重要启示来源，帮助我们深刻认识到了社会主义市场经济的基本取向是当代马克思主义中国化的重要突破性成果，使我们日益坚定了走社会主义市场经济道路的信心。

而随着中国社会主义市场经济发展成型，中国的研究者又把对市场社会主义的研究，与对当代中国究竟为什么要走社会主义市场经济道路、究竟如何走好这一道路的认识结合在一起，帮助中国特色社会主义丰富、完善实行社会主义市场经济的具体思路、具体举措。我们不能否认，市场经济本身就是有其消极面的，而且同样不能否认，中国所面临的许多社会问题，正是由市场经济的消极面所产生的。所以，市场社会主义启示中国特色社会主义的关键就在于，它明确了只有把市场这种配置资源的方式与社会主义的生产关系、制度保障、价值目标联系在一起，才能有效应对中国在市场经济条件下、在经济利益的多元化格局下所必然存在的差异、矛盾乃至局部冲突，以及要善于发挥社会主义的制度优势，来引导、调控市场机制。

## 四、西方马克思主义对经济的疏远与复归确证了马克思主义政治经济学的意义

当然，西方马克思主义包含着一系列符合时代要求的真知灼见，并且正是这些真知灼见在当代中国产生了积极的意义，但是西方马克思主义也确实存在着一定的理论缺陷，特别是其在历史上一个很长的阶段内回避以生产关系和资本逻辑为切入点来剖析、批判现代资本主义社会。在国际和国内影响极大的西方马克思主义研究著作——佩里·安德森的《西方马克思主义探讨》，在概括西方马克思主义的理论路向时，认为其进行了形式的转移和主题的创新，倒转了马克思本人的思想发展路向，即：马克思是

从重点研究哲学发展为重点研究经济学，而西方马克思主义则是从重点研究经济学倒回去变成重点研究哲学和美学；马克思是从对资本主义的哲学批判发展为主要是对资本主义的经济批判，而西方马克思主义则又从经济学批判倒回去，变成主要从事哲学和美学批判。西方马克思主义的主要特征，是把马克思主义归结为哲学，西方马克思主义是一种"哲学的马克思主义"。应当说，佩里·安德森对西方马克思主义特征的这一概括是符合从西方马克思主义创立到他写作当时的实际情形的。

　　上述西方马克思主义内部存在的这种消极倾向，正好对应新时期中国学界把马克思主义单纯归结为一种文化批判、意识形态批判、哲学批判的流行思路——只满足于批判种种不平等、不和谐的思想观念。在这种流行思路看来，如两极分化等经济领域的问题可以被归结为一个涉及正义与不正义的道德问题，这种立场的论者就因此满足于在道义的世界里、在伦理学范围内，抽象地谈论中国当前的不公平、不平等，并从中得出经济领域的两极分化的结果。相应地，他们对当今中国的两极分化现象的批判，也纯粹是一种文化、伦理的批判。并且，他们顺理成章地把解决不公平问题寄希望于人们道德观念的变革，寄希望于人们良心发现，又或者是致力于从老祖宗那里寻找平等文化、和谐文化等思想传统和根据，以为只要把这些传统的公平正义观念移植到今天，当今中国就能消除两极分化，和谐社会就能建立起来。

　　但非常有意思的是，西方马克思主义文化批判的开创者本身，倒是对这种批判路向的实质与危害做出过深刻的揭露。卢卡奇开创了西方马克思主义，当然也开创了这种文化批判、意识形态批判、哲学批判，但是他在《历史与阶级意识》中也批判了伦理反对派。他所说的伦理反对派就是那些热衷于只是从文化、伦理、意识形态上批判和反对资本主义的人。他认为，这些人相信资本主义在经济上具有生命力，但又认为资本主义还有坏的方面，为了得到一种没有坏的方面、没有弊病的资本主义，他们还从事对资本主义的批判。在这种情况下，他们"有必要为自我堵塞了的客观革命道路寻找和找到一种主观代用品"，也就是说，他们求助于伦理反对派这种主观代用品，即他们仅仅出于文化、伦理上的要求去反对资本主义。

他们使自己的行为完全向内，即试图在世界唯一剩下的不受约束的地方，也就是说，在人本身上改变世界。他这样说道："有些'马克思主义者'在考察社会-经济现实时放弃了对历史过程做总体的考察，即黑格尔和马克思的方法。任何一个这样的'马克思主义者'一提出行动问题，他就必然回到康德学派抽象的要求伦理学上去。"① 晚年的卢卡奇在反思当中更是强调了这个方面，并相应地进行了积极的理论构建："任何想对社会实践产生重大影响的重新解释马克思的尝试，必须与对资本主义新阶段的经济分析联系起来。"②

西方马克思主义文化批判、意识形态批判的另一个开创者柯尔施，也似乎意识到单纯地从事这方面的批判既有违于马克思的宗旨，又无法击中这一社会的要害。虽然柯尔施竭力推崇文化批判、意识形态批判，但他不否认在马克思和恩格斯那里，"政治经济学的批判在理论上和实践上都是首位的"，"政治经济学的批判是马克思主义社会理论的最重要的理论的和实践的组成部分"，比起其文化批判、意识形态批判，马克思的政治经济学批判是一种"更为深刻、更为彻底的革命的社会批判"③。基于这样一种对马克思理论的基本判断，柯尔施尽管作为一个西方马克思主义的开创者，但仍然强调马克思的政治经济学批判"实际上在更深刻、更彻底的方向上发展了他的哲学批判"④。柯尔施也强调必须把文化批判、意识形态批判与对物质生产关系的批判结合在一起，他甚至把文化批判、意识形态批判纳入政治经济学批判的框架来论述，认为政治经济学批判"不仅包括对资本主义时代的物质生产关系的批判，而且包括对它的社会意识的特殊形式的批判"⑤。在他看来，如果不这样做，文化批判、意识形态批判就只是在"虚妄的世界里兜圈子"，而不能触动现实社会分毫。

有论者指出，只有在严峻的现实面前，才能让西方的马克思主义理论家们清醒地认识到"决定着现代性社会的逻辑依然是生产逻辑而不是消费

---

① 卢卡奇．历史与阶级意识．北京：商务印书馆，1992：90.
② 卢卡奇．关于社会存在的本体论·上卷．重庆：重庆出版社，1993：295.
③④⑤　柯尔施．马克思主义和哲学．重庆：重庆出版社，1989：46.

逻辑，基于虚拟世界的符号政治经济学批判，无法取代基于实实在在的资本世界的政治经济学批判；金融资本主义已成为当代资本主义矛盾的主要方面，今日的金融体系也不再只是归属于现代性社会的组织结构，而是反过来控制和支配了现代性社会；全球资本主义本质上是帝国主义，是政治社会及其矛盾更加严峻的帝国主义时代。面对新自由主义及新保守主义所强调的强势国家政策，面对不断抬头的右翼政治倾向，后马克思主义各种想象性的后革命以及后政治话语，显得越来越苍白"[1]。进入 21 世纪以来，特别是自 2008 年以来的新一波全球性经济危机，尤其以其现实性和力量使得西方马克思主义看待现代性的方式，以及国人关注、阐发西方马克思主义的路向，都有了不可忽视的向马克思经典言说方式的日益复归，日益凸显了马克思的经典进路同现代性批判的内在关联，现代性批判需要强调马克思的"在场"[2]。虽然这一看法不能说是在 2008 年国际金融危机之后才在中国学者心中产生的，但无疑是 2008 年国际金融危机蔓延全球才使得这一看法有了生动的例证和传播的底气，就如同马克思所说的，具有了真理的现实性和力量。

2008 年国际金融危机导致马克思主义经典理论对资本主义的总体批判框架再度"火"了起来，同时也激活了马克思对经济危机、阶级矛盾等的看法，马克思主义政治经济学批判的论域，以及"帝国主义"等偏于所谓"正统"马克思主义解读的理论发展路向，它们都日益受到西方马克思主义者的新近关注和研究。对此，中国研究者也日益感受到影响，并引进和吸收相关理论资源。例如，在分析资本主义的内部矛盾形态方面，托马斯·皮凯蒂的《21 世纪资本论》的现象级特别传播引人瞩目，它的法文原版一经出版就引起全球热议，英译本、中译本等迅疾问世，引爆各国思想市场，在中国也成为一时间关注讨论的焦点。皮凯蒂通过大量的历史数据统计分析，对欧美国家的财富收入进行了研究，证明了近几十年来资本主义趋向于产生程度越来越大的不平等，趋向于"世袭"状态。中国学界针对资本与不平等的内在关联性、资本积累的规律与趋势为何、对资本主义

①　邹诗鹏. 马克思对现代性社会的发现、批判与重构. 中国社会科学，2009（4）.

②　王祥. 试论现代性危机与马克思现代性批判理论的"在场". 国外理论动态，2009（7）.

应该采取批判还是修缮态度等方面研究和热烈讨论了《21世纪资本论》，特别是比较了它同《资本论》的矛盾及统一性，并且译介出版了大量西方马克思主义者（如戴维·哈维等）对两部作品的上述问题的看法的作品（主要是从激进的批判立场出发指出了皮凯蒂的肤浅性）。

在对资本主义的全球经济和政治态势特别是全球体系性矛盾的研究方面，有学者把西方马克思主义政治经济学的理论主题及其发展脉络做了深入细致的梳理归纳。基于20世纪60年代以来全球资本主义与落后国家经济发展之内在关系，可以将西方马克思主义政治经济学的发展脉络归纳为揭示20世纪60年代发达资本主义国家与发展中国家之间"中心"与"外围"的不平等经济关系及剩余价值转移方向的依附理论，揭示20世纪80年代后世界资本主义经济趋于一体化发展，发展中国家的经济发展被纳入世界资本主义不平衡、不均质体系的世界体系理论，以及20世纪90年代以后真正的经济全球化到后来的全球化理论①。

而上述几个阶段及其当代最新发展的代表人物和作品，曾经长期主要是以二手介绍、片段概念、小篇幅小范围出版等形式在国内思想界流传的。虽然社会科学文献出版社在2008年国际金融危机之前就已开始着手比较系统地引进这方面的完整作品，但沃勒斯坦、萨米尔·阿明、阿瑞吉等思想家的多部系统性著作的中译本都在2008年国际金融危机爆发之后才陆续出版（有少数是再版）。随之，许多中国学者在解读、评析这些作品对现代世界体系中的资本主义本性的解释，以及对西方世界主流的现代化理论的批判时，从其继承和发展马克思主义的维度进行了较多介绍和肯定。当然，也有不少论者对世界体系理论的根本思路方法提出了批评意见。其中既有一种批评思路认为世界体系理论所采用的整体主义分析方法未能从历史唯物主义立场出发，未能找到决定整体的终极原因即所谓"经济转型"②，但同时有另一种批评思路反而认为以世界体系为分析单位而形成的所谓"整体主义"其实是把经济因素作为解释世界体系的复杂关系的首要因素，从而陷入了经济决定论，在全球化、后工业化时代不能解释和超越

① 张雷声. 经济全球化视阈中马克思主义经济学的发展. 马克思主义研究，2016（1）.
② 吴英. 世界体系理论方法论的启示意义. 文史哲，2016（5）.

当下世界体系①。

2008 年国际金融危机后，对戴维·哈维（或译大卫·哈维）的以政治经济学为核心的资本批判工作的中文译介和研究也大量问世。戴维·哈维此前曾经主要以马克思主义的人文地理学、空间理论、地理学唯物主义等理论标签被引入中文世界，而在 2008 国际金融危机后，哈维在其理论生涯中后期的工作受到中国读者瞩目，他以解读马克思主义政治经济学批判为底色、结合空间理论加以发展发挥的大量作品进入中国，如《新帝国主义》《新自由主义简史》《跟大卫·哈维读〈资本论〉》《资本社会的 17 个矛盾》《资本的限度》等相继出版中译本。在戴维·哈维看来，新自由主义以及新帝国主义霸权依靠资本过剩的空间不均衡分布，拓展了资本权力结构，突破了原有制度框架和主权国家范围的约束，使全球空间呈现出多种性质和多个层次的矛盾。尤其是哈维所提出的三级危机理论，被认为从空间维度丰富和发展了马克思主义的资本循环与危机生成发展理论。

这一新型的危机理论认为，资本的第一级循环即马克思已经描述过的资本生产过程，这其中的盲目自由竞争会导致超过市场界限，形成过度积累的危机；资本的第二级循环即资本因第一级循环而进入基础设施建设等规模大、周期长的领域，这能吸收大量剩余劳动力和剩余资本，解决初级循环危机；资本的第三级循环即资本在城市空间中的流通，包括对医疗、社会保障、军事领域以及国家机器的投资。哈维用资本的三级循环理论整体性地阐明了迄今历史当中的资本循环过程，并指出这种循环并不能根本解决资本过剩问题，只能不断进行破坏重建和资本的空间转移②。有意思的是，另一位当代西方马克思主义重要思想家约翰·贝拉米·福斯特在中国的传播情形与戴维·哈维在很大程度上相似。在 2008 年国际金融危机前，福斯特更多地被中国读者作为生态学马克思主义的当代重要代表人物加以解读，而在 2008 年国际金融危机后，其对资本主义、帝国主义的政治

①　张康之，张桐.讨论沃勒斯坦世界体系论的分析单位.人文杂志，2016（1）；张康之，张桐.评"世界体系论"的经济主义取向.吉林大学社会科学学报，2016，56（2）.

②　刘鹏飞，赵海月.戴维·哈维资本积累理论视阈下的空间批判.学术界，2016（3）.

经济学批判，特别是其对当代资本主义的金融化等样态的分析和批判受到了更多关注①。

针对西方马克思主义政治经济学关注升温，除了极大地帮助了中国学界开展对全球资本的批判性观察反思、帮助回归到马克思主义的科学进路，还特别有助于指导中国仍然在进行当中的现代化事业。尤其是当我们面对现代性及其困境问题在中国从征兆、预判逐步转变为全面实现现代化时，我们尤其有必要借鉴、吸收西方马克思主义的现代性批判成果，合理地批判吸收这种成果，帮助中国探索自身如何合理有效地参与（仍然在资本主义主导下的）全球经济进程和全球治理事业，乃至要借助其资源促进和彰显中国自身社会主义现代化道路的世界意义。对西方马克思主义的现代性批判来说，最重要的就是达成了关于实现现代性的资本主义和社会主义两种不同形式的认识，主张让现代化运动不再与资本主义绑定，而要让它与社会主义结合在一起，也正是在这个根本点上，西方马克思主义的先行研究、先行批判为中国特色社会主义的现代化道路提供了宝贵的理论资源。

联系西方马克思主义的现代性批判理论来反思我国的现代化运动，中国人民必然得出并且日益坚定这样的结论：首先，我们决不能放弃对现代性的追求，因为现代性对人类有积极意义，即使在追求现代性的过程中出现了这样或那样的问题，那也不是由现代性本身造成的。其次，我们也决不能放弃对现代性过程中所出现的种种负面效应的关注，我们决不能放弃消除这些负面效应的努力。既然在追求现代性过程中所出现的负面效应不是根源于现代性本身，那么我们就不应当对这些负面效应持无能为力、漠然视之的态度，而应当积极地寻找出现这些负面效应的真实原因，并且想方设法消除这些原因，使负面效应降到最低。而这个消除的必由之路，就是社会主义，就是走中国特色社会主义现代化道路。基于这种强烈的问题

①　布莱克沃特. 社会民主主义的危机：对话约翰·贝拉米·福斯特，红旗文稿，2014（10）. 当然相对戴维·哈维，福斯特在这方面的工作在 2008 年国际金融危机以前就已经受到了一定关注，参见：陈学明. 评 J. B. 福斯特论述"新帝国主义"的三篇文章. 毛泽东邓小平理论研究，2005（12）.

意识，中国理论界在对西方马克思主义的研究当中，着眼于更加深刻地认识中国自身，基于初级阶段国情和全球经济政治格局对比，我们在发展过程中客观上需要驾驭和利用资本的成分和原则，从而，我们既不能教条主义和意识形态化地拒绝这种对现实经济要素的必要利用，同样，也不能反过来拒斥西方马克思主义在科学理论研究当中所做的"国家社会资本主义"[①] 之类的必要归纳，而是要使之融入中国特色社会主义道路、理论、制度、文化的建构事业，探索中国特色社会主义市场经济如何超越资本主义市场经济的内在限度。

## 五、西方马克思主义将在 21 世纪马克思主义的世界性建构中继续发挥重要作用

习近平同志在纪念马克思诞辰 200 周年大会上的讲话指出："马克思主义是不断发展的开放的理论，始终站在时代前沿。马克思一再告诫人们，马克思主义理论不是教条，而是行动指南，必须随着实践的变化而发展。一部马克思主义发展史就是马克思、恩格斯以及他们的后继者们不断根据时代、实践、认识发展而发展的历史，是不断吸收人类历史上一切优秀思想文化成果丰富自己的历史。因此，马克思主义能够永葆其美妙之青春，不断探索时代发展提出的新课题、回应人类社会面临的新挑战。"[②] 对于马克思主义的这种发展性、开放性，我国西方马克思主义研究领域的专门研究者，无疑是特别具有认同感、参与感、自豪感的。我们与改革开放的伟大历史进程近乎同步地开启、发展、完善着西方马克思主义研究这一学科领域，我们以坚定的科学立场和广阔的历史视域考察着马克思、恩格斯的后继者们的丰富理论样态，并从中批判地吸收优秀理论成果丰富马克思主义、丰富中国的社会主义事业。在中国特色社会主义新时代，我们尤其要

---

① 吴苑华. 穿越历史时空的中国模式：萨米尔·阿明的中国模式论辨析. 华侨大学学报（哲学社会科学版），2016（1）.
② 习近平. 在纪念马克思诞辰 200 周年大会上的讲话. 北京：人民出版社，2018：9.

站在探索新课题、回应新挑战的理论前沿，特别是注重以习近平新时代中国特色社会主义思想这一21世纪马克思主义的伟大成果为遵循，进一步开展世界马克思主义的"交换、比较、融通"，让马克思主义的生命力在开放发展中进一步迸发。

当代中国之所以有这样的底气纪念马克思，之所以有能力搭建世界马克思主义交流互鉴的平台，之所以有责任、有担当将习近平新时代中国特色社会主义思想这样的21世纪马克思主义理论成果贡献给世界，是因为其物质基础是改革开放40多年来中国特色社会主义的雄厚建设成就，而西方马克思主义研究则是建立在这个基础之上，能动地为其服务、促进其发展的一项不可或缺的思想上层建筑。习近平在庆祝改革开放40周年大会上的讲话中说："发展21世纪马克思主义、当代中国马克思主义，是当代中国共产党人责无旁贷的历史责任。我们要强化问题意识、时代意识、战略意识，用深邃的历史眼光、宽广的国际视野把握事物发展的本质和内在联系，紧密跟踪亿万人民的创造性实践，借鉴吸收人类一切优秀文明成果，不断回答时代和实践给我们提出的新的重大课题，让当代中国马克思主义放射出更加灿烂的真理光芒。"[1] 西方马克思主义思潮是中国实施改革开放以后最早传入中国、产生最大理论影响和公众影响的外来文化之一，习近平本人曾经多次直陈从中收获思想教益。西方马克思主义思潮在中国逐步传播并被中国的理论和实践借鉴吸收的历史，是改革开放成功消化吸收外来文化、借鉴吸收人类一切优秀文明成果的一个生动例证。

同样，既然西方马克思主义研究在改革开放的不同阶段都对我国的理论和实践产生了积极的影响，成为中国特色社会主义胜利前进的一个不可或缺的思想资源，那么这也就提示我们在今后的历史阶段当中大有可为。特别是围绕"不断回答时代和实践给我们提出的新的重大课题，让当代中国马克思主义放射出更加灿烂的真理光芒"，包括西方马克思主义研究在内的当代马克思主义理论研究工作，要勇于探索，勇于切中现实问题，勇于提出具有彻底社会变革意义的替代方案和可靠根据，包括为中国特色社

① 习近平 . 习近平谈治国理政：第3卷 . 北京：外文出版社，2020：183-184.

会主义事业建设什么、怎样建设、怎样发挥世界历史性作用的问题提供理论阐明。也就是说，我们既不能附和资本主义的保守或改良主义的思潮而无所作为，也不能简单地重复、照搬、套用马克思主义经典作家、马克思主义正统解释、西方马克思主义某个流派的现成提法，更不能只是停留在简单地说一句资本主义本性没有改变、矛盾不可克服、必然走向灭亡的结论，而是要真正从现实的新形势中做出新归纳、新论证，从而为作为历史主体的人民群众提出新的具体行动指南，在马克思主义领域做出切实的开拓性成果。

这种开拓性，不是要我们搁置或干脆抛弃马克思和恩格斯本身的、他们身后各个方向上（自然包括西方马克思主义路向）的经典作品和传统理论，而是要我们把对经典和传统的继承，呈现在对它们本身加以新理解和运用它们推动新理解的工作当中，让它们成为有生命力的、当下在场的理论。经典与现代的关系，既不应当是漠不关心各说各话，也不应当是站在自身立场上简单指斥，既不应当是以古律今地故步自封，也不应当是以今度古地过度诠释。正确的态度和方法，应当是科学地对待经典与现代的思想张力，力求达成科学辩证的系统整合，传统与当代理论要在交换、比较、融通当中进行勘定完善。经典作家和作品在某处说过什么话，当代西方马克思主义论者针对什么问题提出了哪些论断和看法，这都是给定的、封闭的事实集合，但马克思主义是开放的、发展的科学理论。

同时，我们的研究工作要落实到助推马克思主义中国化上来。毫无疑问，我们研究西方马克思主义应有的价值取向和学术方向，是为了帮助推进马克思主义中国化的发展，而这首先在研究、借鉴西方马克思主义的一般方法和外部资源的层次得以落实。西方马克思主义的先行探索和我们对其的研究，作为"他者"来帮助我们，为当代中国的思想解放事业和中国特色社会主义道路提供了启示和借鉴①。在过去的 40 多年间，我们大量地集中在这两个层次做工作：例如，在一般方法上，卢卡奇、葛兰西等西方

---

① 陈学明 . 西方马克思主义研究在当今中国之意义 . 思想理论教育，2016（3）.

马克思主义思潮的开创者面对当时的情况，即面对第二、第三国际的正统解读模式和照搬套用做法，产生了他们的理论困惑，表现了他们的理论勇气，他们的这种探索举动作为先例，起到了极大的示范表率作用，极大地启示和激励了我们的思想解放事业；而在外部资源上，西方马克思主义在其语境下谈马克思主义、谈资本主义、谈现代性、谈人的生存等方面的具体见解，当我们也相应地碰到这些共性问题时，就可以比照他们的先见建构我们的叙事模式，从而来理解马克思，分析现代资本主义，探索社会主义道路，反思当代中国人应有的生存方式，等等。在类似这些方面，我们今后的研究无疑要继续挖掘、提取西方马克思主义的思想成果，找到其同中国化马克思主义的相似性、连通点，从而从中获得新的启示，在新的背景和任务之下推进马克思主义发展①。

此外，今天我们除了上述从一般方法和外部资源层次寻求西方马克思主义的帮助，还有更直接的层次，即如今西方马克思主义论者已经有越来越多直接关于中国的理论，我们可以从中获得直接养分，而不再需要经由一般性、相似性的中介迂回才指涉中国。伴随着中国特色社会主义事业的巨大成就，伴随着中国综合国力和文化软实力、辐射影响力的长足进步，已经有越来越多的西方马克思主义理论为中国留出位置，以中国的理论和实践元素——包括马克思主义的中国化成果——为素材、为参考、为例证、为指引等。这种理论阐发的深刻性和价值，一般而言要高于西方资本主义世界的一些人物囿于资本主义的眼界而对中国发出的肤浅评论：它不仅毫无疑问地要高于国外那些恶意的攻击和政治外交辞令，而且要高于那些在经济利益、政治军事力量等狭隘尺度上对中国发展的恭维，高于在多元文化、后现代主义等无根的非批判立场上对中国传统文化元素的亲和，等等。这就促使我们的研究也要相应地提升阐释中国的方式，即我们需要关注和研究西方马克思主义直接针对中国做出的理论阐发，从中获得直接的教益，而不再只是从这些国外论者针对马克思主义、针对国外现实而做出的理论阐发那里寻求间接启示。但正如有学者所指出的那样，国内在这

---

① 刘卓红. 早期西方马克思主义对推进中国化马克思主义发展的方法论启示. 学术研究，2016（8）.

一层次的研究，相较之前我们已经登堂入室的路径要幼稚得多，比较普遍地存在"多于译介而少于分析""论域边界模糊而缺乏精准定位""重要理论问题聚焦不足而有待深入挖掘"等问题①，我们尤其可以期待，未来在这个层次我们学界可形成研究的高峰。

更进一步来说，西方马克思主义研究的新意义呈现，尤其要凝聚到"21 世纪马克思主义"这一科学概念的旗帜上。党的十八大以来，习近平提出并多次强调"21 世纪马克思主义"的科学概念，并将之同"当代中国马克思主义"的提法联系在一起。在中共中央政治局就当代世界马克思主义思潮及其影响的集体学习中，习近平强调这项理论工作对我们"发展 21 世纪马克思主义、当代中国马克思主义具有积极作用"。特别是 2018 年党的十九届二中全会明确指出习近平新时代中国特色社会主义思想就是 21 世纪马克思主义，更加为我国马克思主义理论学界全体同人提出了在理论上的明确建构性目标，对于解决究竟什么是 21 世纪马克思主义的问题，怎样更好地理解习近平新时代中国特色社会主义思想是 21 世纪马克思主义的问题，特别是解决中国共产党人和中国人民在习近平新时代中国特色社会主义思想指引下怎样为发展 21 世纪马克思主义做出更大贡献等问题，西方马克思主义的相关研究工作尤其可以提供一个不可或缺的视角。尽管具体的科学研究工作各有侧重、各抒己见、观点纷呈，但我们的西方马克思主义研究工作有一个基本共识，即我们应当立足于中国伟大的社会主义实践，放手比较研究 21 世纪西方马克思主义的发展，只有这样才能深刻认识习近平新时代中国特色社会主义思想对马克思主义所做出的原创性贡献②。

我们基于西方马克思主义理论家开展 21 世纪马克思主义研究的热点问题和发展动态，结合我们开展西方马克思主义研究的经验积累来加以分析比较，就可以看到虽然其中有许多围绕 MEGA$^2$、《资本论》等展开的学术

---

① 尚庆飞. 国外马克思主义中国化研究：认知、把握与思考. 南京政治学院学报，2016，32（4）.

② 陈学明. 从世界马克思主义视野认识习近平新时代中国特色社会主义思想是"21 世纪马克思主义". 思想理论教育导刊，2018（3）.

型、书斋型乃至文本考据型研究，但更多的是与金融危机、资本形态、难民问题、第三世界的解放道路探索等 21 世纪现实问题相结合的重大实践方略研究。21 世纪马克思主义所具有的时代性、全球性特征，在西方马克思主义者的研究论域乃至实践探索中，都已经有了明显的体现。大多数 21 世纪的马克思主义研究者已经不再拘泥于某一学科或领域，而是自觉转向关乎人类整体的全球性问题，各国、各地区的马克思主义相关研究者以及马克思主义政党，也在不断加强交流合作，共同面对 21 世纪的考验。因而，随着 21 世纪资本主义世界内在矛盾危机的不断深化，马克思主义的现实意义进一步凸显，在各主要资本主义国家以及第三世界国家，马克思主义思想的影响正逐渐扩大，并在实践中呈现出"一源多流"、派别纷呈的繁荣景象，这些都可以说是构建当前马克思主义发展的新形态即 21 世纪马克思主义的活力源泉所在。对中国的马克思主义而言，对中国的马克思主义理论研究者包括西方马克思主义研究者而言，在习近平新时代中国特色社会主义思想这一 21 世纪马克思主义的中国智慧和方案的指引下，我们有了一个更高的起点和更加明确的理论方向。我们必须沿着这一科学方向，推进 21 世纪马克思主义的真理浪潮在全世界奔涌。

作为上述路径的一个生动体现，我国的西方马克思主义研究学界在习近平所提出的 21 世纪马克思主义的科学概念指引下，结合自己的研究实践，提出了"21 世纪世界马克思主义"的提法，并认为"21 世纪中国化马克思主义"与"21 世纪国外马克思主义"共同构成了 21 世纪世界马克思主义理论版图。中国的国外马克思主义学界向来保持着敏锐的国际视野和时代敏感。一方面，在具体研究工作推进中自觉地将马克思主义理论研究与中国道路、人类命运共同体、全球金融危机等实际问题相联系，拓宽当代中国马克思主义的广度。另一方面，在概念认知层面，在经历了由西方马克思主义向国外马克思主义的拓展之后，于 2015 年前后由一些有识之士进一步将之拓展深化为世界马克思主义。由此与 21 世纪马克思主义的科学概念相结合，形成 21 世纪世界马克思主义的理论范畴，实在是顺理成章、水到渠成的。按照 21 世纪世界马克思主义概念的提倡者的看法，确立这一研究新框架，就是要从"单数的、非反思的马克思主义"变为"复数的、创新的马克思主义"①，以此推进 21 世纪世界马克思主义研究的拓展、深化，实现学术研究与意识形态，以及学术性、思想性、现实性的统一。这一新框架不仅可以推进西方马克思主义研究，而且可以使马克思主义在中国语境中得到进一步发展，同时必将有力推动马克思主义在其第三个世纪的世界历史事业当中取得更加辉煌的成就。

---

① 王凤才.21世纪世界马克思主义基本格局.学习与探索，2017（10）.

# 第四章 西方马克思主义的资本主义批判理论在中国的传播与影响研究之一

我国对西方马克思主义展开大规模开放性研究从 20 世纪 80 年代至今已走过 40 余年的历程，其中关注最持久、影响最深广的无疑是西方马克思主义的资本主义批判理论。由于西方马克思主义自身以对资本主义发达工业文明批判为己任，以对马克思主义经典理论的回顾为方法，因此，行至当下，其对当代资本主义的批判向度、问题意识、逻辑展陈、体系搭建等方面对当代中国马克思主义起到重要的参鉴启思作用。正如习近平总书记指出的："当代世界马克思主义思潮，一个很重要的特点就是他们中很多人对资本主义结构性矛盾以及生产方式矛盾、阶级矛盾、社会矛盾等进行了批判性揭示，对资本主义危机、资本主义演进过程、资本主义新形态及本质进行了深入分析。这些观点有助于我们正确认识资本主义发展趋势和命运，准确把握当代资本主义新变化新特征，加深对当代资本主义变化趋势的理解。"[1] 中国特色社会主义步入新时代，不仅代表中国现代化事业行进到新历史方位，也意味这是加快构建中国特色哲学社会科学的新机遇期，是凸显马克思主义真理光辉的新窗口期。在这个注定将书写马克思主

---

① 习近平. 习近平谈治国理政：第 2 卷. 北京：外文出版社，2017：67.

义理论与世界无产阶级运动新篇章的历史时期，毫无疑问离不开当代资本主义批判这一时代主题。因而，无论是时代所需、理论所需还是文化所需，都有必要对西方马克思主义的资本主义的批判理论的中国历程与中国意义展开回溯总结。

# 一、西方马克思主义的资本主义批判理论在中国传播的过程

西方马克思主义的资本主义批判理论作为舶来品，在中国的传播历程遵循纵横交错的逻辑规律，在引译中启发问题意识，在反思追问中澄明真理、批判曲解误释，从而有效推动了围绕资本主义批判主题的，异质文化、不同理路间的学术对话与思想交流，为马克思主义正本清源提供了重要参照系。

## （一）纵深的历史逻辑

### 1. 知识型译介丰拓资本主义批判理论视野

知识型译介是国内西方马克思主义的资本主义批判理论研究的前提与基础。正如黄见德指出："要认识一个事物，就是要把这个事物对象化，然后才有可能正确地认识它。"① 对非本土思想进行研究首先离不开将之代表人物、主要观点、学派分类等作为知识进行确定性、规范性、还原性的译介与描述，这种技术性、工具性的资料准备工作，通过文字翻译、观点转述、通达顺意的过程，体现对所引译对象及其集中反映问题的理论自觉性。尤其在 2008 年国际金融危机后，对当代资本主义批判理论著述的译介、重译、再版等工作愈加如火如荼。不仅包括如阿多诺的《否定辩证法》、马尔库塞的《单向度的人》、列斐伏尔的《空间与政治》和《都市革命》、弗洛姆的《逃避自由》等经典的西方马克思主义代表人物的代表作，

---

① 黄见德．西方哲学东渐史：上．北京：人民出版社，2006：5.

而且广泛涉及如鲍德里亚的《符号政治经济学批判》和《生产之镜》，米歇尔·阿尔贝尔的《资本主义反对资本主义》，詹明信的《晚期资本主义的文化逻辑》，阿里夫·德里克的《全球现代性——全球资本主义时代的现代性》，戴维·哈维的《资本的限度》、《世界的逻辑》和《新帝国主义》，奈格里和哈特的《帝国：全球化的政治秩序》，特里·伊格尔顿的《马克思为什么是对的》，阿明的《资本主义的危机》，丹·希勒的《数字资本主义》，尼克·斯尔尼塞克的《平台资本主义》等当代西方马克思主义的资本主义批判理论代表人物影响深远的著述，以及如以四川大学傅其林主持的"东欧马克思主义美学文献整理与研究"（2015）、复旦大学陆扬和四川大学阎嘉主持的"西方新马克思主义文论与空间理论重要文献翻译和研究"（2015）等为代表的对西方马克思主义的资本主义批判理论相关文献翻译整理的重大科研项目。这不仅可见国内学界对西方马克思主义的资本主义批判理论的重视程度之高、审视视角之宽、理论热度之强，也体现出随着全球资本主义的新发展，当代西方马克思主义的资本主义批判理论及我们对其的把握具有时代性特征和当代性进展。

总体来看，随着信息化时代的到来以及国内学界研究水平的飞跃性进步，国内对西方马克思主义的资本主义批判理论的译介解读工作愈加呈现出规模化、多元化、及时性等当代研究趋势与特征。这为资本主义批判开拓理论视野、增善论据支援、增强思想深度奠定了坚实的基础，为西方马克思主义的资本主义批判理论的正本清源提供镜鉴参比，成为丰拓理论视野、增强理论说服力的有效工具。但同时引起学界警觉与自省的是，对于日益呈现新兴化、分散化、表象化、碎片化、解构主义色彩浓重、政治立场愈加多元等特征趋向的当代西方马克思主义的资本主义批判理论著述，对其思想价值的辨识度将代替仅仅以翻译准确度为基准衡量引译质量与真实价值，为日后国内西方马克思主义的资本主义批判理论研究的批判性路径所强调。

2. 思想史梳理凸显资本主义批判意识自觉

通过译介对象的整体特征能够在理论焦点中反映一定的时代问题，解读的过程则彰显问题意识自觉。因此，译介解读伴随西方马克思主义的资本主义批判理论研究的整体过程，充分体现了国内对资本主义与工业文明现代性问题的主体自觉。在此基础上，研究渐趋向人物史、学派史、断代史等思想史把捉脉络线索、思维方式、逻辑规律，进入"综合梳整型"的述评模式，这是对西方马克思主义的资本主义批判理论的重大基础性理论研究的条件预备与思路转向。

　　思想性与历史性的统一始终是学术研究的基本追求。思想理论的认识解读离不开思想史的线索把脉，二者是相辅相成的辩证逻辑。但思想史的逻辑梳理则在理论深度上更进一步，围绕理论主题或学术课题梳理相关流派思潮，使相关中心议题渐趋成为显学，从思想性历史的知晓通向历史性思想研究。对西方马克思主义的资本主义批判理论研究，在起初的翻译引入基础上，以丛书著作的基本形式体现着国内对资本主义批判史的主体性自觉，如其中具有突出代表性的中国人民大学出版社出版的"当代资本主义研究丛书"、重庆出版社出版的"当代国外马克思主义研究丛书"、商务印书馆出版的"现代性研究译丛"、张一兵主编的"资本主义理解史"、韩秋红主编的"西方马克思主义现代性理论研究丛书"等。还有一些较有影响的对当代资本主义批判理论思想史的研究专著，如陈学明的《驶向冰山的泰坦尼克号——西方左翼思想家眼中的当代资本主义》、尹树广的《20世纪70年代以来西方马克思主义的国家批判理论》、郇庆治的《当代西方绿色左翼政治理论》、陈振明的《"西方马克思主义"的社会政治理论》、孔明安的《当代国外马克思主义新思潮研究：从西方马克思主义到后马克思主义》等。一些重大科研项目同样体现了对西方马克思主义的资本主义批判的思想史研究的持续性与重要性，如南京大学胡大平主持的"城市哲学和城市批评史研究"、南京大学张亮主持的"西方'马克思学'形成和发展、意识形态本质及其当代走向研究"、辽宁大学宋伟主持的"马克思主义视域下的资本现代性与审美现代性问题研究"、上海交通大学高宣扬主持的"欧洲生命哲学的新发展研究"、北京大学仰海峰主持的"国外马克思主义哲学重大基础理论问题研究"、中南财经政法大学王雨辰主持的"西方马克思主义学术史研究"、华东师范大学吴冠军主持的"后现代主义哲学发展路径与新进展研究"等。相关成果从经济-哲学、政治-哲学、文化-哲学、历史-哲学等视域展开对西方马克思主义的资本主义批判理论的主题式、专题性研究，充分体现了我国学者对资本主义工业文明及其社会问题的思想史把脉，以及借西方马克思主义提供的批判窗口，透视我国现代化过程中的类似问题，凸显对资本主义批判理论研究的主体自觉，以及对资本新形式、资本主义新变化、资本主义现代化模式的历史逻辑切脉的问题意识自觉。国内理论界从多维视角、各家流派梳理整合西方马克思主义的资本主义批判理论的生成逻辑、分析进路，使围绕资本主义批判主题展开的思想史研究为准确把握资本运转与资本主义发展内在规律提供效度。

3. 文化式解读增进资本主义批判主题下的中西对话

文化式解读指在引译梳理的基础上进行符合本民族文化特色、本地区实际情况的观点思想再研究，突出理论研究的原创性、独特性、交互性。如果前两个研究方式阶段是一种"学徒式"的状态，那么文化式解读则进一步凸显了主体自觉转入"自我主张"的研究状态，"这意味着文化结合的锻炼，意味着文化上容受性和自主性的统一"①。这样的文化交融性是当代西方马克思主义研究的重要思路方法，围绕资本主义批判主题，对西方马克思主义相关理论的文化式解读主要表现在专题性问题研究方面。

基础性和前提性的研究资料与研究内容的奠基呈现了当代西方马克思主义的资本主义批判理论的广博多支、盘根错节，为我们"自己讲"奠定了"照着讲"和"接着讲"的基础。当下国内学者越发注重从问题意识和问题导向出发，选取特定学科方向或具体概念或问题视域，充分展开对西方马克思主义的资本主义批判理论的专题性研究，在凸显资本主义问题研究的当代性与紧迫性的同时，突出该问题研究的专项性、专业化、精琢化。这尤以国家级科研项目具有典型代表性，如复旦大学吴晓明主持的"马克思主义与当代社会政治哲学发展趋势"、复旦大学汪行福主持的"复杂现代性与中国发展之道"、复旦大学陈学明主持的"西方马克思主义在中国的历程及影响研究"、复旦大学王凤才主持的"21世纪世界马克思主

---

① 吴晓明. 以唯物史观引领"三大体系"建设. 中国社会科学评价, 2019（4）.

义发展状况与前景研究"、中国人民大学张秀琴主持的"国外学界《资本论》研究的最新进展"、中南财经政法大学王雨辰主持的"人与自然和谐共生的生态哲学阐释与中国生态文明发展道路研究"等。而相关著述更是不一而足，如：徐崇温的《当代资本主义新变化》《用马克思主义评析西方思潮》，俞吾金的《现代性现象学——与西方马克思主义者的对话》，薛民、李家珉的《现代资本主义的命运》，陈学明、俞可平等的《用另一只眼睛观察当代资本主义》，张一兵的《文本的深度耕犁》三卷本，胡大平的《后革命氛围与全球资本主义——德里克"弹性生产时代的马克思主义"研究》，韩秋红等的《西方马克思主义现代性理论批判》，刘怀玉的《现代性的平庸与神奇——列斐伏尔日常生活批判哲学的文本学解读》，王雨辰的《生态学马克思主义与后发国家生态文明理论研究》，郇庆治的《绿色变革视角下的当代生态文化理论研究》，尹保红的《西方马克思主义空间理论建构及其当代价值》，罗骞的《论马克思的现代性批判及其当代意义》，王晓升的《西方马克思主义意识形态理论》，等等。可见，国内对西方马克思主义的资本主义批判理论的研究转向追问总结思想特质、当代价值、在中国发展的意义，充分彰显了研究的主体自觉、问题导向、实践意识。

从理论重心的偏移上也能看出，当代对西方马克思主义的资本主义批判理论的关注逐渐由以往的单一性知识型介绍拓展深化为文化式解读，包括关于生命政治、身份政治、生态治理、空间理论、城市规划、女性问题等工业文明现代性问题在内的由西方马克思主义指出与批判的资本主义运行机制下的社会问题。国内的研究越发立足于突出的中国问题，积极从中汲取经验借鉴与理论思考，仔细分析其理论价值与局限，充分结合中国问题，立足中国实际，在中国模式与西方模式的对比中阐明理论立场与实践路径，体现鲜明的中国特色、中国风格。国内的研究亦更加注重在中西文化对话中对资本新形态、资本主义新变化加强本质性认识，研究的视域广度与思想深度均有质性提升，而不再是一种学院式纯理论研究或人云亦云的概念复述。因此，在某种程度上可以说，当代我国对资本主义制度的批判性认识正在向形成中国特色资本主义批判理论体系的方向行进。

## （二）横向的范式逻辑

思想性的历史与历史性的思想相辅相成、相伴相生，这意味着凡是对思想理论的研究总要将其置于一定线索的思想史逻辑之中，思想史的主轴又反映着普遍关注的核心议题，这样便勾勒出研究对象所处的横纵坐标系，使理论研究的着眼点与落脚点清晰明了。于是，时代问题与理论主线的纵横交织构成理论解读与认识框架的基本模型，即形成特定历史时期的主要研究范式。国内对西方马克思主义的资本主义批判理论研究的历史进程除了上述纵向的历史进程，自然也包含以思想特质为表征的横向范式逻辑演变。从与马克思主义的关系方面加以认识，将使这一范式追踪简明呈现。

### 1. 属性论范式

属性论范式意指一种定性式的理论划界研究模式。早期西方马克思主义在反对第二、第三国际"正统"马克思主义的过程中开辟了独特的"非正统"道路，通过重新认识无产阶级推翻资产阶级统治的革命实践运动失败的原因，汲取西方哲学、社会学等方面的思想养料，西方马克思主义在"非正统"的马克思主义属性划界中确立自身。在与马克思主义的关系的"正统"与"非正统"的定性划界意义上，我们可以称早期西方马克思主义处于属性论范式之中。同理，我国学界对西方马克思主义研究的最初阶段，也以"西方马克思主义是不是马克思主义"的"属性问题"为理论争辩的开端，铺展了整个国外马克思主义研究的学术话题与篇章。先后有徐崇温、杜章智、宫敬才、张翼星、王雨辰、段忠桥等对西方马克思主义"是马"还是"非马"的定性问题展开争论，形成了"非马说""探索说""部分说""发展说"等，在理论争锋中明晰了西方马克思主义的属性到底是马克思主义还是非马克思主义的理论共识。而今再提这一范式并无意于将西方马克思主义做某种属性的确定性归类，而是更加侧重于反思早期西方马克思主义属性论范式研究对当代中国马克思主义具有怎样的影响与启发。

早期西方马克思主义虽然为"正统"马克思主义所拒斥，但基本形成了共同特征：一是坚持革命立场，批判资本主义制度弊端；二是在解决革命实践困境的方法上，对马克思主义进行文化意识形态的理论解读。张一兵指出，西方马克思主义理论逻辑建构始终存在两大向度：一是重新理解马克思主义的实质和方法；二是批判资本主义，这又可分为批判资产阶级意识形态与批判资本主义现实。这双重向度的缘起，是在当时针对第二国际理解马克思和观察资本主义现实的双重"伪图像"①。早期西方马克思主义的理论出发点在于为欧洲无产阶级革命失败总结教训并为无产阶级寻找出路，其批判资本主义制度及资产阶级统治的基本站位与立场没有变，在理路方向上则形成了对"正统"的"修正"，即认为革命失败的原因之一在于理论主张的偏颇与不切本真。"正统"对马克思主义的继承要么将之庸俗化为经济决定论，要么将之教条化为统治工具，而没有认清马克思主义的方法论内核、实践本质、理论整体性。于是，柯尔施、卢卡奇、葛兰西等通过对马克思主义实践哲学的重释与总体性原则的建立努力澄清马克思主义对无产阶级革命实践的理论指导原理与意义。但颇为遗憾的是，其在探求无产阶级革命道路的理论旨归上偏离了其在理论分析上对马克思主义实践内核、哲学方法论的认识判断：如果卢卡奇从对马克思的商品拜物教分析展开的物化理论起初具有政治经济学批判的影子，那么当其转向认为提升无产阶级的阶级意识才是实现无产阶级革命胜利之基础与关键的论说时，便很显然具有黑格尔主义传统的色彩；葛兰西从对市民社会的分析批判资产阶级意识形态统治，认为无产阶级夺取文化领导权是无产阶级革命胜利的关键与核心；到法兰克福学派时，这种文化意识形态批判转向随着社会批判理论的形成变得更为凸显与成熟。

可见，西方马克思主义围绕资本主义批判体现出的属性论范式中的文化转向与马克思主义的关系已展露出"离经叛道"的倾向，我国最初对西方马克思主义展开的属性论范式研究对此已有明确认识。但在此范式下西方马克思主义的资本主义批判所体现出的文化转向带给我们正确理解马克思主义的资本主义批判要义的重要启示不容忽视，即启示我们传承与发扬马克思主义的真核在于对理论与实践相统一原则的遵循：不仅要在发现问

---

①　张一兵. 深度解读：西方马克思主义与卢卡奇. 哲学动态，1999（8）.

题方面落于社会现实，在分析问题方面照应社会现实，而且要在解决问题方面切合社会现实，在评价理论方面符合社会现实。这是马克思主义理论发展的核心要义。一旦脱离具体问题，理论就将失去效力；一旦走向片面极端，理论就将失去整体价值；而一旦失却价值性，理论就极易变希望为失望。

2. 问题式范式

问题式范式大体意指一种以社会现实问题为导向展开的具有实践哲学意蕴的研究模式，就西方马克思主义自身理论发展而言，这一范式的彰明与成熟应归于法兰克福学派社会批判理论。霍克海默曾指出："当前的问题是把当代哲学问题所提出的那些研究系统地整合起来。哲学家、社会学家、经济学家、历史学家以及精神分析学家们因为这些哲学问题而集合为一个永远的合作团队，共同着手解决这些问题。"① 因而他带头开创法兰克福学派社会批判理论，创办社会研究所，提倡跨学科研究。社会批判理论以"群"的方式面世，彰显围绕资本主义批判形成的多元话语、多元维度并存的特征，为西方马克思主义的多元格局奠定了基础。

"问题是时代的格言，是表现时代自己内心状态的最**实际的**呼声"②。实际上，在西方马克思主义的整个发展过程中，其对马克思主义传承的最突出的方面就是发现问题方面，也即问题意识的现实性方面：从卢卡奇在读到马克思的《1844年经济学哲学手稿》之前便认识到资本主义社会的物化问题，到法兰克福学派社会批判理论对发达工业文明展开全方位的文化意识形态批判，如弗洛姆、莱斯等人从心理学、精神分析方面认识资本主义社会中人的社会心理问题，本雅明、阿多诺等人从艺术美学方面批判资本主义大众文化的同质性，马尔库塞等人对资本主义社会技术执行意识形态职能的批判，齐格蒙特·鲍曼从社会学视角批判资本主义现代性必然导致大屠杀悲剧，鲍德里亚等人从消费异化层面批判资本主义新形式对再生产环节的逻辑颠覆，等等。可见，从心理学、社会学、历史学、美学、哲

---

① HORKHEIMER M. Between philosophy and social science：selected early writings. Cambridge：The MIT Press，1993：9.

② 马克思，恩格斯. 马克思恩格斯全集：第1卷. 2版. 北京：人民出版社，1995：203.

学等维度对资本主义的批判，及其理论搭建过程中对马克思主义的回溯与审视，一方面拓展了理解马克思主义的路向、逻辑；另一方面在资本主义现代性批判的主题上殊途同归，或实际上就是共同出发。

因而可以说，西方马克思主义的资本主义批判发展到法兰克福学派，其现实性与交叉性的理路转向更加成熟，体系特征更为鲜明，对资本主义及其社会问题的认识更为多元，资本主义批判主题共识突出。在当代的例子包括：激进左翼通过结构主义、后结构主义、解构主义等批判方式反对新自由主义、反对资产阶级统治，哈贝马斯、霍耐特等法兰克福学派代表人物在政治哲学问题上对资本主义制度模式的批判反思，拉美社会主义以拉美世界左翼政党在换届中获取执政地位为契机而异军突起……西方马克思主义在批判资本主义的主旨上总能达成某种程度的一致性，在抓住并揭示问题上总能切中要害，这是值得我们深度理解和借鉴的。尤其是其所提倡的跨学科研究方法，为当代中国马克思主义的研究发展提供了重要的方法论启示，正如有人指出法兰克福学派的大众文化研究是最具跨学科影响力和当代活力的一项理论遗产，通过跨学科的协同攻关，完成了学派总体性的理论创新①。

与此相对应，国内的西方马克思主义的资本主义批判理论研究也越来越注重这一交互性方式，打破以往的人头式、点位式解读，充分立足于中国问题、社会现实问题展开理论研究，更加注重线索性、整体性、主题式的研究方法，批判性分析西方马克思主义与马克思主义的关系亲疏实质，得出西方马克思主义并非如其所号称的那样与马克思主义亲密无间、别无二致，而是常表现出形式上亲密、实质上疏离的结论。如以阿尔都塞为代表的结构主义的马克思主义，主张对马克思主义进行实证主义研究，提出认识论断裂主张，并形成国家机器意识形态的资本主义批判，而显然，其对研究对象的割裂式研究方法就已经表明了对马克思主义辩证唯物主义方法论的背离。而且，西方马克思主义具有片面强调否定性、批判性、多元性的理路取向，将人的本质、历史进步基于自由个体个性张扬的基础之

---

① 冯潇，张亮. 法兰克福学派的大众文化研究. 学术界，2018（9）.

上，显然违背了马克思主义历史唯物主义方法论原则，并可能造成难以达成共识的承诺危机。因此，西方马克思主义虽然在对资本主义多元批判的过程中打着马克思主义的旗帜，宣称"回到马克思""保卫马克思"，但却始终走在背离马克思的道路上，并且越走越远。

因此，对我们的当代研究而言，紧紧围绕问题意识与问题导向，"阐发出国外马克思主义面对 21 世纪的人类'大问题'所给出的'新启示'……持续推进对 21 世纪资本主义的新特征和大趋势的探讨"①，一方面应借鉴西方马克思主义的资本主义批判理论在发现问题方面的洞察力与现实性取向，另一方面应辨识研判其是否在思维范式和方法论上对辩证唯物主义、历史唯物主义有某种程度或某个维度的偏离，有则批判，无则加勉。始终强调和突出马克思主义的方法论，是资本主义批判的题中应有之义。

3. 空间化范式

空间化范式欲借"空间"一词指出一种不同于单一历时性的特征，以强调共时性为主要表现的广谱性网状结构特征的研究范式或整体图景。就对西方马克思主义的资本主义批判理论研究而言，如果思想史线索的研究方式是一种线性范式，那么当代所偏重的文化式解读可以被视为一种网状范式的表征之一，其强调一种从综合关系维度展开研究的抽象范式。如有学者指出，西方马克思主义对现代性的批判是从两个维度展开的：其一是将现代性理解为一种以反思性、批判性和革命性表达的不断自我否定、内在超越的冲动，体现为时间维度的辩证发展过程；其二是将现代性所蕴含的自我否定、自我批判的内在力量与人类的形而上精神相互结合，并将其立体放大到人类整个的社会历史进程当中，体现为空间维度的辩证发展过程。这双重维度及其统一表征了现代性的批判精神与人类理性形而上精神的一致②。这是从西方马克思主义现代性批判思想特质视域解读空间化范式的一种表述，将西方马克思主义的资本主义现代性批判理路归纳为时间维度与空间维度——前者指一种现代性时代精神的历史进程，后者意蕴现

---

① 陈学明，姜国敏. 评我国的国外马克思主义研究. 理论视野，2019（8）.

② 韩秋红，史巍. 西方马克思主义现代性批判的双重维度. 江苏社会科学，2010（1）.

代性社会结构的空间弥散。以此为例，对"空间化"的使用，并非将空间视作某种基质、机制或范畴形式的具体概念或内容，其突出特征表现为共时性。"实际上，历史唯物主义视野中的'空间'问题与概念从来都不是静止与透明的几何学与地理学概念，也不是神秘主观的文化心理形式与抽象封闭的符号结构，而是社会秩序实践性建构过程，即它是一种动态的历史关系，故'空间化'或'空间的生产'一词更能体现历史唯物主义对空间的独特深刻理解。"① 因此，这样一种范式概括方式深蕴着马克思主义方法论内涵。

空间化范式源于西方马克思主义空间批判理论，借此概括当代西方马克思主义的资本主义批判理论研究的几个基本特征：第一，对资本主义空间批判理论的热议聚焦。空间批判理论是西方马克思主义当代发展的一个重要路向，源于列斐伏尔对资本主义社会日常生活异化的深度批判，直到当代以戴维·哈维为代表的西方马克思主义者从理论与思维范式层面尝试拓展历史唯物主义的空间维度，建构历史-地理唯物主义。当代的"空间转向日益显著"，空间批判理论凸显"从理论逻辑来看，空间的本体化路径得到进一步强化；从研究方法来看，跨学科路径日益明显；从批判主题来看，空间的政治化诉求日益显著；从实践方案来看，虚无主义色彩日益明显"② 等特点。由此可见，空间批判理论形成了自身独特的话语体系，具有突出的理论贡献与鲜明的理论局限性，其将对资本主义现代社会城市化问题以及城市规划治理等方面的现实性批判，上升到思维模式革新的高度，对我国现代化发展中的城市治理体系的建构完善具有一定启发意义，为资本新形式的内在认识提供了新分析路径，为西方马克思主义的资本主义批判理论丰富了新思路，具有一定的理论意义。但其实践方案的虚无主义色彩等局限性也引起了我们的重视与批判。

第二，西方马克思主义的资本主义批判理论的微观政治哲学研究的当

---

① 刘怀玉.中国道路自信中的历史空间辩证法.武汉大学学报（哲学社会科学版），2018，71（6）.

② 张亮，孙乐强.21世纪国外马克思主义思潮的发展趋势及其效应评估.马克思主义与现实，2019（6）.

代转向。当代对西方马克思主义的资本主义批判理论研究的政治哲学转向非常明显，尤其是向微观政治哲学偏转。2008 年国际金融危机对新自由主义意识形态造成沉重的历史性打击，思想界助推对资本主义的政治制度批判、组织模式批判、意识形态批判，推动人们反思有关社会正义、公平、自由等的政治哲学问题，相关思潮异军突起，在一片对新自由主义的声讨中形成当代资本主义批判的新转向。"新帝国主义"批判、"后殖民主义"批判等新话语谴责新自由主义全球化泛滥给社会带来的负面影响，力图从社会主义、共产主义中汲取社会发展模式和制度组织形式建构等方面的养分，以寻找新自由主义的历史替代方案。如果这是一种为解决社会整体组织形式应然状态而探讨的宏观政治哲学问题，那么关于生命政治、身份政治、个人自由等问题的探讨可被视为一种微观政治哲学问题的形而上思考，这其中存在空间批判理论的强化作用，因为后者提供了一种思维范式的革新可能。由于空间批判思维为以微观个体为空间单位展开研究提供了理论支持，因此其为生命政治哲学、身份政治哲学等问题的探讨增添了砝码。福柯、哈维、伍德等人从资本对个体的宰制出发，重新理解当代技术在资本主义体制下所具有的政治性功能，或资本主义社会权力结构对生命个体的政治性功效，反映了当代先进科技以及资本主义模式对人的自然生命及生命意识的改变带来的生命问题与政治问题。

第三，彰显共识难题的范式困局。空间化范式无论是在空间批判理论内容方面，还是在对某种思维范式的指代层面，都明显强调共时性与差异性，通过理论认同而形成观念上的一致性。如哈贝马斯的交往行为理论建基于主体间性的建构，霍耐特承认理论要求一种多元共识的可能，拉克劳、墨菲等左翼人士要求通过激进民主实现社会主义所拉开的后马克思主义大幕，对差异、多元、民主的绝对化强调在空间化范式中体现为对共时性的承认。但其造成的理论内部共识难题同样不容忽视。不仅"西方左派在理论前提、现实判断和'革命'战略上都缺乏共识，西方马克思主义陷入了激烈的多元化阶段"[①]，而且这种强调差异性的明显后现代倾向正在蚕

---

① 卓承芳，胡大平．当代西方左翼思潮现代性批判的政治困境及其出路．西南大学学报（社会科学版），2019（1）.

食马克思主义的整体性思维方法与价值旨归，这种"乱象"大于"群像"的特征的后现代转向应该得到警示。在与马克思主义的关系方面，明显加速着同马克思主义真核脱离的趋势，所谓"后马克思主义"实质上正在"非马克思主义"化甚至"反马克思主义"化。

西方马克思主义围绕资本主义批判的主题，在丰拓马克思主义解读思路上的确具有突出贡献与原创性意义，尤其在揭示资本主义现代性问题、批判发达工业文明吊诡社会现象、丰富马克思主义理论解读方式与拓展思路等方面，均值得我们辩证鉴析。与此同时也需要我们审视，其是否真正贯彻了马克思主义真精神，真正弘扬了马克思主义真理性。如果是的话，那么是在什么样的条件和语境下怎样传承和发展的；而如果不是的话，那么当代中国马克思主义又应在哪些方面做出何种努力。这是西方马克思主义的资本主义批判理论研究在正反两方面对新时代中国特色社会主义现代化事业与当代中国马克思主义研究、发展、传播的重要参考意义。

## 二、西方马克思主义的资本主义批判理论的批判性研究共识与对中国模式的参证启思

批判性研究拒斥全盘照搬、全盘否定的极端化态度，要求辩证研判理论成果的价值意义。习近平总书记强调："对国外马克思主义研究新成果，我们要密切关注和研究，有分析、有鉴别，既不能采取一概排斥的态度，也不能搞全盘照搬。同时，我们要坚持把自己的事情办好，不断发展中国特色社会主义，不断壮大我国综合国力，充分展示我国社会主义制度的优越性。"① 这就对西方马克思主义的资本主义批判理论研究做出任务要求，即在研究立场上要坚定马克思主义方法原则，在研究目标上要为中国特色社会主义发展壮大服务，在研究主题上要把脉资本及资本主义新形态新规律，确证中国社会主义制度的优越性。对于以上三个基本宗旨，国内的西

---

① 习近平．习近平谈治国理政：第 2 卷．北京：外文出版社，2017：67.

方马克思主义的资本主义批判理论研究已基本达成批判性研究的特征与共识，成为西方马克思主义研究的当代性范式。

### （一）问题意识与研究特征的当代性共识

国内对西方马克思主义的资本主义批判理论的研究在研究成果上取得了丰硕成绩，当下更需要的是向当代性范式转型的共识，即形成在中国语境中研判西方马克思主义经验启示的立论共识，以及在马克思主义理论意义上把握西方马克思主义思想价值的立场共识。

1. 立足中国视域的当代问题意识自觉

西方马克思主义的资本主义批判理论研究业已形成以西方模式与西方批判话语为镜，落脚于当代中国现代化事业特殊时空条件与境况的主体自觉。恩格斯曾经指出："每一历史时代主要的经济生产方式和交换方式以及必然由此产生的社会结构，是该时代政治的和精神的历史所赖以确立的基础，并且只有从这一基础出发，这一历史才能得到说明。"① 任何理论研究只有立足于社会现实的物质需求和精神需求才能真正观照现实，正是在这一意义上，真正的理论就是在思想中把握的时代。

当代中国社会处于工业化、现代化、全球化的整体视域之中，面临着与西方资本主义社会相似甚至相同的社会现实问题，如：工业生产将科学转化为技术，不仅加快了社会产品的更新速度，也增加了社会阶层和社会权力更迭的频率；城市化进程使人们从其祖先的固定居住地中不断地分离出来，被重新卷入城市的新生活中；各种新老大众传播系统生机勃勃，重新形塑新的人民共同体；多样化的价值观与生活选择催生了多样化的社会思潮，向政治与经济管理者发出挑战；旧有的人类生存的社会环境日益被新的社会环境取代；人们既欲求社会赋予干净而牢固的价值观，又不得不面对社会消解和消除部分价值观的风险；虽然人们形成对民族国家相对一致的较深的情感和理解，但仍然存在各种社会力量和政治力量的渗透，力图吸引人们进入思想和现实的冲突当中；等等。对于如何解决各种矛盾之

---

① 马克思，恩格斯．马克思恩格斯选集：第1卷．2版．北京：人民出版社，1995：257.

间与矛盾内部的张力，如何审视各种矛盾关系的内在机理，如何检省现代化发展的机遇与困境，我们虚心向西方马克思主义请教，在空间理论中认识城市规划的合理形式，在消费异化理论中认识当代生产与再生产关系及树立正确消费价值观的作用，在生态理论中认识人与自然关系的当代建构模式，在技术异化理论中认识现代科技的利润效力，等等。

但我们的研究始终保持着独立性与独特性，即将视域落于当代中国社会现实，明确当代中国问题的地域性与特殊性，在中国社会"五位一体"总体布局中思考西方马克思主义理论所揭示的经济发展与人的发展、经济发展与政治民主、经济发展与文化建设、经济发展与社会和谐、经济发展与生态问题等在其他社会条件下特别是在当代资本主义社会条件下所呈现出的诸多"二律背反"及其根源，总结发展中的规律并加以运用，对制度条件、社会条件和文化条件下的特殊性展开深入分析，为科学审视当代中国社会发展过程中面临的困扰以及推进中国特色社会主义进程做出理论努力。

2. 努力体现中国特色研究特征的当代转型

当代西方马克思主义研究，尤其是对其资本主义批判理论的研究，着重强调线索化、体系化的重大基础理论研究，打破以往单一的人物、流派、观点的人头式、点位式、分散化的研究模式，更加注重思想脉络的线索梳理、观点论说的价值意义，力图通过勾勒思想图谱、批判谱系，使西方马克思主义的资本主义批判理论研究落于回答时代所需、现实问题。

第一，表现出以资本主义现代性问题为焦点与导向，形成具有"围点打援"特征的学科交叉协同的研究取向。"点"指现实问题，"援"指理论支援。围绕相同问题域，孤立的单元学科研究已经不能满足复杂微妙的现实挑战，比如，对生态环境恶化问题的讨论，单从环境科学的视角只能提供自然科学的分析、自然科学技术的开发，而无法从根本上解决造成生态环境危机深层人为因素的生态伦理问题。这就需要人文社会科学的介入，因此，环境哲学、深生态学、生态社会主义、生态学马克思主义等交叉学科相继涌现，通过不同学科的"视域融合"，寻找更好的处理人与自然关系的有效方案，"殊途同归"共同实现人与自然和谐相处的目的。这样既突出了问题的集中性，又拓展了围绕问题铺陈的融跨学科壁垒的多维视角，在理论价值上向解决该问题回落。同理，如对全球金融资本主义的批判，不单单是在经济学、政治经济学的角度或话语范畴进行分析，而是常常出现例如"政治-经济哲学"这样的交融性词语与思维模式建构，但其虽将经济的批判同哲学的、政治的、自然科学的批判等其他学科体系交互释义，却万变不离其宗地反映出金融危机仍是资本主义内在固有矛盾的产物，整个批判图谱不局限于单维度的实证分析，体现了在广泛涉猎中增添现实性取向、人文性情节。这样一种集中于对中国意义与当代价值的问题关注、理论反馈，注重马克思主义与非马克思主义之间的对话，重视学科间的互援协同的批判性研究模式转型已经成为共识，为发现中国问题的特殊性提供理论镜像，为当代中国马克思主义在资本主义批判主题下的话语创新开辟可能性空间。

第二，表现出"中心开花"式的理论研究思路空间化延展。如果说"围点打援"强调问题的核心性，那么"中心开花"则欲强调理论的启示性作用。如围绕空间理论这个话语中心向外拓展，在政治哲学上可以表现出向城市权利与城市正义等方面蔓延，在政治经济学批判上可以表现出向资本主义空间生产、空间占有等方面展开，在哲学文化方面可以表现出有关人的时空体感、空间想象等维度辐射，等等。而各个理论辐射的集会点都力图落于我国城市治理、人口管理、精神文明建设等针对性与多样性相统一的现实问题。再如，围绕异化理论展开研究，可以对经济生产方式进行追根溯源式的政治经济学批判，可以对人的存在方式与生存境遇做形而上分析，可以对"逆全球化"浪潮做新自由主义批判，可以对政治生命控制做意识形态追思，等等。可见，这种从理论思考向问题扩散的研究路向，有助于预警可能出现的社会问题，在现实层面助益中国特色社会主义现代化进程，在现代性问题的生发方面防微杜渐[①]。

从西方马克思主义的资本主义批判理论的概念与观点系统分析、批判、反思拓展辐射到中国特色实情研判的批判性研究方式转型同样构成共

---

① 韩秋红，孙颖．国内西方马克思主义资本主义批判研究动态述评．毛泽东邓小平理论研究，2019（6）.

识通认的一种研究特征。理论思考由于具有一定的辐射广度、思想深度、现实效度，且积极地对社会问题进行透视，因而有助于在比较分析中确证中国方案的合理性、中国特色治理理念的优越性，有助于为建构中国特色核心话语提供智识与理论自信。

### （二）坚定用马克思主义立场展开批判性研究的原则共识

无论是从理论立场、价值立场还是从政治立场而言，对西方马克思主义的资本主义批判的研究不约而同地遵循马克思主义的指导地位，从理论内容、研究方法、批判旨归等方面凸显辩证唯物主义和历史唯物主义的方法论立场，进行批判性研究与审思，尤其对金融资本主义新形态、政治哲学新批判、生态问题新情势等前沿热点，形成马克思主义立场基础上的辩证分析与启思。这一立场原则逐渐通过在马克思主义理论意义上把握西方马克思主义的研究思路与当代转型体现，使对西方马克思主义的研究超越概念观点解析、辨析的思辨性，充分内置现实性、真理性的马克思主义立场导向，成为击破当代西方所盛行的以解构主义、相对主义消解真理普遍性的基本构型趋势。

1. 从生产力与生产关系矛盾运动立场深刻把握资本主义危机实质

马克思主义理论的彻底性和真理性的体现之一为马克思主义理论以现实的人及其现实生存状况为立足点，以社会基本矛盾和基本关系的客观性分析为主要思路，以对不平等经济关系及其社会生产方式根源的批判为抓手，以实现改变世界和解放人类为价值目标。人类社会发展一般规律与资本主义社会特殊规律这两大发现是马克思主义哲学批判资本主义制度弊端的核心理论武器，也是迄今为止资本主义批判最具洞察力与说服力的理论发现。因此，基于马克思主义生产力与生产关系矛盾运动思想把握资本主义危机实质仍是当代资本主义批判的理论基准，对于就西方马克思主义关于金融资本主义批判的思想观点展开辩证分析尤为关键。

西方马克思主义以"晚期资本主义""全球资本主义""后福特主义""后工业社会""金融垄断资本主义""数字资本主义""平台资本主义"等概念与逻辑体系对当代资本主义危机进行切脉诊疗，其对当代资本新形态与资本主义新发展的理论把握是准确且有启发意义的。但国内理论界对其进行的深入分析与批判性认识明确站在马克思主义立场上指出资本主义社会一切问题的核心根本在于生产力与生产关系的矛盾运动，也就是明确以马克思主义社会历史观认识当代资本主义新变化及本质规律。"如果你无法看到资本主义生产关系的历史暂时性，那就很难从批判性的视角来解读资本主义的本质。"① 西方马克思主义者往往停留在对当代资本主义劳动过程、劳动形式、剥削形式等进行经验性现象层面的描述，而缺少站在唯物史观立场上对生产力与生产关系的社会历史性特征展开分析研究，虽捕捉资本主义问题较为敏锐，但往往陷入解决问题的无力困境。因而，"这实际上启发我们不能把当代资本主义的新变化仅仅当作一种经验事实来加以描述，而是应该把它看成是一种社会历史过程的结果"②，也就是坚持历史唯物主义的认识立场与方法论原则。如果不从这一根本性上加以分析批判，不认清资本主义生产关系的社会历史基础及其剥削本质的必然性，那么看上去再合理的观点对资本主义社会根本变革来说都是一种隔靴搔痒与不切实际的空想。

2. 从"两个必然"立场批判性地认识西方马克思主义政治哲学批判

"某些当代国外马克思主义学派在研究旨趣上发生了政治哲学转向，主要体现在：它们对当代资本主义的批判不是指向其既有的经济关系，而是指向其道德伦理规范；强调理性认识在社会结构形成中的建构功能，甚至将经济关系本身也纳入这一建构的对象之中。这与马克思对资本主义的批判路径相比较，恰好形成了一个相反的研究路径。"③ 如学者们所普遍指出的，西方马克思主义的资本主义批判在当代出现政治哲学批判转向是学界公认的理路转型，主要源于新自由主义意识形态观念的盛行，以及其给社会发展带来的如加剧两极分化、加深阶层矛盾等糟糕后果。对此，西方世界在当代常通过左翼思潮表达社会制度变革的激进呼声，以"历史替代性选择"等学说思想要求对资本主义统治形式进行某种程度、某个维度、

---

① 唐正东. 当代资本主义新变化的批判性解读. 北京：经济科学出版社，2016：66.
② 同①前言1.
③ 魏小萍. 当代马克思主义政治哲学研究动态. 哲学动态，2020（1）.

某些措施的"修补"，要求消解新自由主义意识形态。如萨米尔·阿明认为，自由主义不论是其古典形态还是其当代形式，都是在为西方资本主义发展提供意识形态服务，并且向第三世界国家和人民灌输一套抽象的人权和发展理论，腐蚀人民思想和国家意志，毒害民族精神，阻挠其追求平等、自主、繁荣的现代化发展之路。而作为自由主义对立面的马克思主义，则是消解自由主义"病毒"的特效"解毒剂"。当代激进左翼将新自由主义的未来出路寄托于共产主义运动的历史性替代，共产主义理论成为激进哲学持续关注的热点问题。齐泽克在对资本主义现实分析基础上建构共产主义理念，认为共产主义是社会被排斥者以一种非部分的部分挑战整个社会的普遍性。朗西埃强调共产主义应作为某种当下的实践斗争，认为共产主义的现实性离不开政治实践。奈格里基于当代非物质劳动占据支配地位的新生产模式做分析，认为从事非物质劳动的劳动者可以形成反抗资本的主体性力量，一个超越民族国家的帝国正在形成。巴迪欧的共产主义观念更偏重于对共产主义假设的忠诚。西方左翼思想家在对当代资本主义社会形态历史替代性选择的理念解读中，呈现出亲马克思主义取向及乌托邦色彩，而只有在历史唯物主义视域中与之展开批判性对话，才能正确把握西方左翼"共产主义观念"的理论要义①。

　　然而，要"在历史唯物主义视域中与之展开批判性对话"，毫无疑问要坚定"两个必然"理论和科学社会主义思想。"两个必然"理论仍然是当今世界发展的大趋势，是马克思主义政治经济学理论对人类社会发展一般规律的重大发现，是马克思主义真理性的集中表征之一。当代西方马克思主义只有基于这一彻底性、批判性认识对共产主义观念进行解读，才能准确揭批资本主义的结构性、内在性危机，得出对资本主义生产关系、社会制度进行彻底变革的政治解放道路。因此，一切的根本是要从生产力与生产关系的物质条件基础或经济组织结构整体出发来认识合理的社会政治模式，要坚定科学理论的现实性、彻底性与真理性，反对华而不实的理论假想。站在马克思主义立场，尤其结合中国特色社会主义发展道路、制

---

①　胡绪明. 当代西方激进左翼学者"新共产主义"评析. 黑龙江社会科学，2018（2）.

度、理念，进行新自由主义批判研究，也是学界正在努力深化与开拓的重要路向。

3. 从马克思主义哲学立场批判人的异化理论

西方马克思主义针对资本主义工业文明对人的存在方式的异化影响和人的生存境遇的负面效应展开文化批判、生态批判，如消费异化批判、技术理性批判、大众文化批判等，在揭示当代人的价值危机方面有突出的理论贡献，对马克思主义的异化观点进行了时代化的延伸与拓展。陈学明指出，西方马克思主义是在对马克思《1844 年经济学哲学手稿》的异化观点进行自我发挥，并结合现代资本主义社会人的现实存在状态的情况下提出了全面异化思想，其所描述的异化表现为物性对人的片面化塑造，使人沉湎于消费主义满足虚假需要的片面存在方式①。我国学者充分立足于我国现代化进程中的具体问题，对当代西方马克思主义的社会批判理论、文化批判转向的新动向保持理论跟踪，并结合新科学技术（如 5G、物联网、人工智能等）对热点问题进行批判性研究，指出这一关乎人的生存境遇的资本主义现代性批判带来的跨学科协同攻关启示意义重大，但因为马克思主义的哲学思维方法要求基于实事求是、辩证分析、理论联系实际基本原则的"改变世界"的发展革新，所以就人的异化问题或人的解放路径而言，西方马克思主义的理论探讨在成效性和实践性方面确是其一个可塑空间②。

此外，当代最引人注目的一个重大现代性问题是生态环境恶化，即人与自然的紧张关系问题。近年来，世界范围内的森林火灾、雪灾、蝗灾、气候变暖、海平面上升、北极甲烷爆发等自然灾害发生频率、持续时长、影响规模都日益扩大，虽表现为天灾，但背后实乃人为祸端。对此，世界对生态学马克思主义、生态社会主义的理论关注愈趋热烈，这也是寻求解决现实问题的重要理论关切。而对于生态治理体系问题，中国所提出的"推动构建人类命运共同体""建构全球环境治理体系"等方案具有现实性与原创性特征。我国学者较为重视西方资本主义生态批判理论同我国生态

① 陈学明. 西方马克思主义对人的存在方式的研究. 中国社会科学，2018（4）.
② 韩秋红，孙颖. 现代性理论的逻辑理路与西方马克思主义的独特运思. 马克思主义理论学科研究，2018，4（2）.

思想和创新理念的理论关系及其现实效用问题。如王雨辰从总体上评价生态学马克思主义，认为其能够以历史唯物主义为基础，揭批资本主义制度和生产方式是当代生态危机的根源，强调实现社会制度和生态价值观的双重变革是真正解决生态危机的途径。生态学马克思主义对推动摆脱生态文明理论的西方霸权话语，实现价值立场和研究范式的转化，最终形成以人类命运共同体为理念的全球环境治理观具有重要启示①。当代国内对西方马克思主义的生态哲学的批判性研究更加强调回归马克思主义立场，强调必须认真厘清现有的生态观念，使马克思主义生态哲学在生态学研究中占主导地位，引导中国的马克思主义生态哲学研究与体系建构②，努力开创社会主义生态文明新时代，努力推动全球生态治理体系建构。如果说对文化批判的批判性研究是对人的存在方式合理化问题的当代思考，那么对生态批判的批判性研究则是对人的生存境遇优质化问题的当代追思，二者都充分体现了立足中国场域、中国话语、中国理念，坚定马克思主义原理方法的理论立场。

### （三）参证现代化进程之中国模式的科学性与可期性

随着中国特色社会主义现代化事业的成功，现代化的西方模式与中国模式形成了鲜明对比，西方马克思主义围绕资本主义工业文明展开的现代性批判理论恰为提升中国模式的科学性与推动世界文明进步的可期性提供了参比镜鉴，同时在针对多元资本主义现代性问题的理论反思上提供了经验启示。更重要的是，"中国特色社会主义之所以展现出一种世界历史意义，是因为中华民族的伟大复兴不仅在于中国将成为一个现代化强国，而且在于：它在完成其现代化任务的同时，正积极地开启出一种新文明类型（超越现代-资本主义文明）的可能性"③。

1. 中国模式是对现代社会理性滥觞的一定回应

现代性批判者常把理性作为现代性的内核加以口诛笔伐，对理性的批

---

① 王雨辰. 生态学马克思主义的探索与中国生态文明理论研究. 鄱阳湖学刊，2018（4）.
② 何萍. 必须认真清理现有的生态观念. 毛泽东邓小平理论研究，2020（1）.
③ 吴晓明. 马克思主义中国化与新文明类型的可能性. 哲学研究，2019（7）.

判基本有全盘否定、辩证肯定两种：前者以非理性主义、后现代主义思路为代表，后者则以马克思主义以及与马克思主义形成一定思想理论关联的西方马克思主义为代表。理性毋庸置疑是现代文明张扬的精神气质，伴随人类社会发展而形成的精神思想层面上的自觉启蒙启智，摆脱以往为宗教神学所禁锢而体现的蒙昧无知状态。对理性的张扬通过对自然世界客观规律的发现，以及在此基础上对技术的发明创造，而确证着人类理性在掌握和应用知识方面的能力及价值。但人类发展进步中所伴生的现代性问题同样来源于理性，是理性被单方面崇拜的结果。比如：马克斯·韦伯所揭示的工具合理性与价值合理性不平衡所带来的个体原子化、社会冷漠的问题；法兰克福学派指出技术理性正在成为一种意识形态控制社会的运转与人的道德判断，从而带来人与社会的单向度问题；生态学马克思主义者指出经济理性压制生态理性，从而造成生态环境危机问题；等等。西方马克思主义的现代性批判的一个重要路向是要求对理性的"再启蒙"，即平衡理性主体内部的结构，使理性能够真正发挥其正当的合理性而为实现人的自由提供保障。

针对上述问题，我们认为：第一，对理性采取一种辩证理性的态度。后现代思路常对理性采取一种激进否定的态度，其理论最终在片面解构中走向无根、无序、无所作为的"一地鸡毛"的结局。相反，西方马克思主义为一种辩证认识理性的态度提供支持，相信理性的自我解救，为"未竟的现代性"进行自我确证。理性滥觞在当代不仅体现为传统人造物（包括实体产品、组织架构等人为事物）对人的控制，使人得不到真正的自由，还体现为超越人类理性能够认识的"物自体"的萦困，如关于高级人造物（人工智能）的自由意志问题，暗物质的存在与否对人类认识和理解宇宙世界的影响，等等。能否在科技发达的网络信息时代挣脱理性滥觞的困局，重点仍在于能否借理性的张力推动理性的成熟。面对理性滥觞的挑战，我们显然不能跟随"回到前技术状态去"的反理性口号倒行逆施，走复古主义道路，或片面强调情感意志投入的非理性主义主张，而应站在辩证唯物主义的立场上客观认识理性本身所蕴含的自我解放的可能，即以实践为载体从自发走向自律自觉。当时代精神气质为理智的理性所占据时，理性也将超越其"倒退为神话"的初级状态，而助益人的自由与社会发展。

第二，平衡理性结构为现代性困境提供可能出路。自韦伯伊始，西方思想家的现代性觉解便有了对理性内部结构形成二分认识的批判路向，如工具理性与价值理性、技术理性与价值理性、经济理性与生态理性等。揭批理性内部结构在资本主义制度下难以自我平衡便构成了一种基本的现代性批判思考。因此，现代性问题常表现为与对理性的引导有重要关系，如何自上而下地疏通和运用好理性将是解决现代性问题的重要一环，尤其当与人民的权利义务关系联系起来时更是如此。如果依据马克思所言，"统治阶级的思想在每一时代都是占统治地位的思想"①，那么，社会主义的中国实行人民民主专政政体，实际的统治阶级就是人民共同体。因此，人民要求自由、进步，与正确发挥理性能力理应是一个合乎主客体相统一的历史总体性辩证法的整体，即通过代表最广大人民利益的中国共产党来弘扬社会主旋律，正确引领社会核心价值观是有效、合理地平衡理性张力。追求自由与遵守秩序是一个问题的两个方面，实际上等同于解决、平衡两种理性的关系，即权利理性与义务理性的关系，一旦两者失衡，带来的现代性问题就毫无疑问将是西方资本主义社会一直面临的自由之悖谬问题，即形式自由与实质自由的背反。

2. 中国模式对资本增殖逻辑呈现有效回应

如果对理性的批判是对现代之思想气质、精神内核的觉解，那么对资本的批判则是对现代社会运行体系所实存的结构的现代性批判，其肇始于马克思围绕资本展开的政治经济学批判。如果现代的本质仍是工业文明时代，那么资本自然是其中的必要一环，正是资本推动工业文明发家致富，从萌芽走向发达。正如马克思对资本主义毫不吝啬地赞美："只有资本才创造出资产阶级社会，并创造出社会成员对自然界和社会联系本身的普遍占有。由此产生了资本的伟大的文明作用……资本破坏这一切并使之不断革命化，摧毁一切阻碍发展生产力、扩大需要、使生产多样化、利用和交

---

①　马克思，恩格斯. 马克思恩格斯文集：第1卷. 北京：人民出版社，2009：550.

换自然力量和精神力量的限制"①,"资产阶级在它的不到一百年的阶级统治中所创造的生产力,比过去一切世代创造的全部生产力还要多,还要大"②。但同时,资本主义市场经济的"为卖而买"逻辑,实际上也是资本增殖逻辑,给社会历史带来的危害是无穷无尽的。这一危害不仅以阶级分析的方法得出了社会两极分化、无产阶级被严重剥削的结论,也以实证性的推理论证了资本主义内在的固有特征(社会化大生产与生产资料私有之间不可调和的矛盾)产生的结构性周期危机。如果有人认为前者是马克思思想的人道主义影响了其对资本主义的科学判断,那么后者的说服力显然是为历史事实所证明的。时至今日,资本主义发展已为数字化、虚拟化、金融化、全球化、空间化等新形态所充盈代言,资本逻辑仍未改本来面目,并借这些形态变迁而大有掀起新风浪的趋势。对此,西方马克思主义的认识较前卫,如:列斐伏尔早在金融全球化的伊始阶段就从日常生活批判转向对资本的空间生产批判,从工业社会城市问题认识资本逻辑的现实效用。戴维·哈维等当代左翼思想家则尝试拓展唯物史观的地理空间维度,构建历史-地理唯物主义。他们在资本的空间生产、空间占有、空间压缩等问题上从自然地理、城市建筑等层面的探讨上升到政治-哲学层面的探讨,追问资本在全球化过程中,从区域化地域殖民到虚拟化空间殖民的转向,在思考资本逻辑限度的同时,为资本的当代运行机制提供了重要参考。

第一,无论资本形式如何变迁,资本本质都从未改变。"金融资本主义具有资本更加虚拟、脱域、多元异质的特征。但是,资本所具有的增殖目的和内生逻辑没有实质性的根本改变,仍以实现资本的全球性扩张和加速积累为终极取向。"③ 这种对当代资本主义新变化及其本质的认识是我国学者站在马克思主义方法论原则立场上所普遍认同的结论,即认识到虽然资本的运行形式、对社会的管理形式、主导的生产与劳动形式等发生新变

① 马克思,恩格斯.马克思恩格斯文集:第8卷.北京:人民出版社,2009:90-91.
② 马克思,恩格斯.马克思恩格斯文集:第2卷.北京:人民出版社,2009:36.
③ 薛俊强.当代资本主义金融化趋势的政治经济学批判.福建论坛(人文社会科学版),2018(12).

化，但资本的内在本质并没有变。资本逻辑的本质除了资本主义生产方式的内在不可自我消化的悖谬外，还存在零和博弈式的剥削本质。易言之，资本增殖逻辑不仅仅是如何使钱生钱的问题，更在于在实现这一目的的过程中采取殖民式、剥削式的索取方式。以往通常通过肉眼可见的地理空间霸占和实物不等价交换实现资本增殖与回笼，而当代则以虚拟空间的数字占有或生产新空间来实现剩余价值和危机转嫁。因此，无论资本的形态如何变化，如西方马克思主义者以"非物质劳动""后福特主义""后殖民主义""新帝国主义"等概念对当代资本主义社会经济现象或结构特征进行理解，但如果没有认清资本在不合理的生产关系中始终不可能超脱剥削与转嫁的本质，那么必将陷入解决问题的困境当中。这不仅是国内对西方马克思主义当代资本主义批判理论展开批判性解读的重要方法论根基，也是被历史事实一再证明的马克思主义资本主义批判真理。我们还要看到，在资本主义制度下的资本增殖逻辑与剥削本质带来的灾难并非一个独立或封闭空间能够单独承受的，最终将是全人类空间整体的大难临头。因为"不断扩大产品销路的需要，驱使资产阶级奔走于全球各地。它必须到处落户，到处开发，到处建立联系"，通过生产工具与交通的便利，最终"把一切民族甚至最野蛮的民族都卷到文明中来了"，"它按照自己的面貌为自己创造出一个世界"①。只不过这一文明是在资本主义生产方式下被迫形成的世界性的资产阶级文明，包括该文明形态给人类社会发展带来的一切正效应与负效应。正如当下的生态环境问题，它是资本流通运转中不计后果的恶果。面对这一恶果的，不单是当时的恶果制造者，还有当下和未来的整个人类社会。因此，我国所提出的人类命运共同体倡议，不仅包括经济上的合作共赢、互助互惠，同样包括现代化问题的直面与解决，更包括全球同心协力。既然经济全球化体系中的成员享受全球化带来的效益，那么他们也理应共同承接人类的全球问题。唯其如此，才能共渡难关。

第二，社会主义市场经济体制为资本逻辑困境提供一种可行出路。既然资本增殖逻辑与剥削实质未有实质性改变，那么要在仍然由资本主导的

---

① 马克思，恩格斯．马克思恩格斯文集：第2卷．北京：人民出版社，2009：35，35，36.

当代有效规避或解决这一根本性问题，关键在于体制机制能发挥多大程度的作用。对此，社会主义市场经济体制在一定程度上因其全局性视野而具有抑制资本逻辑横行的科学性。关于市场经济与社会制度是否产生根本冲突早已有相应论证，对二者来说，关键在于能否达成某种形式的和解，为解放和发展生产力提供必要保障。西方的市场社会主义以市场竞争为一切经济活动的运作机制，其实际上仍是自由主义的形式演变。与之有本质性差异的是，虽然社会主义市场经济体制同样要求市场在资源配置中起决定性作用，但其一方面强调尊重市场运行规律，以之为经济工作的前提，减少不必要干预导致的供求关系紧张；其另一方面表明，对市场资源配置效用的应用与社会主义发展整体战略不构成结构性冲突，即市场经济是服务于社会主义社会发展的经济体制。由于社会发展总体战略是全体人民的智慧与发展需求，因此，符合发展战略的经济投入是同样符合广大人民根本利益的，其能够吸引并获得市场的自觉支持。并且，社会主义市场经济制度中深蕴的"社会主义市场精神作为一种新的普遍范畴存在着丰富的内在支撑，获得了超越西方现代性模式的可能性因素"①。正因如此，社会主义市场经济既绝非具有垄断性质的国家资本主义，也并非国家与市场彼此割裂的市场社会主义，其在运用与疏导资本运转的过程中具有独特的积极作用，始终为理论界所重视。

3. 中国模式对当代人的生存境遇困局呈现可期回应

工业文明在带来生产力进步的同时给人的生存、生产、生活方式带来根本变化。如果信息技术发展、发达的时期可被视为第三次信息技术革命发生的时期，那么显然，历史事实告诉我们，作为第二次工业革命的延续，信息技术革命带来的信息时代非但未能解决产业工业、机器工业时代给人造成的一系列现代性困境，反而有将之隐匿化并进一步加强的趋势。如极具代表性的当代文化帝国主义，通过产业体系、意识形态、网络媒体的文化输出，以市场化、商业化的形式，借网络数字信息技术而大肆宣扬"西方文明优越论"，从而造成这种文化意识形态选择是一种市场自发选择

① 王程. 现代性幻象何以澄明：社会主义市场精神的经济哲学追问. 江海学刊，2020（1）.

的假象，实现文化霸权①。可见，这是一种通过文化意识形态渗透以改变人们的思维观念从而获取资本主义合法合理性确证的手段。其在历史观上影响人们对生产力与生产关系矛盾运动推动的社会形态发展变迁的基本判断，以历史终结论置换历史进步观；其在存在观上影响人们对生存、生活、生产价值的基本认识，劳动实践成为非本质的外在内容，以享乐主义与消费主义置换劳动价值观……如果对理性的批判是一种形而上学批判，对资本的批判是一种实证性批判，那么对人的生存境遇的批判就构成一种现象学式的批判。西方马克思主义不仅通过对大众文化消费异化、技术异化的研究来批判现代社会群体无知现象，揭露人与人之间的畸变关系，也通过对心理机制、性格等的精神分析指出现代社会的道德心理问题；或通过环境保护运动、女性主义运动等新型群体运动来表达随着社会发展而日益分化的阶层群体的利益诉求与思想主张，揭示人与社会正在面临的困境与问题。对此：

第一，正确处理人与人之间的社会关系，构建和谐社会。人的本质在其现实性上是一切社会关系的总和，社会关系是基于劳动生产实践建立起来的人与人之间的联系。一种健康的社会关系应体现为对社会生产、社会发展的推动作用，而在资产阶级统治的资本逻辑主导的社会中，"人和人之间除了赤裸裸的利害关系，除了冷酷无情的'现金交易'，就再也没有任何别的联系了"②，异化的关系形式充盈于社会生产与交往的各个环节，并在资产阶级意识形态的包装与渗透中，使人们安于现状、享乐于消费文化。当下，尤其以网络和人工智能环境带来的相应问题最体现时代性。网络使信息互通更加高效、多元，同时为有关道德与价值问题的滋生提供了方便的平台，其所起到的带动舆论导向、舆论节奏的作用为一些意识形态渗透提供了渠道，人与人之间的关系除了在"现金关系"中愈发冷漠无情，而且通过虚拟空间增补了"真假难辨"的隔离带，助长着这种原子化关系的膨胀。而人工智能则正在从根本上以改变生产方式的形式改变着人的生存、生活方式和观念，在此过程中变更着人与人之间的交往方式与关

---

① 张小平. 当代文化帝国主义的新特征及批判. 马克思主义研究，2019（9）.

② 马克思，恩格斯. 马克思恩格斯文集：第2卷. 北京：人民出版社，2009：34.

系。尤其当人工智能产品具备自主意识时，有关人与人之间的情感、思想、抉择、道德等将面临何种程度的云计算与大数据的掌控的问题，已初露端倪。

第二，正确认识人与自然的关系，实现可持续发展。马克思在《1844年经济学哲学手稿》中指出"社会是人同自然界的完成了的本质的统一，是自然界的真正复活，是人的实现了的自然主义和自然界的实现了的人道主义"①。恩格斯在《自然辩证法》中强调人通过改变自然界为自己的目的服务，实现对自然界的支配，是人与动物的本质区别，但是"我们不要过分陶醉于我们人类对自然界的胜利。对于每一次这样的胜利，自然界都对我们进行报复"②。马克思主义经典作家对人类社会与自然界之间辩证关系的说明要求人与自然间建构起和谐共处的有机模式，即人通过劳动实践对自然界的认识与改造要遵循自然发展规律，不可过度取材、过度加压，不能仅仅局限于从自然界索取生产、生活资料，同时要生产出对自然环境无害甚至有益于自然环境生态循环的产品与人工能源、资源。由于工业生产过程未充分考虑或有效解决对自然环境的危害，其所带来的"自然界的报复"已普遍存在于全球，成为当今全球治理的巨大难题之一。因此，只有从长远利益出发考虑可持续发展理念的贯彻，才能实现人与自然的和谐相处与有机统一。

习近平新时代中国特色社会主义思想提出的"人类命运共同体"倡议及其包含的"相互依存的国际权力观"、"共同利益观"、"可持续发展观"、促进全球治理体系变革的"全球治理观"以及"创新、协调、绿色、开放、共享"新发展理念等，是马克思主义有关人与自然关系、人与社会关系思想的新时代发展创新，对回应生存境遇的现代性困局、维护国际和平稳定、构建和谐稳定社会、促进共同发展、共创繁荣美丽世界，提供了重要的中国智慧。

---

① 马克思，恩格斯. 马克思恩格斯文集：第 1 卷. 北京：人民出版社，2009：187.
② 马克思，恩格斯. 马克思恩格斯文集：第 9 卷. 北京：人民出版社，2009：559-560.

# 三、西方马克思主义的资本主义批判理论研究对
# 发展当代中国马克思主义的启示

对西方马克思主义的资本主义批判理论的研究归根结底要为新时代中国特色社会主义现代化事业与当代中国马克思主义理论发展服务。尤其对于资本主义的批判，当下对西方马克思主义思潮的研究，更需要超脱"照着讲"和"接着讲"的藩篱，进行"自己讲"的主动建构，"要按照立足中国、借鉴国外，挖掘历史、把握当代，关怀人类、面向未来的思路，着力构建中国特色哲学社会科学，在指导思想、学科体系、学术体系、话语体系等方面充分体现中国特色、中国风格、中国气派"①。这是西方资本主义现代化模式日益被历史否定，走向落后于时代的退步衰落，而中国智慧、中国创造、中国模式日益被世界人民认可、日益崛起的时代，进行西方马克思主义的资本主义批判理论研究是马克思主义者的重要任务，有其突出意义。西方马克思主义的资本主义批判理论作为现当代西方工业文明社会的现实语境所生发出来的特殊理论形态，其之于当代中国的意义主要是提供了一个重要话题和契机，即在当代性前提下重新思考资本主义当代处境和发展变化。这就需要我们在西方马克思主义的资本主义批判开启的话题中继续探讨和辨识什么是马克思主义、什么是资本主义、什么是社会主义，实现当代中国马克思主义理论的创新发展。

## （一）对当代中国马克思主义坚持马克思主义真核的思想启示

### 1. 从马克思主义同源性中透视理论关联

只要考察一下西方马克思主义与马克思主义之间的关系演变就可以知道西方马克思主义的资本主义批判理论研究与当代中国马克思主义的发展有重要联系。

---

①　习近平. 在哲学社会科学工作座谈会上的讲话. 北京：人民出版社，2016：15.

一是共通点。对于源出于异质文化背景和历史语境的二者，难能可贵的却是在与马克思主义的关联及资本主义批判主题方面存在共同之处，都承认马克思主义的重要理论地位，都对资本主义生产方式进行质疑，都将对马克思主义某方面的继承与发展作为理论旨趣或实践目的。这样一来，突出了马克思主义对发展至今的现代资本主义社会的理论有效性。易言之，二者虽在具体论域和思路上可能各有侧重、各存千秋，但对马克思主义的重要性能够达成共识，这就为理论的沟通提供了前提条件。

二是差异点。我们需要认清二者各自独有的理论特征、思想特质，这样才能辨析什么是对马克思主义的资本主义批判理论的正解，如何传承和发展马克思主义才是时代所需，才能使马克思主义闪耀真理光芒。笔者以为，西方马克思主义始终在西方思想史传统中汲取着理论养料，其基本文化境遇从未跳脱出资产阶级统治的框架，源于母体的思维范式血缘依赖是理论呈现地域性特色的主因，在其能够自我立言的同时，其一些旧有思维观念，如西方中心主义的思维取向、西方话语中心论的范式认同、西方话语霸权的默认等在当代却存有一定的弊端，正是这些陈旧的思维观念束缚着西方马克思主义，使其难以超脱固有解释模型，习惯性地在理论落于实践的关键环节滑向折中主义，造成资本主义批判的不彻底性或空想性，在理论内质方面偏离马克思主义的实践哲学向度。如西方社会存在的一些环保主义运动、女性主义运动，看似在实际性地强烈要求社会公平、社会正义，但分析其内在观念以及某些无政府主义取向的目标，可见其骨子里不是偏侧于自由主义，就是倾斜于保守主义，而两种"修正"选择却始终不肯离开资本主义统治的基本社会结构。这种文化依赖性可谓是与生俱来的母体本性，使西方马克思主义的资本主义批判理论打着马克思主义的旗号要求着本利益团体的需求，而无意于真正在开放与包容中传承马克思主义真义，那么，渐有背离马克思主义的非马克思主义理论走向便不难理解了。尤其以"后马克思主义"思潮为代表，其解构马克思主义的过程明显具有伪马克思主义的色彩。因而单从理论方法而言，西方马克思主义的资本主义批判理论的相关思想特质既衬托出当代中国马克思主义的深刻性与标杆性，又警示了当代中国马克思主义思想理论发展的要义与原则。

### 2. 以传承马克思主义真义为指导性原则

西方马克思主义的资本主义批判理论的发展史并不短暂，但其至今未能对西方社会资本主义现代性问题实现有效整改，不能排除的一个原因在于其在思想理论上仅将马克思思想作为引证的工具，核心目的是实现利益诉求。也就是说，其在理论起点上就偏离了马克思主义精神及信仰，又谈何贯彻马克思主义真理从而根本改变资本主义生产关系的志向？其最终也必将在妥协性地期待资本主义自我修缮中销声匿迹。而当代中国马克思主义不仅始终秉持也始终要求秉持马克思主义指导地位，不是把马克思主义当作"圣经"，更反对把马克思主义仅仅视作论说争辩的理论工具，而是把马克思主义的无产阶级立场、共产主义信仰、辩证唯物主义与历史唯物主义方法论真核贯彻于理论发展始终，以推动马克思主义真理前行并使之再放光芒。这是当代中国马克思主义同一些西方马克思主义思潮的根本性区别。当代中国马克思主义的资本主义批判拒绝纸上谈兵，拒绝画饼充饥，而要求脚踏实地着眼于社会发展与人的解放事业，是一种真正的马克思主义的表现。

### 3. 将理论与实践相统一的方法论准则贯彻到底

西方马克思主义的资本主义批判理论在思想理论上曾要求对马克思实践哲学的复归，但就"执行力"而言与要求差距太大：不是强调主体政治对促动改变世界的或然性事件发生的基础性地位，就是寄托革命胜利于"有机知识分子"，或者是躲进书斋专修社会批判理论却对社会变革嗤之以鼻，再或者是扬言历史替代性选择却着于迈出关键一步。这种给人以折中性、妥协性的唯唯诺诺之感的西方马克思主义恰恰反衬着当代中国马克思主义的坚定性与果决性。中国马克思主义的发展始终建基于理论与实践相统一的原则，不仅理论分析与逻辑架构注意彰显辩证唯物主义与历史唯物主义的真理内核，而且实践内容与方式更加注重遵循马克思主义的基本原理与方法，并且强调理论与实践彼此推动、促进，在开放的体系中实现发展，从而发挥马克思主义的整全性特征。这正是当代中国马克思主义坚持与发展马克思主义原则方法的最突出精髓。正是在这样的辩证唯物主义与历史唯物主义的方法论指导与应用中，我国发展的成效与马克思主义中国化理论遥相呼应，散发着马克思主义真理光芒。可以说，对理论与实践相统一原则的贯彻落实是中国马克思主义相比于西方马克思主义在传承马克思主义精髓、批判资本主义等方面最鲜明的差别或优势之处，因为只有注重理论与实践相统一、注重理论与实践的开放性与包容性，才是对要求"改变世界"的马克思主义精神的最基本的发扬，才能坚定共产主义信仰，推动实现社会进步发展与人的解放事业。

### （二）对当代中国马克思主义认识资本主义本质的理论启示

现代化进程总会伴随老问题和生发新挑战，诸如：如何解决发展不平衡问题，促进公平正义？如何协调工业进步与保护环境的可持续发展问题，提升发展质量和效益？如何破除不平等的世界政治经济格局，推动人类命运共同体的构建？只要尚未跳脱出马克思主义所指明的历史时代，即现代性时代，一系列既具有中国特色又在一定程度上反映出普遍性的突出的时代问题就会始终伴随着现代人的生活。因此，对资本主义现代性问题进行中国认识，对当代资本主义本质特征做出中国总结，从普遍性与特殊性的统一之中发出当代中国马克思主义声音，既有助于指导我国现代化事业稳步发展，又有助于向世界说明中国经验，这不仅是当代中国马克思主义亟须展开的理论工作，也是研究西方马克思主义的资本主义批判理论，从中汲取理论经验的落脚点之一。

#### 1. 注意概念范畴与逻辑布展的话语经验

虽然西方马克思主义对资本主义的批判存在诸如批判不彻底、革新不根本等问题，但其对马克思主义理论发展的贡献是有目共睹的，特别是在话语创新、理路丰拓等方面。西方马克思主义对马克思主义传承较为到位的一点即对资本主义社会现实问题的批判，也就是理论着眼点的现实性。正是围绕工业文明的现实问题，西方马克思主义进行切脉诊疗、"照方抓药"，以话语创新的方式一针见血地指明问题的症结。如"消费异化""性格压抑机制""技术意识形态""景观社会""空间生产""超真实""后真相""新帝国主义""生命政治"等概念范畴，都是西方马克思主义在把脉资本主义社会现实问题时采用的相对于以往的新词汇、新概念、新范畴。将这些概念范畴与马克思主义资本主义批判相关理论结合起来，西方马克思主义建构起自己的话语体系与逻辑架构，如"物化理论""社会批判理论""交往行为理论""承认理论""历史-地理唯物主义"等。无疑，这是值得当代中国马克思主义进一步借鉴和思考的。那么，如何使西方马克思主义围绕资本主义批判形成的思想史资源为我们的话语创新加码助益呢？

2. 注重在话语的原创性方面产生实质性突破

我们当下的资本主义批判话语常直接借西方已有的概念范畴，而少有原创性的对当代资本新形态的中国式把握。但我们知道，资本主义批判是当代世界性的理论话题，对之形成精准、独到的描述，是推动针对资本主义困局所提中国方案为国际社会所认可的前提。知识论的认识一旦不充分，就会影响理论体系的逻辑性与价值性。因此，我们应看到，正是地区差别生发出不同的解释马克思主义的路向，印证着马克思主义一切以时间地点条件为转移的辩证法思想。一方面，这要求我们以求同存异的包容心态与之展开对话交流，互相增益；另一方面，强调马克思主义真精神的本土化传承与发展，认识到民族文化基因对当代中国马克思主义发展的重要话语资源支援作用，深入挖掘中华历史文化资源有助于建构当代中国马克思主义独特的概念体系。

3. 注重跨学科协同攻关的研究方法

跨学科研究已是当下哲学社会科学研究的必要思维方法之一，而这一方法在西方马克思主义发展伊始便得到相当的重视与应用，尤其在法兰克福学派那里被发扬光大。可以说，跨学科研究成为西方马克思主义的标签之一，也是其对马克思主义的最大贡献之一。无论是起先的心理学、社会学、艺术美学分别与马克思主义结合建立形形色色的西方马克思主义流派，还是发展到福柯权力批判理论跨哲学、历史学、心理学、精神分析、政治学，哈贝马斯交往行为理论跨哲学、语言学、心理学、历史学、经济学、国际关系学，西方马克思主义跨学科融合的逻辑理路从二元走向多元的发展都是值得我们认真研究和思考的。由于自然科学与人文科学之间存在宇宙论、形而上意义的互通性，因而通过打破学科壁垒实现话语创新是未来哲学社会科学的重要路向。这一路向放置在当代中国马克思主义发展的视阈之中同样适用，且围绕资本主义批判的当代热议话题极有针对性和建构性。

## （三）对当代中国马克思主义指导建设中国特色社会主义的启示

从本质上看，资本主义批判理论问题不是一个抽象思辨的理论理性问题，而是一个深刻而复杂的社会现实的实践理性问题。新时代中国特色社会主义及现代性建构，发生于中国在全球资本主义背景下实现自身社会转型的特殊过程中。一方面，中国是在西方资本主义强势现代化的外部背景下展开其现代性诉求的，西方现代资本主义的资本逻辑原则及其所具有的支配性、扩张性本质，不可避免地会对中国现代性的自主建构产生挤压和逼迫性影响。另一方面，当代中国社会转型使经济体制深刻变革、社会结构深切变动、利益格局深度调整、思想观念深入变化，各种社会生活矛盾与现实问题成为产生更加复杂的理论的深刻背景。这种现实状况使得西方马克思主义的资本主义批判理论研究具有更加突出的问题意识和现实意义。

### 1. 新时代的历史使命任务

当代世界正面临深刻的精神问题、文化危机、制度瓶颈和文明困境。在此背景下，对当代西方马克思主义的资本主义批判理论新进展的整全性、系统性、前沿性把握具有重要的现实意义。一是深切认识世界范围内各种思想文化交流、交融、交锋，各种制度文化碰触、碰撞、碰壁，国际意识形态领域斗争深刻复杂，西方国家加紧对我国进行意识形态及制度文化渗透，防范和抵御西方敌对势力对我国进行"西化""分化"的任务更加繁重。二是深刻理解在新时代的重要历史节点上，国内各种社会矛盾和问题相互叠加、集中呈现，意识形态领域特别是在制度文化建设方面出现的模糊、错误、极端认识倾向不容忽视，用主流意识形态引领社会价值观，坚定中国道路自信、理论自信、制度自信与文化自信的实践自信的任务更加艰巨。三是深度揭示在全球资本主义时代，资本逻辑已经与科学技术、大众文化和日常生活中的消费主义内在紧密地结合在一起，即不仅构成了西方当代资本主义批判理论的新变化与新进展，也构成了意识形态领域制度文化建设的"现代性共谋"。

通过对西方马克思主义的资本主义批判理论的历史逻辑、理论逻辑及实践逻辑的梳理、把握、阐释与批判，为我们对资本主义社会整体的存在方式、内在结构、运行机制、社会功能等要素的新变化展开全景式勘察，在资本主义新境况的当下做出马克思主义意义上的新解读与新判断，把握马克思主义资本主义批判理论的独到建树与真理性，抵御西方敌对势力的"和平演变"和"西化""分化"的危险，加强主流意识形态的吸引力、感染力和凝聚力，探索资本主义批判理论的中国话语体系建构以及杜绝重走资本主义现代化道路中的弯路等，提供了重要的借鉴和参考。这有助于认清资本逻辑的本质、规律和历史后果，充分揭露当代资本主义各种问题的真相与迷思，坚持对资本主义批判理论的再批判立场，巩固和加强马克思主义理论的指导地位，坚定中国特色社会主义的道路自信、理论自信、制度自信和文化自信，规避和克服资本逻辑对中国现代性建构的负面作用，在理论自信与文化自信高度自觉的基础上，推进马克思主义的中国化、时代化和大众化。这是新时代的历史使命任务。

2. 新时代的学术担当任务

通过研究西方马克思主义的资本主义批判理论的思想观点，将其多元的、分散的、各派别的思想观点及理论学说进行整体式、立体化的逻辑研究，有效展陈与揭示资本主义批判理论的思想谱系和逻辑系统，有助于建构出以批判理论为方法论的本体论、认识论、逻辑学体系，说明其具有的"哲学史就是哲学"的西方哲学在当代的沿革及延伸性，有助于以马克思主义的现代性批判理论的价值原则和分析方法，深刻认识和科学把握现实生活中的各种社会问题，有助于增强理论自觉，贯彻落实习近平新时代中国特色社会主义思想，牢牢掌握思想理论和学术研究的话语权，在对西方资本主义批判理论的新变化、新进展的再把握、再阐释、再批判中，推进马克思主义理论学科、学术话语的理念创新、方法创新、实践创新。这是新时代的学术担当任务。

为此，应深入关注如下批判性研究路向：一是从观念层面总结思想启示。只有将资本主义批判理论放在社会历史发展的语境中，放在马克思世界观、社会历史观和人性观统一的维度上，放在历史唯物主义的当代性理解中，才能在创新和发展方面总结思想启示。二是从时代性和根本任务层面总结启示。资本主义批判理论必须伴随历史条件和时代主题的变化以及现阶段资本主义呈现的新特征和新样态不断调整自身的理论内容和实践策略。三是从经典理论研究方面总结启示。资本主义批判理论必须从马克思主义的资本主义批判理论中的经典概念、经典命题和经典理论出发开展接续研究，只有这样才能澄清模糊和盲区，实现理论对实践的推进。四是从现实功能性上总结启示。从西方马克思主义如何在进行资本主义整体批判的同时开展微观领域资本主义特征的分析和研究中总结启示；从在理论批判性和建构性中获得既具有自我批判功能又具有自我辩护、自我修复、自我调整功能的中国特色社会主义道路、理论、文化、制度方面获得启示。五是从论域延展性上总结启示。从西方马克思主义的资本主义批判理论如何跳出二元对立的资本主义观念批判进入社会存在层面的资本主义现实批判和建构中为回答中国如何解决类似现代性问题总结启示。六是从关键领域或问题研究中总结启示。如从西方马克思主义的资本主义批判理论的资本主义文化和意识形态领域，寻求价值认同和文化认同可能性等方面的思想启示。

### （四）加强国际交流对话，积极推动当代中国马克思主义"走出去"

当代中国从富起来到强起来的伟大飞跃既昭示着中国模式的合理性，也意味着中国在国际舞台上从追赶者角色向引领者角色的新时代转变。大国崛起将承担更多推动世界文明进步的责任，而当代中国马克思主义也肩负着实现 21 世纪马克思主义真理再放光芒的主要使命。"在起点上要搞清楚我们与 21 世纪国外马克思主义的历史方位关系：我们不是它的追随者，而是它的同时代人。"① 这是创新发展 21 世纪马克思主义与当代中国马克思主义的站位要旨，更加强调坚定道路自信、理论自信、制度自信、文化自信，扮演好世界马克思主义发展的重要领军者角色。然而，当代中国马

---

① 张亮，孙乐强. 21 世纪国外马克思主义思潮的发展趋势及其效应评估. 马克思主义与现实，2019（6）.

克思主义面临的困境之一恰在于如何进一步提升国际化水平与国际认同度，在马克思主义理论层面增强异质文化间的互通交融，使马克思主义中国化理论成果与实践经验获得世界范围内的全面认识、深入理解、广泛认同，为当代世界共同的资本主义批判这一时代问题寻求思想共识与发展道路，为马克思主义真理光芒的当代绽放增强理论与现实支撑。为此，应注重如下工作的推进：

1. 加强人才队伍建设，以专业人才学术交流为平台增强国际影响力

所谓真理越辩越明，只有互动对话才能促使异域、异质文化理论的彼此包容理解、互释交融，突破视域的瓶颈，绽放真理的光芒。而理论发展与传播主要依靠专业的研究人员、科研团队的整体力量。因此，只有加强通晓西方马克思主义、精通马克思主义理论的专业人才梯队培养建设，才能在国际交流中与他者形成对话互动，才能有利于资本主义批判主题寻根探律，对资本新形式、新变化的本质特征形成共识，为社会进步发展探索符合各地区实情的模式方案，才能有利于准确表达中国之见，与他国之意彼此互动，从而在两者间架起沟通的桥梁，促进彼此的理论视野与见闻，增强彼此的文化理解与互释，为求同存异提供前提和基础。人始终是决定事物走向的关键一环，只有学科人才队伍健硕才能促进学科的成长与学识的传播。这也对学科后备力量提出时代要求，即肩负起讲好中国故事、讲出中国风采的历史使命。

2. 强调具备世界马克思主义的广阔视野，以求同存异的理论姿态拓展国际对话空间

马克思主义的真理弘扬应以群像的方式散播于世界，而绝非一家独大或唯我独尊的局面，否则必然会重演共产主义理论与实践衰落的悲剧。虽然马克思主义在实践方面的成功当属中国特色社会主义事业的成就，但这并非意味着马克思主义中国化理论成果能够为其他地区发展所照抄照搬，同时也不意味着当代中国马克思主义是片面偏颇的理论形态。相反，正是因为我们对国际社会敞开胸怀、积极促动广泛交流与对话，才更加彰显了马克思主义的开放性。中国方案、中国故事面向世界，目的在于在马克思主义理论和社会发展实践等各方面促进世界各国家和地区携手并进。在国

际社会中，新自由主义、社会民主主义等思潮的力量依然占中心地位，对马克思主义形成了包围、排斥、打压等负面影响，这就更加要求世界马克思主义思潮能够团结一致，在求同存异中共同推进当代马克思主义的新发展。而采取一种片面排斥西方马克思主义，或全盘否定西方思想界对马克思主义的解读的态度取向，只会在狭隘中最终使自身陷入被动。因此，我们始终强调包容胸怀、广阔视野对于马克思主义研究的重要性。

3. 在与西方马克思主义的遥相呼应中加强体系建设，以有效回应世界问题、增强国际话语权

可以说，马克思之后的马克思主义呈现出明显的地域性特征，尤其在当代更是如此。只有将西方马克思主义和中国马克思主义同时放在马克思主义的坐标系中加以反思研判，才能在全面铺展马克思主义发展的时间历时与空间共时结构的完整图谱、谱系中准确认识马克思主义、当代中国马克思主义的理论方位、中国特色社会主义现代化治理体系与全球治理体系的理念价值，才能在推动理论与实践前行中不致误入歧途或马失前蹄。这同样是遵循马克思主义整体性思维逻辑的方法论实践。当代西方马克思主义研究并非"独善其身"的思辨性、实证化研究，而已成为当代中国马克思主义视域中不可或缺的重要维度。西方马克思主义在资本主义批判、现代性批判等问题上具有理论思考的先在经验，其中的合理因素能够成为评议与衡量当代中国马克思主义对资本主义认识评判之科学性、原创性的一定参考指标，且会是影响马克思主义国际化标准的重要因素之一。对其加以重视有助于在国际环境和视野中把握当代中国马克思主义理论成果的真正价值与意义，助推在国际交流中确立话语权。当代中国马克思主义应与世界马克思主义思潮相呼应、配合，共同研判、应对资本主义批判这一时代问题的核心症结，寻求思想共识与发展道路。

# 第五章 西方马克思主义的资本主义批判理论在中国的传播与影响研究之二

西方马克思主义对资本主义的研究集中表现在对资本主义现代性的研究，中国学界往往透过西方马克思主义的现代性批判理论来了解其当代资本主义理论以及与此相关的理论。这里，我们也顺着这一思路探讨一下我国学者对西方马克思主义的现代性批判理论的研究，以及这一理论对当今中国的影响。

西方马克思主义的现代性批判理论在中国的传播与系统研究自20世纪90年代末至今已有20多年了，其理论源头可以追溯到1998年徐友渔教授所发表的《西方马克思主义在中国》一文。伴随中国特色社会主义实践特别是改革开放以来现代化进程的推进，一些学者对改革开放初期因受缚于所谓"正统的马克思主义"研究的"辩证唯物主义与历史唯物主义"研究范式以至于将西方马克思主义作为"假马克思主义"或"反马克思主义"理论思潮予以盲目定性与粗暴批驳的做法提出质疑，转而要求全面呈现、科学评价包括西方马克思主义在内的不同形态的马克思主义理论。在此期间，引进、翻译、介绍和传播西方马克思主义经典著作的工作大规模开展，为学界真正理解与把握西方马克思主义理论的实质奠定了非常重要的前提性基础。20世纪90年代以后，尤其是90年代中期以后，一方面，学界在视马克思主义哲学为超越近代理性主义知识论哲学的现代哲学的解释路向上与西方马克思主义基本达成一致，都主张开启马克思主义哲学的批判维度、价值维度和理想维度；另一方面，随着我国社会主义现代化实践的深入开展，现代性问题不断涌现，对现代性问题的关注和讨论呈集中态势，而西方马克思主义的现代性批判理论恰好能够为回应中国现代化实践遇到的时代课题提供可供借鉴的丰富思想资源。因此，批判、反思现代性问题这一西方马克思主义最为根本的问题意识和思想主题，逐渐引发了理论界的持续关注。从 21 世纪开始，西方马克思主义的现代性批判理论研究逐渐升温，特别是自 2005 年国外马克思主义研究二级学科设立以来，围绕学科基础理论和基本问题，特别是在中国当代社会语境观照下审视西方马克思主义的可借鉴性的研究成果大量出现，西方马克思主义的现代性批判理论研究已然成为热点问题。2016 年 11 月，在广西大学举办的第十一届全国"国外马克思主义论坛"，便以"西方马克思主义现代性问题"作为核心问题进行讨论。全国当代国外马克思主义研究会会长、复旦大学陈学明教授在大会致辞和学术演讲中对会议主题进行的理论阐释、思想观点的合逻辑表达，将国内学界对国外马克思主义现代性问题的关注与研究推到前所未有的高度。从方法论上看，西方马克思主义的现代性批判理论一经进入研究视野，学者们就普遍本着历史性的思想与思想性的历史相统一的方法论原则，在时间维度辩证法与空间维度辩证法相一致的方法论意义上对其进行研究与把握。伴随近年来西方马克思主义的现代性理论研究的环境相对宽松，学界对西方马克思主义的现代性批判理论的研究逐渐由观点追踪转向问题式探索，聚焦于西方马克思主义与启蒙现代性批判理论之关系、西方马克思主义的现代性批判理论与现当代西方哲学之关系、西方马克思主义与马克思主义的现代性批判理论之关系、西方马克思主义的现代性批判理论与中国问题四个主要研究向度，力争呈现出史论结合、以史带论，凸显问题、纵横交错的整体研究局面。系统回顾与详尽梳理西方马克思主义的现代性批判理论在中国的传播、研究以及理论效应，对于进一步深入领会与把握其发展历程、思想实质以及当代影响有重要意义。

# 一、西方马克思主义与启蒙现代性批判理论之关系研究

"启蒙"概念不仅是 20 世纪西方马克思主义的现代性批判理论话语中的一个意蕴丰厚且能够将不同思想家的文本叙事悉数纳入其统摄与覆盖的核心概念，也是一个试图对西方马克思主义的现代性批判理论做整体深度研究所必须厘清与言明的关键概念。只要对西方马克思主义发展的历史进程稍做检审就能发现，西方马克思主义正是在近代西方启蒙哲学的理论视域之下，以启蒙现代性的批判路向及其运作机制作为其现代性批判理论的内在运思进路，其现代性批判理论可以说就是在对启蒙现代性的持续反省与深层透视中逐渐生成的。通过梳理学界相关研究，可以看到学者们主要围绕西方马克思主义的现代性批判理论的内在本质、研究方法、价值立场三个维度对西方马克思主义与启蒙现代性批判理论的关系展开探讨。

从内在本质维度看，学者们深入思考了西方马克思主义的现代性批判理论的叙事本质，并将其归结为一种启蒙现代性范式。对此，有学者在考察现代性的自我确证与内在批判时指出，早期西方马克思主义者视青年黑格尔派为其当代同人，把现代性批判理论转向一种超越资本逻辑的批判话语，但其批判的根本价值前设终究来源于启蒙现代性精神。社会批判理论因而体现为现代性哲学话语之一：现代性的"内在批判"[1]。有学者更为直截了当地指出，西方马克思主义一经诞生就以探究当代资本主义现实症结为其存在根基，将全部理论置于对现代性思想内核的考量上[2]。在此基础上，有学者进而将西方马克思主义的现代性批判的实质归结为"回归哲学批判"，认为相较于马克思诊断现代性之"资本的逻辑"的实质要义，受缚于启蒙哲学的理性叙事框架的西方马克思主义背离了马克思所开启的资

---

① 陈波. 现代性的自我确证与批判理论的规范基础. 四川大学学报（哲学社会科学版），2006（5）.

② 李双套. 论面向"现实问题"的马克思主义. 中南民族大学学报（人文社会科学版），2017，37（5）.

本现代性批判，又重新回归哲学层面即从启蒙现代性的立场出发来批判和重建现代性①。有学者指出，现代性概念在西方马克思主义理论家那里以理性为其规范基础，指认其现代性批判理论究其性质而言仍属于理性主义批判范式。该学者分析道，西方马克思主义理论家提出了不尽相同的解决途径，甚至还表现出理论上的对立，如哈贝马斯提出通过以主体间性为基础的交往理性来克服工具理性，以此反对卢卡奇以及霍克海默和阿多诺，斥责他们都属于意识哲学范式。虽然哈贝马斯看到了别人的理论缺陷，但他自己最终也陷入了这种意识哲学范式的困境之中。特别是通过将西方马克思主义理论与马克思主义的现代性批判理论相比，该学者深层地勘破了西方马克思主义的现代性批判理论的根本局限：其没有真正坚持并立足于马克思历史唯物主义理论根基，因此现代性概念于西方马克思主义而言就始终不具有社会历史的存在论性质，而毋宁说它只是一种精神或文化层面的价值诉求，因而都体现为对启蒙现代性的意识形态或观念论的批判②。持相同观点的学者也指出，启蒙现代性以理性为精神内核，因此自黑格尔始就将理性确立为现代性批判的规范原则。而马克思超越了黑格尔以克服近代以来由主体性原则带来的理性的自我矛盾为目标的思辨诊断路径，开启了政治经济学批判的现代性重构。在此意义上，西方马克思主义重新回到并推延了以理性为核心的思辨诊断路径，建立起现代性与启蒙的关联，以对理性危机的深刻剖析为启蒙现代性危机之救赎路径的理论根基③。还有学者进一步对西方马克思主义者深陷意识哲学范式桎梏之根源进行探析，认为其根源就在于无视马克思现代性批判的理论内核，即现代性的辩证法思维。西方马克思主义者否弃了现代性与辩证法的本质性深层关联，仅建构了以"解释世界"为导向的批判话语，而没有建构以"改造世界"为旨趣的革命理论，仅探寻了哲学思考中对现代性的反思重构，而拒斥现实语境中对现代性的反思重构，把现代性批判曲解为不关乎历史生成具体

① 刘雄伟. 从启蒙现代性到资本现代性：马克思现代性批判之实质要义. 东南学术, 2017 (1).

② 胡绪明. 西方马克思主义的现代性批判理论研究. 上海：复旦大学, 2009.

③ 马新颖. 西方马克思主义现代性批判理论及其当代意义. 北京：中共中央党校, 2012.

情境的一种话语反对另一种话语的斗争①。

从研究方法维度看，学者们揭示了西方马克思主义的现代性批判理论的时空维度辩证法所表征的人类形而上精神与启蒙现代性的批判精神内在契合的精神特质。研究发现，无论是卢卡奇、葛兰西以及霍克海默、阿多诺揭露资本主义文化意识形态的欺骗与宰制性、呼求恢复无产阶级主体意识之革命与危机时代的启蒙现代性批判，还是马尔库塞探析资本主义技术政治和极权主义联体恣意肆虐、探究反抗意识和否定思维丧失的单向度谜题之繁荣时期的启蒙现代性批判，抑或是鲍德里亚摆脱资本主义的"物体系"与消费控制、破解符号逻辑的蒙蔽之消费时代的启蒙现代性批判，西方马克思主义的现代性批判理论以其对资本主义系列矛盾的洞悉和对统治机理的探究彰显其现实批判的精神特质：西方马克思主义各路理论家及时跟进 20 世纪资本主义社会政治经济发展呈现出的新境况，引导人们从资本主义的意识形态功能、技术政治功能、消费驯化功能等维度探秘资本主义的合法性统合效能及其运演，指认资本主义统治手段的微观多样性、统治过程的隐匿操控性、统治效果的有效持久性及其负面影响，进而激发人们重塑主体意识、挣脱单向度的圈围、突破象征符号的生存限定的斗争热情，旨在鼓舞人们探求对启蒙的救赎，释放现代性的解放潜能，实现向人的本真生存境界回归。正是在这一意义上，有学者指出，西方马克思主义以自身的理论表征现代性所具有的双重维度——时间维度辩证法与空间维度辩证法——不懈坚持人类形而上的内在"超越"本质。时间维度辩证法强调的是横向超越，即整个人类文明的历史进程是一个不断反躬自省、内在超越、永恒求索的过程；空间维度辩证法强调的是纵向超越，呈现的是人类不断克服自身内在狭隘性、突破外在自然捆缚摆置性的过程。而在人类形而上理想的驱动引导下，西方马克思主义在时间维度辩证法与空间维度辩证法相统一的方法论意义上，纵向超越助推人类文明接续递进、梯级提升，高扬起"精神引领"，横向超越达至在打破"定制"、不断被"抛"

---

① 郑飞. 马克思的现代性批判思想. 江苏社会科学，2018（6）.

的窘境中布展出"现实方案"①。也有学者指出，西方马克思主义对现代性的批判从如下两个维度展开：其一体现为时间维度的辩证发展过程，是将现代性领会为以自省性、批判性和革命性表达一种不断地内在否定、自我超越的冲动，从而把握资本主义的时代特征；其二体现为空间维度的辩证发展过程，是将对人类形而上价值和终极存在的追索与现代性的内在否定、自我超越的冲动相互结合，从而自觉推进现代性批判的逻辑演进理路。时空双重维度及其统一呈现了现代性的批判精神与人类理性形而上精神的合一，有机地贯通了关涉人之价值的哲学思索与关于人之现实境况的理性批判②。

从价值立场维度看，学者们考查了西方马克思主义主张回护与重构启蒙现代性的辩证意识，揭示其对中国特色社会主义现代化建设的现实意义。学者们一致认为，虽然西方马克思主义对现代性的批判表现为彼此殊异的理论形式，但它们的共同之处在于都坚持一种现代性批判的辩证立场，这一点与后现代主义主张以非理性消解理性，从而最终告别现代性的虚无主义立场截然相反。卢卡奇以主客体辩证法克服理性主义形而上学的二元对立，试图从主体与客体相互作用所展开的历史中证明无产阶级在历史上的能动作用，从而证伪了韦伯"合理化"牢笼的悲观主义结论。虽然霍克海默和阿多诺的工具理性批判指向了启蒙现代性本身，但其批判的目的不是放弃启蒙现代性，而是通过对启蒙作为人类一般进步思想蜕变为工具理性统治的深刻反思，寻求一种"修复"理性的方案，其最终目的还是坚持启蒙现代性。哈贝马斯则明确将现代性定义为一项未完成的设计，强调通过将意识哲学范式转换为交往范式，以交往理性重建启蒙现代性的规范基础，呼吁人们在交往中都遵循伦理道德的规范性要求，进而在平等对话中消除等级压迫，达成相互理解与共识。基于此，有学者指出，在价值取向层面，西方马克思主义满怀"重建乌托邦"的执着愿景，呼吁反思现代性隐忧、拯救现代性精神、重建启蒙理性，在对启蒙现代性自身的诠释

① 韩秋红，孙颖，王馨曼，等．西方马克思主义现代性理论批判．北京：人民出版社，2018．

② 张美玲，张富国．西方马克思主义哲学理路及其中国化适用路径．求索，2015（4）．

与确证中彰显其内隐的人类形而上精神的奥秘①。也有学者中肯地评价，诚然西方马克思主义理论家在应对现代性危机之时力有不逮，但一个无法否认的事实是：他们在犀利地批揭现代性堕落之时都仍抱有拯救现代性的期盼②。还有学者进一步分析西方马克思主义对待现代性之辩证态度的价值立场与理论旨趣对于现代化进程攻坚阶段中国社会主义现代化发展道路的参考价值和启示意义，指出西方马克思主义倡导正视现代性的负面性后果。它通过切脉诊疗提出由资本主义内生逻辑悖论所导致的现代性危机的矫正补救方案，把对资本主义现代性和现代化进程中的各种弊端的反思最终转变成社会主义理想追求的必然性论证。正是这样的理论向度与价值取向，为当代中国特色社会主义现代化发展道路的科学性与优越性提供了强有力的验证③。这一分析向度近年来逐渐引发学界的研究热潮，学者们普遍看到并肯定西方马克思主义对启蒙现代性批判的辩证意识，并强调这种辩证意识对于改革开放和中国特色社会主义现代化建设的深入推进具有非常重要的现实意义。

总体上看，学界对西方马克思主义与启蒙现代性批判理论的内在密切关联的论析与释清对当代中国马克思主义理论研究和当前中国特色社会主义现代化运动产生了不容小觑的理论效应。

首先，西方马克思主义的现代性批判理论叙事的启蒙现代性范式彰显了西方马克思主义对启蒙现代性之局限较为深刻的自觉意识，进而开创了其现代性的意识形态与文化批判的理论空间。然而，正如佩里·安德森在其经典之作《西方马克思主义探讨》中一针见血地指出的那样，西方马克思主义彻底扭转了马克思对资本主义异化生产方式的批判路径，实质上把马克思的"政治经济学批判"的现实斗争降格为一种"哲学意识形态批判"的学院式话语。从这一意义上说，从马克思到西方马克思主义体现为一次越来越远离马克思主义真精神的理论退化。这一理论退化不仅变迁了

---

① 韩秋红，王馨曼．西方马克思主义现代性理论的思想特质．东北师大学报（哲学社会科学版），2018（1）．

② 马新颖．西方马克思主义的解放之路．理论视野，2014（7）．

③ 陈学明．西方马克思主义现代性批判理论及其在当今中国的意义．马克思主义理论学科研究，2017，3（4）．

西方马克思主义的现代性批判理论自身的致思进路，而且深入影响了当代中国马克思主义哲学研究。20世纪90年代末以来，随着我国西方马克思主义的现代性批判理论的系统引入与传播，马克思主义政治经济学处于日益被边缘化的境地。在较长时间里，学界关注的焦点大多集中在马克思早期的哲学文献上，对《资本论》等晚期政治经济学著作的研究却退居次要地位，甚至有学者把作为哲学家的马克思与作为经济学家的马克思生硬割裂开来。显然，这种做法与西方马克思主义的现代性批判理论的影响与渗透有千丝万缕的关系。由此可见，学者们由于缺乏对西方马克思主义的现代性批判理论的科学评估与价值评判，因此丧失了融入与促进马克思主义哲学中国化的自觉意识，从而不加反思地盲从于西方马克思主义者的研究轨迹，这在很大程度上阻滞了中国马克思主义哲学研究围绕马克思政治经济学批判这个核心话语体系的深入推进。就此点而言，西方马克思主义的现代性批判理论对当代中国马克思主义哲学研究也有着消极影响。

其次，西方马克思主义在从各个角度展开对当代资本主义的批判的过程中，实现了自身理论关于现代性的双维视角——时间维度辩证法和空间维度辩证法——的统一，促成了对现代性的话语重构。从本质上说，西方马克思主义对时间维度辩证法和空间维度辩证法的理解坚持的是人类形而上的内在的"超越"本质，时间维度辩证法强调纵向维度的超越，空间维度辩证法强调横向维度的超越，从而将人类不断认识自身、把握自身、超越自身的过程与不断克服内在自然本性狭隘性、克服外在自然局限性的过程统摄进一个发展历程，使横向超越的"精神引领"与纵向超越的"具体实施"交织贯穿于人类历史发展过程始终。西方马克思主义正是在时间维度辩证法与空间维度辩证法相互交织的方法论意义上，既能够不断下沉到西方工业文明社会的现实之中，又能够自由上升到人类形而上精神的永恒探求、不懈追索之中，敞开其与众不同、独树一帜的理论特质。事实上，其现代性批判理论的时空维度辩证法相统一的双维图示为中国马克思主义理论研究贡献了尤为重要的方法论经验启示，促使学界展开对其现代性批判理论的"史与论"的研究模式，通过对西方马克思主义理论家所处的社会历史条件和文化传统进行分析，准确把握作为当代"马克思主义新形态"的西方马克思主义的现代性批判理论的内在逻辑与实质。同时，结合马克思主义发展史与马克思主义中国化的实践进程，结合对新时代中国特色社会主义道路的理论思考与现实探索，实现对西方马克思主义的现代性批判理论研究成果的批判吸收，建构中国特色学术话语。

最后，相比后现代主义对现代性的消解态度和消极结论，西方马克思主义在对待现代性危机时能够秉持客观辩证的态度，既能体察和承认现代性理性内核给社会带来的发展与繁荣，又能够指认相伴现代化产生的现代性悖谬的资本主义制度根源，从而在价值取向上给予现代性一个合理的解释，给予现代性危机一个中肯的分析，使其在对本体论根基的坚守中最终将对现代性的批判指向对社会主义必然性的论证。西方马克思主义的现代性批判理论的这种特点与旨向为当代中国道路提供了合理的理论资源。具体而言，随着中国特色社会主义道路站在新的历史起点，中国所要探讨的问题实际上就是在现代化负面效应日趋明显的当代，如何进一步确证中国特色社会主义道路的合法性与合理性、如何对待和面对现代化的问题。面对这样的问题，我们希望和需要走的是一条既能充分享受现代文明成果，又能使现代化过程中所出现的负面效应降到最低限度的道路，这条道路在现实中的表现形态就是中国特色社会主义道路。而西方马克思主义的现代性批判理论为这条道路寻找到了实现可能性，并为确证它的合法性与合理性提供了有效的理论资源。

## 二、西方马克思主义的现代性批判理论<br>与现当代西方哲学之关系研究

西方马克思主义的现代性批判理论与西方哲学也具有内在的传承关系，其与现当代西方哲学的现代性批判理论和后现代的现代性批判理论一道构成了现当代西方工业文明社会中现代性批判理论研究的重镇。特别是其针对西方现当代工业文明社会的现代性批判，在思想基础、理论资源和研究问题上都与西方传统哲学和现当代西方哲学具有一致性，使得国内理

论界对西方马克思主义的现代性批判理论的研究意愿聚焦于"以西解西马"的进路。

早在 2006 年，由陈嘉明教授所著、北京大学出版社出版的《现代性与后现代性十五讲》一书，就是这一研究视角的代表性著作。该著作在深度厘定现代性概念的起源、内涵与特征的基础上，从由西方近代哲学到现代哲学这条理性主义范式的超越路径审视西方马克思主义代表性学者的现代性批判理论。这部著作既贡献了现代性的基本原则、框架等"理论一般"，又看到了现代性与西方哲学、西方马克思主义的相互交织、密不可分的关联。此后，有学者系统挖掘了西方马克思主义的现代性批判理论积极的、尚未充分发挥出来的潜力和内涵，遵循西方马克思主义自身整体性的理论对西方马克思主义的现代性思想展开整体性、系统性研究，取得了显著成果。《现代性的迷思与真相：西方马克思主义的现代性批判理论》① 一书直接以"西方马克思主义的现代性批判理论"为题，将现代性批判理论作为西方马克思主义不同阶段发展的内在运行逻辑，始终遵循着西方传统哲学向现当代西方哲学演变的历史逻辑，对西方马克思主义的现代性批判理论进行评说和定位，挖掘西方马克思主义对西方传统哲学的沿革和超越、对现当代西方哲学的转轨与位移、对马克思主义的继承与背弃，并在此基础上展现西方马克思主义通过对现代性问题的批判重塑现代性精神和拯救西方形而上学魂脉的历史作用。在内容上，该著作铺展了西方马克思主义以异化问题、技术理性、日常生活、生态危机、女性问题等概念为切入点和核心问题的现代性批判理路，系统地将分散的西方马克思主义的现代性相关理论整合为一个较完整的理论表述，不但厘清和诠释了西方马克思主义的现代性批判的生成逻辑和理论特质，而且构造起把握现代性的总体性认识框架。《西方马克思主义现代性理论批判》② 也是一部立足于西方传统哲学宏阔丰厚的思想视野系统探析西方马克思主义的现代性批判理论的著

① 韩秋红，史巍，胡绪明. 现代性的迷思与真相：西方马克思主义的现代性批判理论. 北京：人民出版社，2013.

② 韩秋红，孙颖，王馨曼，等. 西方马克思主义现代性理论批判. 北京：人民出版社，2018.

作，其试图在西方哲学由传统向现代的语境转换中诠释西方马克思主义理论中深蕴的传统情怀、当代话语和未来之意，在与西方哲学比较的视野中凸显西方马克思主义理论的特质。该书指出，西方马克思主义往往将自身的发展寄托在现当代西方哲学其他理论学派身上，衍生出弗洛伊德主义的马克思主义、存在主义的马克思主义、结构主义的马克思主义等，这恰恰表征了西方马克思主义与众多其他现当代西方哲学流派之间千丝万缕的联系与"纠缠"。因此，与其说西方马克思主义是在西方传统哲学的基础上生发出的现代西方哲学流派，不如说是在西方哲学的现代转向——现代性批判的理论转向基础上完成的。

　　学者们梳理了西方马克思主义的现代性批判理论与现当代西方哲学的内在关系，指出西方马克思主义的现代性批判理论是西方马克思主义者基于自身所处的历史条件、面临的时代问题而对现代性问题进行的理论阐释与实践探索。同时，它与现当代西方哲学的转向存在一种紧密的交融互动关系。学者们指出，卢卡奇、葛兰西、柯尔施等早期西方马克思主义者以激发作为历史总体之一部分的广大无产阶级的自觉阶级意识，并在此基础上探寻人类解放道路为其理论旨趣。他们的理论建构活动深受现当代西方哲学非理性主义认识路线转向的影响。西方传统哲学终结后，现当代西方哲学循着人本主义与科学主义两条思想脉络前行。其中，早期西方马克思主义与现当代西方哲学人本主义思潮的关联最为密切，它们有着共同的批判指向和理论旨趣。在现代哲学中与西方人本主义思潮分道扬镳的西方科学主义思潮，虽然在人的主体性等问题上同西方人本主义思潮及西方马克思主义相对立，但是，它们在批判和超越传统理性主义的泛逻辑化专制方面存在许多共同语言。原因在于，尽管西方人本主义思潮强调哲学应当致力于反抗压迫、尊重人性、追求自由，而西方科学主义思潮则力争把哲学从对世界普遍规律的寻求转变成对各种科学问题的解释，但是两种思潮有其内在共通性：都反对把哲学的功能和历史使命归结为探求现象世界背后的绝对本体和普遍本质，转而吁求哲学应当通过向人的生活世界回归，揭示现实生活世界的秘密和规律，从而为人类解放与发展提供理论向导。基于此点，有学者指出，由于早期西方马克思主义者积极汲取现代哲学资源，把马克思主义哲学置于西方哲学现代转型的视域中加以理解与阐释，因而他们都试图跳脱出近代理性主义认识论的禁锢去解释马克思主义哲学，强调马克思主义哲学超越于近代哲学的认识论阶段而进入实践观与物质观相统一的新的阶段，成为探讨如何消除人的生存的异化状态、实现人类解放和人的全面自由发展的实践论哲学，实现了哲学的革命性变革。由此，卢卡奇对近代理性主义哲学的实证主义直观性、形式理性主义及形而上学等抱持强烈敌视态度，反复强调辩证法在马克思主义哲学中的正统地位，要求重新回归黑格尔辩证法传统；柯尔施高举马克思主义哲学新世界观的旗帜，把马克思对近代哲学的超越规定为一种总体性的批判；葛兰西始终基于哲学、历史和政治三者同一的立场开启对马克思主义哲学的解读与探索，并将实践提高到本体地位来定义马克思主义哲学的本质特征，力图恢复马克思主义哲学中主观的、具有创造性的方面。鉴于此，该学者认为，共同的时代课题使早期西方马克思主义者更加注重马克思主义哲学本身内在包含的革命性、批判性规定；共同的哲学文化语境使西方马克思主义者都脱离近代理性主义哲学的思维方式，转而运用现代哲学的思维方式来诠释马克思哲学变革的本质；西方马克思主义者各自所处的特定哲学文化传统又造就了其各自鲜明的理论个性与哲学取向①。

现当代西方哲学为西方马克思主义的创新与发展提供了宝贵的理论养料和发展动力。西方马克思主义理论家都直面西方社会的现实问题，援引西方哲学理论资源，通过重新解释马克思主义哲学来建构其现代性批判理论。总体而言，对两者关系的探讨在很大程度上深化了中国学界对马克思主义哲学真谛和理论本性的认识。虽然理性主义引导下的现代性价值体系在现代工业文明条件下大大推动了人类文明的历史进程，但其事实上忘了对人之存在价值和意义进行关照与追问，为西方社会现代化实践带来一系列负面效应，批判近代哲学理性主义与本质主义的各种现当代西方哲学转向由此应运而生。其共同之处在于吁求颠覆知识论哲学的思维与观念，而走向一种凸显人的多元的现实生活与实践、人的自主性与创造性的新的哲

---

① 王雨辰.论我国西方马克思主义学术史研究的方法论和当代价值.吉首大学学报（社会科学版），2018，39（3）.

学思维方式。正是在这种特定的社会和哲学文化背景下，西方马克思主义的现代性批判理论家重启了对马克思主义哲学革命和马克思主义哲学根本性质的再探讨。于他们而言，苏俄马克思主义尤其是苏联教科书体系的马克思主义站在技术还原论、经济决定论的立场，强调马克思的唯物主义哲学与西方近代哲学乃至整个传统哲学的共同点，从而把马克思主义哲学本质地降级为近代哲学意义上的体系哲学。而若要实现对马克思主义哲学革命和马克思主义哲学根本性质的真正把握，西方马克思主义的现代性批判理论家们强调必须站在与近代理性主义哲学的决裂点上，把马克思主义哲学视为在哲学根本建构原则、哲学研究对象以及哲学使命层面都区别于近代理性主义哲学的现代实践论哲学。细而论之，近代哲学将自然科学实证主义解释原则直接运用到了哲学研究中，以理性探索世界共同规律与唯一本质为哲学使命，以一元论知识体系样态呈现；而作为现代哲学的马克思主义哲学则根植于人的实践活动，坚持唯物辩证法彻底的批判与革命精神，以人与自然之间的历史关系，以及处于实践关系（社会历史）之中的人或自然为其研究对象，以改变世界、人类解放为其哲学使命和政治理想。所以，西方马克思主义的现代性批判理论家批判将马克思主义哲学作为近代知识论哲学进行阐释，指出这样的阐释只会将"唯物主义和唯心主义的全部争论退回到从康德到黑格尔的德国唯心主义已经超越的历史阶段"①。这是一种执着于将物质与意识绝对对立的阶段，势必导致马克思主义哲学越来越接近实证化与经验化，丧失价值理性和价值理想的维度，从而遮蔽马克思主义哲学的人文关怀的意义。西方马克思主义者由始至终都强调马克思主义在解释与解决现实问题方面的精华与宝贵之处，努力吸收马克思主义哲学的精髓，与西方广博的哲学思潮进行融合，因此才出现了诸如存在主义的马克思主义、结构主义的马克思主义、弗洛伊德主义的马克思主义、新实证主义的马克思主义、分析学派的马克思主义等派别。在西方马克思主义的现代性批判理论关于马克思主义哲学本质、功能及使命阐释的影响下，也伴随我国学界对西方哲学由近代哲学思维范式向现代哲

---

① 柯尔施．马克思主义和哲学．重庆：重庆出版社，1989．

学思维范式转型的研究，我国学界开始基于现代哲学的立场，从现实的人的本质及其实践活动出发理解马克思所实现的哲学革命的实质，从而打破了"辩证唯物主义与历史唯物主义"阐释模式的霸权格局，科学批判了苏俄马克思主义哲学为确保社会控制有效性的意识形态话语阐释的弊病，把世界观、认识论、辩证法与历史观真正提升到了马克思主义哲学的层次，帮助学界更好地理解了马克思主义哲学的本真精神。

## 三、西方马克思主义与马克思主义的现代性批判理论之关系研究

马克思主义的现代性批判理论与西方马克思主义的现代性批判理论之逻辑关系的研究是当前学界关注的主要问题。自 20 世纪 70 年代"人道主义与异化问题大讨论"开始，关于马克思主义异化问题的研究就有了向现实延展的意味。此后伴随改革开放的深入，特别是社会主义市场经济的确立及发展，中国作为后发国家也出现了现代性问题，如何审视、分析和应对现代性问题需要在理论层面予以重点关注和深入研究。与马克思主义关于异化问题的研究相关联，西方马克思主义对现代性问题的关注和研究，特别是在马克思主义的现代性批判理论之后，围绕西方现代工业文明社会最新状况所进行的微观分析和现实批判，逐渐引起学界的关注，引发了对西方马克思主义的现代性批判理论开展研究的热潮。在马克思主义的现代性批判理论的维度上思考两者的内在本质关系，成为重要的研究方向。在此问题领域中形成了几种代表性的观点：

第一，一本多元论。这种观点认为，马克思主义的现代性批判理论在本质层面揭示了现代性的症结与根源，西方马克思主义的现代性批判理论则是由本质派生出来的多元性阐释。这种观点的代表性学者是复旦大学俞吾金教授。他认为，马克思作为全面诊断现代社会和现代性的第一人，其从经济哲学出发，分析了以资本主义为特征的现代社会的生活现象——商品、货币、资本、异化，深入阐述了现代性的本质，为当代学者的现代性

反思提供了重要的启示。诸如卢卡奇的"物化理论"、列斐伏尔的"日常生活异化"、德波的"景观社会"以及鲍德里亚的"物体系"与"符号消费"等西方马克思主义思想家对现代社会和现代性的诊断正是在继承马克思的珍贵思想遗产的基础上得以更为丰富多元的①。还有学者认为以卢卡奇、葛兰西和法兰克福学派为代表的西方马克思主义延续了马克思主义对资本主义批判的传统，并展开了对资本主义的社会批判和文化批判，体现为当今西方学术文化的重要力量②。

第二，嫁接重整论。这种观点认为马克思主义的现代性批判理论与西方马克思主义的现代性批判理论之间不是简单的理论继承关系，西方现当代社会理论特别是后现代主义的思想嫁接和重新诠释使两者的关系产生重要变化。这种观点的代表性学者为任平和罗骞。任平在对鲍德里亚的资本-消费社会的符号学批判和对拉克劳、墨菲的新社会运动之转型嫁接的策略理论所进行的研究中指出，这些理论是在后现代视域中对马克思思想资源的重整，马克思主义与现代性的关系随着历史发展之关联的变化而变化③。罗骞在其博士学位论文中揭示了马克思现代性批判理论的当代形象，从在后现代语境中对马克思的现代性思想进行反思出发，选择了哈贝马斯、吉登斯、詹明信、鲍德里亚作为代表，勾勒了他们从各自立场出发对马克思现代性批判理论进行的解构，基本上从现代性批判进路反映了当今学界对马克思思想的研究状况，为探讨和评价马克思主义的现代性批判理论确立了一个直接对话的理论平台，提供了当代国外著名思想家阐释马克思思想的最新成果，并对其进行了批判性讨论④。

第三，视角差异论。这种观点认为马克思主义的现代性批判理论和西方马克思主义的现代性批判理论在研究的出发点、立场、基本目标以及深度和层次上都有显著区别。有学者通过将西方马克思主义与马克思超越现代性的不同路径加以分析比较，认为与西方马克思主义回到"前现代性"

① 俞吾金．马克思对现代性的诊断及其启示．中国社会科学，2005（1）．

② 石敦国．亦近亦远马克思：马克思、现代性与当代中国．北京：世界图书出版公司，2012.

③ 任平．马克思的现代性视域与当代中国新现代性建构．江苏社会科学，2005（1）．

④ 罗骞．论马克思的现代性批判及其当代意义．上海：复旦大学，2005.

的浪漫主义和走向"后现代性"的虚无主义不同,马克思所追求的是一条"通过现代性而扬弃现代性"的"超现代性"之路,表征着一场在根基处解构以资本逻辑为核心的西方现代性体系的革命①。还有学者认为马克思主要从经济层面出发考察了黑格尔异化理论的消极方面,由此创立了劳动异化理论;西方马克思主义则主要从文化层面出发考察了黑格尔异化理论的消极方面,提出了各种文化批判理论,体现为在新的历史条件下对马克思异化理论的发展②。有学者提出从复归政治生活与变革生产关系的差异出发理解马克思主义的现代性批判理论与西方马克思主义的现代性批判理论的差异,认为马克思的道路更为根本③。还有学者在将西方马克思主义思想家与马克思针对现代性问题产生的根本原因的对比思考中,得出西方马克思主义将当代社会危机归咎于理性形而上学是肤浅的、其根源应在现代资本中寻找的结论④。

第四,返本开新说。这种观点认为马克思主义的现代性批判理论与西方马克思主义的现代性批判理论的关系体现为返本开新,即马克思主义的现代性批判理论为本,西方马克思主义的现代性批判理论是根植于本的"新"形态和新发展。有学者认为,马克思哲学具有鲜明的批判性,其批判性不仅体现在对现实的感性活动的批判上,而且表现在其理论省思的自我批判上。马克思理论的生命力就在于对人类全部优秀文化遗产和 19 世纪西欧社会理论来源辩证的扬弃和内在的超越,也是其理论的自我超越过程。无疑马克思的批判理论为西方马克思主义的现代性批判理论提供了直接的理论基础和理论支撑背景,也无疑马克思理论的批判旨趣和批判精神在哲学观上极大地影响了西方马克思主义理论家的现代性态度。西方马克思主义理论家认为,马克思主义的唯物辩证法在本质上开启了一个革命的辩证否定维度,将重振马克思主义的批判精神奉为批判的首要任务,重新反思和构建现代性,实现理论对现实的变革作用,赋予人们清醒的意识去发掘为现代性所

---

① 白刚. 资本逻辑与现代性:马克思哲学视野中的现代性批判. 学海,2013(2).

② 张严. "异化"着的"异化":现代性视阈中黑格尔与马克思的异化理论研究. 济南:山东人民出版社,2013.

③ 白刚. 资本逻辑与现代性:马克思哲学视野中的现代性批判. 学海,2013(2).

④ 孙承叔. 资本与现代性:马克思的回答. 上海财经大学学报,2006(4).

隐蔽和压抑的东西。早期西方马克思主义代表人物在开辟新马克思主义的理论视野时，就把批判性和超越性视作自己的哲学本性。法兰克福学派的开创人霍克海默干脆直接将自己的哲学理论称为批判理论。首先，马克思的批判理论和西方马克思主义的批判理论都是自己"时代精神的精华"，都是对其所处时代所面临问题的独特理论思索，但由于历史境遇的变化，二者在理论批判主题上有重大差异。马克思的批判理论主要聚焦于经济、政治领域，西方马克思主义的批判理论则不然，其跳脱出传统的经济政治领域，将批判的矛头指向异化理论、技术理性、意识形态、大众文化、消费社会、心理机制、性格结构等更为广阔的文化空间，试图对现代性弊端做全方位的讨伐与变革。其次，历史境遇的不同和批判主题的差异导致了马克思主义的现代性批判理论与西方马克思主义的现代性批判理论在解决方式与路径上存在较大的差异。在马克思的政治经济学批判的透视下，资本主义政治和经济的异化成为马克思主义现代性批判理论的批判起点，无产阶级成为革命的主体力量，用暴力革命破除以压迫、剥削和社会关系物化为特征的资本主义社会异化过程成为马克思主义的现代出路和价值旨归；而在西方马克思主义那里，其不再从经济领域出发探寻异化的根源，而是将感性、精神、审美、艺术、心理、意识形态等领域视作新时代条件下革命最终成功和人类获得解放的突破口，对马克思的传统革命观提出质疑，以青年学生、知识分子为革命主体进行意识形态革命和文化革命。最后，马克思主义的现代性批判理论与西方马克思主义的现代性批判理论保持着一致的价值取向与终极关怀，两者都围绕一个核心目标：扬弃现实社会中的不合理性因素，使人摆脱加于自身的异化力量而实现真正的自由与解放。但是，两种理论在扬弃异化和恢复人的总体性的现实路径上存在较大差异①。

第五，当代实施论。这种观点将马克思主义的现代性批判理论与西方马克思主义的现代性批判理论的关系定位为后者是前者在当今时代的实践。有学者在系统梳理本雅明对马克思唯物主义原则分析的基础上指出，本雅明思想的成功在很大程度上取决于对马克思主义的接收，并且这种接收不仅仅涉

---

① 韩秋红，王馨曼. 西方马克思主义现代性批判理论的生成逻辑. 马克思主义理论学科研究，2017，3（2）.

及对一些马克思主义基本原则的理解和运用，更涉及赋予马克思主义新的时代内涵，是在新的时代条件下实施马克思主义的现代性批判①。

国内理论界从马克思主义的现代性思想理论出发展开对西方马克思主义现代性批判理论的深入研究，在对马克思自身的现代性思想重视有加、深刻理解的基础上，对西方马克思主义的现代性批判理论做出切中要害的分析和令人折服的评价，同时通过对马克思主义的现代性批判理论与西方马克思主义现代性批判理论进行深入比较，使马克思主义的现代性批判理论在与西方马克思主义的现代性批判理论的交流碰撞中获得更多的话语权，使西方马克思主义的现代性批判理论研究的旨趣和归依回到马克思主义理论本身的研究上来。这种向马克思主义的靠拢不仅自觉维护和发展了马克思主义，而且实现了西方马克思主义的现代性批判理论研究的价值旨归和根本意义。具体体现为：西方马克思主义在分析和施救于现代性危机时，所采用的对马克思主义的开放性解读方式，有助于我们坚定马克思主义信念，并推动马克思主义进一步中国化、当代化。当面对空前深重的现代性危机时，西方马克思主义者既未决绝否定，也未逃避隐遁，而是积极地从马克思思想中挖掘思想精华，并以一种开放的态度为马克思主义寻求新向度，也为现代性危机寻找可行的出路。这一方面表现在对日益僵化庸俗的马克思主义理论潮流的转轨纠错，另一方面体现为根据现实问题借助马克思主义理论解救困境。第一方面在本章第二个主题中已有翔实阐述，现主要就第二方面加以分析。西方马克思主义者在进行现代性批判、解救现代性危机时，立足于所发现的问题，尝试以新的理论形式为现实提供出路。卢卡奇期待通过无产阶级意识觉醒来变革资本逻辑带来的物化问题；葛兰西通过对马克思主义哲学的重拾与挖掘，期待实践哲学的实效性得以彰显；法兰克福学派不断关涉发达工业社会中人的存在方式错位的问题，希望通过以社会主义制度取代资本主义的方式来缓解主客体间的紧张关系，真正释放理性的积极力量；生态学马克思主义更是从生态危机的角度提倡用社会主义制度来调和人与自然之间的紧张关系，实现人与自然的和

---

① 王才勇. 本雅明与马克思主义. 现代哲学，2012（6）.

谐共存。总之，西方马克思主义者不断尝试把一些现当代西方哲学思想"补充"到马克思主义哲学中去，这种对马克思主义的开放性解读、多元化发展，彰显了马克思主义的顽强生命力，反映了马克思主义所具备的因地制宜的属性，推倒了原有的一系列对马克思主义的错误理解，佐证了马克思主义理论具有科学性与革命性，是面向现实、面向未来不断进行自我发展的具有世界意义的理论。这就有助于我们更加坚定马克思主义基本原理同中国实际情况相结合的理论可能性与有效性的信心，更加有利于我们在方法、结构、经验上从西方马克思主义中汲取优秀的成果与养分，并为我所用，推进马克思主义的当代化、中国化，从而确信中国特色社会主义道路的美好前景，并努力补充增益完善之。

# 四、西方马克思主义的现代性批判理论与中国问题研究

西方马克思主义的现代性批判理论在中国的传播与研究还体现为对中国问题的关注。近年来，伴随中国社会发展过程中现代性问题迭出，对现代性问题的研究也就超出一般意义上的对西方学者某一理论的关注，而转变为聚焦当代中国社会的某些问题，力图在国外学者的相关研究中获得某些参照。在这一意义上，以问题为导向对西方马克思主义的现代性批判理论的研究及其成果就显得尤为突出。有学者指出，所谓西方马克思主义哲学对现代性问题的探讨，主要是指其对当代西方现代化进程中出现的科学技术的社会效应、消费问题与生态问题的分析，并把这种分析进一步上升到以启蒙理性为核心内容的现代性价值体系，由此形成其科技观、异化观、消费观和生态观等①。西方马克思主义的现代性批判理论研究主要围绕以下问题展开：

## （一）西方马克思主义的现代性批判理论中的物化研究

一是物化概念的研究。有学者通过将物化、异化、对象化等进行相互

---

① 王雨辰. 西方马克思主义哲学基本理论问题论纲. 社会科学战线，2017（3）.

比照明晰物化的内涵，指出过去由于受卢卡奇和苏联教科书体系的马克思主义的影响，我国学界对异化、拜物教、物象化、物化等概念没有做严格区分，而对它们进行区分是开展学术研究的重要前提。在借鉴许多学者的研究的基础上，马克思提出物化是指物象化了的各种社会关系作为属于对象的物本身的、对象的自然属性而呈现的过程。物化是社会关系的位相本身消失，转移成物——属性的内在关系的位相。某个对象等于客体，当它所承载的各种关系规定都被想象成其对象的对象属性时，就被规定为物①。

二是典型学者物化思想研究。这主要集中于对卢卡奇物化思想的研究。有学者研究了卢卡奇的物化概念，认为卢卡奇的物化既不是传统人本主义话语中的异化，也不是马克思历史现象学中的事物化批判，青年卢卡奇自以为他是在马克思的"经济学分析"之上，去探求"在商品关系的结构中发现资本主义社会一切对象性形式和与此相适应的一切主体性形式的原形"。这是一个十分思辨但并不明晰的表述②。也有学者认为，卢卡奇的现代性批判理论的实质是"穿越物化的幻象"，也就是从物化"幻象"产生的内在逻辑寻求克服物化意识结构的"秘密武器"——辩证法；进而从辩证的总体出发，把孤立的"事实"不断提升为处于过程中的"现实"，通过革命实践重建人与人之间的真实关系；而实现这一历史使命的正是无产阶级③。还有学者指出，卢卡奇准确地抓住了拜物教理论中的物化环节。所谓物化，就是物的"商品形式化"。当卢卡奇凸显了拜物教中的物化问题的时候，他所意指的其实是资本主义社会中商品形式的普遍化。商品形式的秘密是拜物教的核心。物化是卢卡奇对商品拜物教理论富有穿透性的一种解读，因为物化能够较为准确地表达出他所探求的资本主义现实的本质④。该学者还从物化理论的理论逻辑层面分析其变化，认为卢卡奇的物化理论以及本雅明的意象辩证法观念分别继承了马克思商品拜物教的内

---

① 韩立新．异化、物象化、拜物教和物化．马克思主义与现实，2014（2）．

② 张一兵．马克思事物化范式的概念史考古．现代哲学，2015（1）．

③ 雪婷．穿越物化的"幻相"：卢卡奇辩证法的真实意蕴．东北师大学报（哲学社会科学版），2015（5）．

④ 夏莹．马克思拜物教理论的双重内涵及其在西方马克思主义中的演化路径．马克思主义与现实，2014（2）．

涵。在当代西方马克思主义的现代性批判理论的嬗变过程中，拜物教理论研究则更多地吸纳了弗洛伊德的相关思想，使得研究的指向发生了变化：马克思着意于向外关注拜物教中的物如何具有神秘性的问题，弗洛伊德则着意于向内关注拜物教中的人何以对物产生无休止的迷恋。当代激进左派的代表人物齐泽克对物的幽灵化的研究是这种研究转向的典型代表①。除卢卡奇外，还有一些学者的物化思想受到关注，如对阿多诺的物化理论的研究。有学者提出，阿多诺主要围绕哲学、社会和文化三个向度展开物化批判，揭示了物化现象背后的同一性逻辑：在哲学层面，他分析了黑格尔的同一性思想，批判了概念拜物教；在社会层面，他解释了工具理性的同一性，批判了总体性的社会统治关系；在文化层面，他着重解释了交换价值的同一性，剖析了物化意识现象。阿多诺的物化批判理论分析了物化的本质、逻辑和表现形式，指出了这种作为社会病理学方式的物化，并突出了非同一性的价值②。还有学者分析了哈贝马斯的物化理论，指出哈贝马斯借助交往行为理论解释物化，即借助系统产生的生活世界病理学术语，对物化问题进行重新阐述，认为系统对生活世界的入侵导致了物化的产生，因此必须发挥生活世界规范系统的潜能，这就实现了法兰克福学派物化批判理论从目的行为向交往理论的范式转型③。

三是物化思想比较研究。有学者提出，西方马克思主义哲学的重要代表卢卡奇和俄罗斯白银时代哲学的重要代表别尔嘉耶夫，从不同的理论视域出发，在对异化理论的继承基础上，进行了独特的理论探索。对异化理论的继承与探索在卢卡奇那里表现为"物化"，在别尔嘉耶夫那里则表现为"客体化"。虽然别尔嘉耶夫的客体化理论与卢卡奇的物化理论在对异化的认知上存在一定差异，但从某种意义上可以说，两种理论都是对马克

---

①　夏莹. 马克思拜物教理论的双重内涵及其在西方马克思主义中的演化路径. 马克思主义与现实，2014（2）.

②　彭子细，刘光斌. 物化批判的三个向度与物化的同一性逻辑：阿多诺物化批判理论探析. 南昌大学学报（人文社会科学版），2016，47（6）.

③　刘光斌. 从作为物化的合理化到生活世界殖民化：哈贝马斯的物化批判理论探究. 兰州学刊，2016（1）.

思主义异化理论的继承与发展①。可见，在对物化的研究过程中，学者们在物化一般和物化特殊两个层面探讨物化所具有的本质内涵，以及物化对揭示现实社会问题的重要意义。

## （二）西方马克思主义的现代性批判理论中的文化异化研究

学者们立足于对中国文化建设的反思，从西方马克思主义文化异化的现代性批判理论中汲取资源，提出对中国文化发展具有启示意义的观点。

一是西方马克思主义文化异化理论的逻辑进路研究。有学者从肯定性维度和否定性维度梳理西方马克思主义代表性思想，通过分析和评价指出：总体来看，本雅明、洛文塔尔以乐观的态度对待和接受大众文化；霍克海默、阿多诺对大众文化进行了深刻的批判；葛兰西虽然看到了作为意识形态的大众文化对人们的欺骗，但认为其仍有存在的合理性；马尔库塞开始时对大众文化持批判态度，后来则有所改变；哈贝马斯最初肯定了大众文化的积极作用，并指出了它的商业性质②。有学者从基本逻辑出发分析了西方马克思主义文化异化理论的进展，认为以理论与实践的关系讨论为切入口，第二国际时代马克思主义内部分裂以后由卢卡奇等开辟的西方马克思主义传统由政治、经济批判转向了哲学、文化批判。这种文化批判经由法兰克福学派的启蒙、工具理性批判的发展而臻于成熟。它以抽象的大写的主体置换了现实的具体的革命主体，这导致了理论与实践之间越来越脱节，并使其主体性哲学批判和异化批判的文化批判特色越来越暴露。尽管如此，它仍然为我们加深对马克思主义的理解和进行理论上的创新提供了可资借鉴的典范③。还有学者这样理解其理论逻辑，认为通过对卢卡奇的物化范畴加以概括和改造，并在韦伯的工具理性概念框架下，霍克海默、阿多诺提出了工具理性批判思想，并且以工具理性批判为内在逻辑展开了对西方主体性文化的批判。在此基础上，他们结合晚期资本主义社会

---

① 周来顺．物化与客体化：卢卡奇与别尔嘉耶夫异化思想比较研究．西伯利亚研究，2015，42（3）．

② 李庆霞．西方马克思主义大众文化理论的辩证维度．河北学刊，2012，32（2）．

③ 杨兴林．在哲学性与科学性之间：西方马克思主义文化批判的反思．河海大学学报（哲学社会科学版），2012，14（4）．

和工业社会的特点，在工具理性批判的视域下，将对西方主体性文化的批判深化为技术批判和大众文化批判，确立了西方马克思主义文化批判的转向①。

二是西方马克思主义文化异化理论的现代性价值研究。有学者从当代中国的现代生活状态分析出发，提出西方马克思主义文化批判理论深刻揭示了由资本逻辑所导致的文化商品化、媚俗化、娱乐化等问题，对当代资本主义文化异化和文化危机的分析体现了一种强烈的反思意识和批判精神。西方马克思主义文化批判理论对于在社会主义市场经济条件下把握文化建设规律、推进文化产业与文化事业的协同发展、走中国特色社会主义文化发展道路具有重要的启示意义②。还有学者认为，西方马克思主义对现代性文化危机的探索集中在技术理性异化危机、大众文化异化危机以及人类生存异化危机方面，他们对现代性文化危机的探索是对文化自觉的反省，是对现代性文化的重新建构。因而，西方马克思主义的这种文化自觉的思潮对当代中国构建现代文化有重大启示，这体现在要以益智、益心、益德和益生的价值构建具有中国风格、中国气派和中国特色的现代文化理念③。

三是典型学派的文化异化思想研究。在对法兰克福学派文化理论的分析和研究中，有学者提出，法兰克福学派三期批判理论的发展意味着：从古典理性主义到感性浪漫主义再到理性现实主义，从激进乐观主义到激进悲观主义再到保守乐观主义，从欣赏、信奉到怀疑、批判再到超越、重建马克思主义，从文化主体哲学到语言交往哲学再到政治道德哲学（政治伦理学），从早期批判理论到新批判理论再到后批判理论④。由此可见，文化哲学和对文化的研究是其在某一阶段的重要主题。在法兰克福学派文化理

① 管锦绣.西方马克思主义的文化批判之内在逻辑：以霍克海默、阿多诺的工具理性批判为例.华中科技大学学报（社会科学版），2013，27（4）.

② 胡绪明，舒超.西方马克思主义的文化批判理论及其对建设社会主义文化强国的启示.武汉理工大学学报（社会科学版），2015，28（4）.

③ 彭洲飞.现代人焦虑、现代性反思、现代文化建构：西方马克思主义对现代性文化危机的探索及其当代启示.兰州学刊，2012（2）.

④ 王凤才.从批判理论到后批判理论：上：对批判理论三期发展的批判性反思.马克思主义与现实，2012（6）.

论的解构立场方面，有学者认为法兰克福学派以其批判性与革命性的社会批判理论闻名于世，它对西方发达工业社会的深刻批判属于广义上的大众文化批判。法兰克福学派的大众文化批判理论，深刻揭示了工业社会的大众文化对于文化的解构：解构文化艺术的本质导致文化的异化，解构文化的价值导致文化经济商品化，解构文化的社会功能导致文化的政治意识形态化①。还有学者提出，法兰克福学派在中国本土的积极影响不仅体现在它对大众文化的批判上，还体现在它对作为总体的现代性的批判上，如工具理性批判、意识形态批判、极权主义批判等，这些现代性批判理论为我国的现代化建设提供了宝贵的理论资源②。

四是对典型人物的文化异化思想研究。在对阿多诺的文化思想的分析中，有学者认为阿多诺明确指出了大众文化、文化工业是生产极权主义驯服工具的社会机器，极力抨击了将大众文化和文化工业商品化的倾向。在中国的文化工业中，已经出现了这种现象。该学者提出，文化强国的"文化"绝不应该是"以娱乐消遣作为主要价值加以实现"的"精神快餐"式的文化商品。在对莱斯的性格结构的分析中，该学者针对莱斯所提出的一定的经济基础就会形成一定的文化形态，文化形态再通过人的性格结构反作用于经济基础的观点，提出我国在开展文化强国建设的过程中无论如何都不能够忽略文化传者和受者的性格结构影响因素的重要作用③。

五是对文化异化症状以及超越文化异化对策的研究。有学者提出，文化异化在历史和当下呈现出不同的症状：现代技术理性文化异化、性格结构与心理机制文化异化，以及大众文化异化。该学者同时提出超越文化异化的方法：文化以弘扬人的主体价值为基本取向，确立人对文化的主体性地位，实现人的整体性、全面性发展；建立人的社会关系自由全面发展的

① 王青．"大众文化"对文化的解构：法兰克福学派大众文化批判理论新解读．齐鲁学刊，2013（2）．

② 贺翠香．法兰克福学派在中国的影响及其意义．马克思主义与现实，2012（1）．

③ 高鑫．西方马克思主义文化观述略．社会主义研究，2013（5）．

共产主义社会①。在对西方马克思主义文化异化问题的研究中，学者们不仅已经形成了从宏观上对文化形态与政治制度和经济基础的运动关系的一般原理的把握，也已经形成了以西方马克思主义文化理论为启示的中国社会文化形态与微观文化现象关系的深入探讨和分析，体现了理论研究服务于社会发展。

### （三）西方马克思主义的现代性批判理论中的消费异化研究

消费异化是西方马克思主义的现代性批判理论与中国现实结合得较为紧密的问题，必然会引起学者们的关注。

一是西方马克思主义消费异化影响研究。有学者认为，异化消费是当代资本主义最主要——也是最具时代特征——的异化现象，它是造成全球性生态危机的最现实、最具体的根源；异化消费既在客观上扭曲人的本性，又在现实中破坏生态环境，更在长远和整体维度上影响人的自由全面发展；克服异化消费的出路是建立一种积极的稳态经济发展模式并实行适度消费方式。要应对今天的生态危机，特别需要对消费行为进行生态约束、引领和规范②。还有学者认为，西方马克思主义消费异化理论，揭示了现代社会消费从以前的满足人们生活、使人快乐的手段发生异化：一方面，是人们在劳动中失去自由的一种"补偿"、人们逃避现实痛苦与不幸的避难所；另一方面，统治者对消费进行操纵和控制，使消费成为一种实施社会控制的工具。消费异化现象虽然产生于资本主义强盛时期，但是在社会主义初级发展阶段随着商品经济发展而发展的中国也部分存在。随着消费社会的到来，部分先富裕起来的人正用挥霍、浪费来肆无忌惮地改写我们勤俭节约的优良传统，消费异化逐渐渗透到各种消费之中，亟须我们提出契合新时代的消费策略③。

二是西方马克思主义消费异化总体性研究。有学者梳理了马尔库塞、

---

① 张莉华. 文化异化的症状及其超越取向：基于历史唯物主义的视角. 社会科学家，2012（11）.

② 包庆德. 评阿格尔生态学马克思主义异化消费理论. 马克思主义研究，2012（4）.

③ 邓奎，宋海燕，费赫夫. 西方马克思主义"消费异化论"与休闲养生消费. 南华大学学报（社会科学版），2014，15（4）.

弗洛姆、巴特、列斐伏尔、鲍德里亚、莱易斯、阿格尔等对消费异化问题的研究，认为他们结合消费社会批判，分别借由精神分析学、符号学、生态主义等学说入手，从力比多的社会符号化、生态危机的理论视角，对资本主义社会中的消费异化现象进行了各具风格的理论批判，指出他们将消费异化批判与各自不同的学术立场结合起来，颇具参考价值和时代性，但也存在过于理想化等问题[1]。

三是典型学者的消费异化思想研究。有学者通过分析弗洛姆的消费异化理论指出，弗洛姆所极力批判的消费异化现象在我们今天的社会主义中国也出现了某种程度的蔓延，这不得不引起我们的高度警觉。同时，弗洛姆提出的一些扬弃消费异化的思想对我们今天养成科学、合理的消费行为具有重要的借鉴意义[2]。还有学者通过分析高兹对当代资本主义为实现资本获利的目的鼓励异化消费行为展开的批判，严厉谴责资本主义颠倒了人与商品的关系、把人扭曲成消费机器的现象，加深了我们对资本主义制度所固有的矛盾和弊端的认识。受高兹的消费批判理论的启迪，我国在现代化的进程中必须克服物质主义倾向，以人为本地推进物质文明，培育尊重自然、以人为本、崇尚精神满足的消费模式，并使之成为全体公民所追求的生活价值取向[3]。高兹提出，资本主义为了确保其资本逻辑即经济理性的扩张，在具体的政治操作层面采取了功能性整合的策略：这样一种整合是非自主性的，是超出个体的理解和控制的，并将导致社会的分化、理性的分裂、生活和工作的分离以及人的异化，因而这样的整合对个体而言是异在的，并遭到个体的反抗。为此，资本主义采取了一种新的整合模式："福利性的补偿性消费政策"。高兹强调，这一政策是当代资本主义经济理性扩展和对工人进行控制的新工具，必将导致社会进一步分化，工人进一步物化并深陷于消费主义之中，使国家与社会进一步分离，其结果是乔

---

① 宋德孝. 西方马克思主义消费异化批判的三个维度解析. 创新，2015，9（1）.

② 刘海辉，张林. 异化的消费及其人道主义救赎：弗洛姆消费异化理论探析. 理论观察，2014（8）.

③ 刘晓芳. 高兹的消费异化批判理论评析. 学术交流，2012（9）.

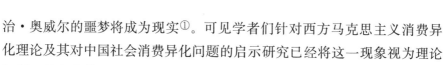

治·奥威尔的噩梦将成为现实①。可见学者们针对西方马克思主义消费异化理论及其对中国社会消费异化问题的启示研究已经将这一现象视为理论问题，从文化传统、商品关系和社会制度等层面分析其根源并提出一些解决办法。

### （四）西方马克思主义的现代性批判理论中的审美异化研究

审美也是现代性问题集中体现的重要领域，审美异化现象在中国社会业已出现，自然引起学者们的关注。

一是法兰克福学派审美现代性研究。有学者通过对法兰克福学派的审美现代性批判理论进行述评，指出法兰克福学派的审美批判理论只是资本主义特定历史时期和特殊语境中的一种话语模式，审美现代性与社会现代性之间不仅仅有对抗的一面，更有如马克思看到的相互依赖和促进的一面。只有站在马克思历史唯物论的高度，既充分肯定资本主义社会现代性的积极作用和进步意义，又通过审美现代性来克服社会现代性的阶段局限和特定时期的片面，才能促进人的自由全面发展②。

二是西方马克思主义审美理论的特征及现实启示研究。有学者概括了审美现代性的若干特征，包括：审美现代性通过反对旧的和求新求异的策略不仅建立了其合法性，也为其永远追求新奇做了铺垫；审美现代性具有无功利性或反功利性；审美现代性极力反对工具理性；审美现代性具有强烈的反思性；等等③。

三是西方马克思主义审美理论的困境与问题研究。有学者站在马克思主义的现代性批判理论立场上审问西方马克思主义的社会批判美学，认为尽管西方马克思主义的社会批判美学展现了犀利的社会批判和内在精神救赎的功能，但囿于这种批判理论的固有特点和方法方面的缺陷，这种批判

①　汤建龙. 资本主义"功能性整合"与"补偿性消费"批判：安德瑞·高兹当代资本主义批判理论探微. 社会科学辑刊，2012（4）.

②　舒开智. 马克思主义美学视域中的审美现代性研究. 东方论坛，2013（6）.

③　李世涛. 现代性的审美救赎：西方审美现代性诸问题. 学习与探索，2012（9）.

模式无力带领社会历史发展走出现代性的困境①。还有学者认为，面对近现代资本主义发展导致工具理性盛行，引发人性异化的社会危机，西方美学家试图通过审美（艺术）构建救赎世俗和人类精神自由的思想，对美学理论的深化和社会的发展具有重要的启蒙意义。但纵观审美救赎思想发展的过程，单纯借助感性的审美救赎，不仅脱离了具体的社会实践，而且不加区分地夸大了审美的功能，导致审美救赎思想中与生俱来的虚幻性、片面性，必然走入迷途②。在审美现代性的再反思中，有学者提出，审美救赎思想虽然具有积极意义，但也有无法解决的内在悖论——"审美无利害"。"艺术自律"与审美救赎功能之间存在不可解的内在矛盾；如何让美的世俗性与超越性对立统一，也是审美救赎思想始终无法真正解决的难题。这些理论困境决定了审美救赎只能是一种审美乌托邦，无法真正解决现代性危机③。审美异化的研究已经取得一定进展，对当代中国社会审美异化现象的分析和把握已经有一定的广度和深度，为问题的解决提供了较好的思路。

### （五）西方马克思主义的现代性批判理论中的生态异化研究

生态问题是世界性的普遍问题，是后马克思主义的重要问题域，中国的生态文明建设也日益凸显生态问题的重要性和必要性，两者的关联性也成为学者集中研究的重要问题。

一是西方马克思主义生态异化思想提出的理论逻辑研究。有学者从西方马克思主义的现代性批判理论基本逻辑出发，提出生态问题出现的理论逻辑为：启蒙理性虽然以其知识性系统破除了宗教神话，但却又走向它的反面；"控制自然"的哲学世界观加剧了人与自然的紧张关系；科学技术意识形态化保护的只是资产阶级自身的经济利益、社会制度和意识形态；

---

① 许勇为. 现代性批判的审美化之困：西方马克思主义现代性审美救赎理论评析. 人文杂志，2013（12）.

② 杨岚，张瑞. 审美救赎的启蒙意义与迷途. 贵州社会科学，2016（1）.

③ 马宇飞. 西方审美救赎思想的历史流变与当下反思. 学术交流，2014（6）.

异化消费则强化了业已存在的生态危机①。

二是生态学马克思主义的生态异化思想研究。有学者集中研究了生态学马克思主义，提出了生态学马克思主义在回应西方绿色思潮对历史唯物主义理论诘难的基础上，开启了历史唯物主义理论的生态视域，并对资本主义社会展开了生态批判、技术批判和价值批判，提出了其生态治理理论，形成了系统的生态学理论和现代性批判理论，对丰富和发展历史唯物主义做出了重要的理论贡献，是我们生态文明理论研究与建设实践的可贵思想资源②。生态学马克思主义对唯物史观的理论贡献主要体现为，生态学马克思主义通过分析历史唯物主义如何看待自然的极限、生产力发展理论、科学技术的社会作用以及与生态思维方式的关系等问题，对历史唯物主义的现代性质展开了系统辩护，并论证了历史唯物主义与生态学的一致性③。有学者在此基础上分析了其对我国生态文明建设的启示，指出启示有三点：第一，生产方式变革是生态价值观变革的基础；第二，人类中心主义价值观与生态文明并不必然矛盾；第三，生态文明与工业文明之下的环境保护存在根本差异④。还有学者提出，生态学马克思主义是马克思理论与当代生态学相关理论相结合所产生的当代西方马克思主义新兴流派之一，生态危机理论则是这一流派最具特色的内容。生态危机理论认为，资本主义制度本身固有地存在着政治危机和经济危机，生态危机则是这两种危机的集中体现。因此，如果要解决生态危机，就要从制度本身出发，建立一种与生态和谐相处的社会制度，就必须进行生态社会主义革命，通过革命建立生态社会主义制度⑤。陈学明对生态学马克思主义的现代性批判理论的定位具有指导性意义，指出"生态学的马克思主义"在对待现代性的问题上，完全继承了哈贝马斯和其他一些西方马克思主义者的观点，它

---

① 李明，汪锋，田超．欧洲生态城市发展的成功经验及其对中国的借鉴意义．特区经济，2016（5）．

② 王雨辰．论西方绿色思潮的生态文明观．北京大学学报（哲学社会科学版），2016，53（4）．

③ 王雨辰．论生态学马克思主义对历史唯物主义理论的辩护．哲学研究，2015（8）．

④ 王雨辰．生态学马克思主义对生态文明的三点启示．生态文化，2011（6）．

⑤ 刘闻名．生态学马克思主义生态危机理论分析．北方论丛，2016（5）．

不像后现代主义那样，对现代化运动持全盘否定的态度，从批判现代化的各种负面效应特别是对生态环境的破坏开始，进而否定整个工业文明的发展观和价值观，主张反增长、反技术、反生产，而是把现代化运动中的负面效应与现代性本身区别开来，要求走向"更现代主义的世界观"。它具有强烈的修复已经崩溃的现代性，继续追求文化、社会和经济领域的现代性的可能性的动机①。

三是有机马克思主义的生态异化思想研究。除生态学马克思主义之外，近年来兴起的有机马克思主义（关于生态问题的现代性批判理论）也引起学者们的广泛关注。有学者认为，有机马克思主义是当代西方工业文明社会新兴的理论学派之一，其为大众所熟知的是其针对工业文明所导致的生态危机，寻求积极拯救的方案的生态文明思想，但事实上，支撑其生态文明观的前提是对资本主义政治经济学的全面批判和整体反思。这一批判主要通过对资本主义自由市场经济形而上学的机械发展观、"经济中心主义"以及"工具理性"的系统反思挖掘人与自然的不自由、人与人的不平等以及人与社会的不正义的现实状况，为实现拯救提出发展绿色 GDP、打造共同体经济以及借鉴中国特色幸福评价体系的方案②。还有学者认为，有机马克思主义系统地展开了对当代资本主义的最新批判，其批判的有机性表现为将生态危机与政治经济结合起来，具体体现为以下三方面逐步递进的内容：其一，生态危机与人道主义的双重灾难，并由此引申至对资本主义自由、正义、权利话语的狭隘性等现代性矛盾的批判；其二，有限政府的政治哲学、自由放任的经济哲学等现代性本体性假设，是现代性矛盾的根源；其三，综合左与右的更具有机性的第三条道路是解决现代性矛盾的根本途径③。在这些研究的基础上，有学者立足于两者间的差别展开分析，指出生态学马克思主义和有机马克思主义都批判资本主义制度和现代性价值体系，但生态学马克思主义主要侧重于分析资本主义制度本性与生

① 陈学明. 西方马克思主义对当今中国所提供的理论启示. 毛泽东邓小平理论研究，2012（12）.
② 谢昌飞，王临霞. 有机马克思主义政治经济学批判及其理论逻辑. 马克思主义研究，2016（9）.
③ 符妹，李振. 有机马克思主义视野中的"现代性批判". 云南社会科学，2017（2）.

态危机之间的必然联系，并在此基础上对现代性价值体系展开批判，有机马克思主义则侧重于分析现代性价值体系的特点与后果，分析个人主义价值观与经济主义发展观和生态危机之间的联系。理论侧重点的不同导致了它们在解决生态危机途径问题上的理论差异①。

四是西方马克思主义重要人物的生态思想与中国启示研究。在分析法兰克福学派和生态学马克思主义对于生态问题的基本观点的基础上，有学者提出，我国的生态文明建设要走出生态危机这一世界性普遍危机，就必须在意识层面审视和批判在工业文明占主导地位的工具理性及其异化，保持工具理性与价值理性在社会形态中的必要张力，最终实现生态文明建设的人与自然和谐共处的目标②。还有学者通过研究马尔库塞倡导的变革技术发展方向、克制过度消费、人道地占有自然、建立适合生存的社会的生态批判和生态革命思想，认为其对消除当代中国现代化中的负面效应，对当前我们处理工业化进程中出现的人与自然的矛盾，以及对建设社会主义生态文明具有重要的警示和借鉴意义③。也有学者研究了高兹的生态学马克思主义思想，并总结了其对中国社会的启示：第一，在现存的社会生产方式下，是无法实施生态保护的，唯一的出路是建立一种真正体现公平分配原则的社会主义生产方式；第二，生产方式的改变必须以文化价值观的改变为前提；第三，提倡"更少的生产，更好的生活"④。西方马克思主义生态异化研究不仅为解决中国生态问题提供了一定的理论借鉴，也为中国学者实现马克思主义中国化，提出具有中国特色、世界影响的生态问题解决思路和方案提供了一定的启示。

理论界对西方马克思主义的现代性批判理论与中国问题的研究始终立足于当代中国社会现实，具有明确的问题导向，其产生的理论成果也的确

---

① 王雨辰. 生态学马克思主义与有机马克思主义的生态文明理论的异同. 哲学动态，2016 (1).

② 邓环. 生态文明：工具理性异化的批判与终结. 武汉理工大学学报（社会科学版），2015，28（3）.

③ 李世书. 人与自然关系的异化与双重解放：马尔库塞的生态批判与革命. 江西社会科学，2016，36（6）.

④ 高鑫. 西方马克思主义文化观述略. 社会主义研究，2013（5）.

具有启发价值，并对当代中国社会实践具有一定的参照意义。正如陈学明指出的那样，研究西方马克思主义的现代性批判理论对于中国的价值关键在于如下结论：首先，我们决不能放弃对现代性的追求，因为现代性对人类有积极意义。即使在追求现代性的过程中出现了这样或那样的问题，那也不是由现代性本身造成的。其次，我们也决不能放弃对追求现代性过程中所出现的种种负面效应的关注与消除。既然在追求现代性过程中所出现的负面效应并非根源于现代性本身，那么我们就不应当对这些负面效应持无能为力的态度，而应当积极地寻找导致这些负面效应的真实原因，并且想方设法地消除这些原因，使负面效应降到最低程度①。在这一指导性理解基础上，我们应该重点思考，我们要在何种意义上定位和理解西方马克思主义的现代性批判理论，并使之为中国马克思主义更好地解决中国的现代性问题提供启示；我们应如何与西方马克思主义的现代性批判理论展开对话，而非仅进行简单的评介；我们应如何超越西方马克思主义的现代性批判理论，不再使之仅仅作为学习的对象，而成为我们进步路上的阶梯。有学者在分析西方马克思主义的现代性批判理论基本问题的基础上，指出现代性批判有其无法逃匿的限度，如它不能证实一个比现实世界更好的可能世界。在唯物史观的视域中，卢卡奇和法兰克福学派对机器大生产、消费社会和文化工业的某些批判在逻辑完备性与现实合理性等方面均存在明显欠缺，诸如：批判由生产力水平决定的劳动组织原则没有合法性，对消费社会和虚假需求的泛意识形态指控的虚无性，文化工业论隐伏着没落文化贵族不合时宜的傲慢与悲叹，等等。倘若不考虑现代性批判的限度，或离开当下中国的生活实践而盲目追随西方学术话语，任何学术研究都难以保持旺盛的生命力②。

①　陈学明 . 西方马克思主义研究在当今中国之意义 . 思想理论教育，2016（3）.
②　成林，谌中和 . 现代性批判及其限度：对几种现代性批判思想的质疑 . 哲学动态，2016（3）.

# 第六章 西方马克思主义的共产主义理论在中国的传播与影响研究之一

改革开放在中国社会主义发展史上占据重要历史意义。它不仅改变了社会现实，也为新时期的思想界带来了新的因素，这些因素包括国外马克思主义①的传播对人们的思想观念产生的较大影响。马克思主义发展史在 20 世纪不仅经历了苏联从理论走向实践的社会主义历程，也经历了西方马克思主义者探索西欧国家发展道路的思考。在这一理论和历史的发展进程中，保留了马克思主义的哪些基本特质、出现了哪些新变化、产生了什么结果，是国内思想界持续关注的主要方面。在这些主要方面，无论是早期西方马克思主义者、法兰克福学派还是阿尔都塞及以后的左

---

① 关于国外马克思主义的定义和理解存在广义和狭义两种说法。汪行福在《国外马克思主义历史与现状的思考》中提到，从狭义上来说，国外马克思主义是指十月革命后独立于苏联和西方政党而发展起来的各种马克思主义学说，包括卢卡奇、柯尔施和葛兰西等的思想和法兰克福学派、结构主义的马克思主义、存在主义的马克思主义、市场社会主义和生态社会主义等思潮。陈学明等人在《二十世纪西方马克思主义哲学》中指出，从广义上来说，国外马克思主义"从原则上说它理应包括了所有外国的马克思主义"。（陈学明，张双利，马拥军，等．二十世纪西方马克思主义哲学．北京：人民出版社，2012：2．）简单来说，那些具有马克思主义倾向、对资本主义持批判态度和保有共产主义信念的左翼思想家，如巴迪欧、齐泽克、奈格里、哈特、戴维·哈维等人都应被包括在内，这样能够从整体上反映国外马克思主义的发展趋势。

翼学者，始终将实现共产主义这一目标作为他们自己和马克思主义的学术使命和理论旨归，并将这一理论主题具体化为对马克思哲学本质和理论本性的追问，对当代资本主义社会现实问题的研究和对西方社会主义革命道路的探寻。他们在回归马克思、恩格斯的共产主义本真性的同时拓展了不同的阐释路径，在不同的时代背景下回应了解答现实问题的理论思路。这些思潮深刻改变了国内学者谈论马克思主义和共产主义的思维框架，为学界突破苏联教科书体系的马克思主义提供了新的视角和契机。

"研究国外马克思主义哲学在当代中国的理论意义和实践意义越来越为人们所认可，国外马克思主义哲学成为一门'显学'绝对不是偶然的。"随着研究的不断深入，整体的问题意识和主题都有了很好的聚焦，传播的初期主要围绕共产主义的伦理与科学二元对立、苏联社会主义模式的批判与人道主义社会主义道路、共产主义与马克思主义哲学的关系等问题展开。进入 21 世纪以来，西方马克思主义思潮与当代左翼激进思潮合流，共产主义这一主题相对集中并出现了复兴之势，在研究主题、研究方法和路径选择方面都有了不同的解读方式，构成了一条更加丰富、有内容的新共产主义思路。可以说，国内学界经过 40 多年的研究积累，关于国外马克思主义共产主义理论的研究无论是在思维广度还是在理论深度上都有了极大的提升，并随着时代和历史的推进对中国特色社会主义道路体系、理论体系、制度体系和文化体系产生了不同程度的影响。在 21 世纪的新起点上，开启国外马克思主义共产主义理论在中国的传播和影响的深入研究，从正反两个层面全面、客观和整体性地展现其在理论和实践层面的创新与发展，能够丰富世界马克思主义的思想资源，尤其能为中国特色社会主义制度的完善提供参考思路。当然，在研究国外马克思主义的共产主义理论时需要正本清源，时刻以是否背离马克思主义基本立场和脱离我国社会主义发展实际情况为标准，采用科学的历史方法，做到在深挖文本的同时努力观照现实，将国外马克思主义的优秀资源为我所用，重塑共产主义理想信念与当代社会现实之间的互动关系，在国内外研究相结合的道路上不断发展中国特色社会主义，为实现共产主义提供科学依据。

# 一、西方马克思主义对共产主义的
# 基本看法与呈现的新特点

马克思主义是资本主义现实批判和展望人类未来发展方向的理论。进入 20 世纪以来，随着资本主义进入帝国主义阶段，整个人类社会发生了巨大改变，这反映到共产主义理论上就表现为两个鲜明的变化：一是苏联通过无产阶级革命建立社会主义制度，以社会主义初级阶段与共产主义高级阶段的辩证关系为发展生产力和提高人民生活水平的理论依据，并以此为实现共产主义构筑丰富的社会条件。二是早期西方马克思主义的"关于人的历史辩证法"、法兰克福学派的"人道主义的马克思主义"和阿尔都塞及以后的激进左翼的"科学主义的马克思主义"是回归马克思哲学的外在表达，他们以哲学路径解读社会主义和共产主义的做法可以说是时代条件和历史境遇抉择下的结果。因为从这两种变化来看，国外马克思主义的产生是西欧社会主义失败实践的产物，是在批判苏联社会主义和发达资本主义这双重制度下的"另一种选择"的思考。这些学者在不同程度上回归了共产主义的人类解放主题，对社会主义和共产主义进行了新的探索，对现实社会主义实践中存在的问题进行了反思。这些基本观点可以被总结为以下三个主要方面：一是从苏联模式视角看共产主义与社会主义的关系问题，从而引申出为何要共产主义，而不要社会主义。二是从马克思哲学视角看共产主义滋生的理论土壤，以此思考国外马克思主义者为何如此钟情于从哲学方面解释共产主义。三是从共产主义是一种现实运动这一判断出发分析共产主义为什么不是乌托邦。

## （一）基本看法与主要观点

1. 论证为什么要共产主义，不要社会主义？

在马克思主义思想史上，苏联建立了社会主义社会，即共产主义的初级阶段，这是对马克思主义共产主义社会发展阶段论的创新和发展。但是，国外马克思主义者对于社会主义和共产主义的看法却不尽相同。他们一方面从"两个必然"的角度批判性地建构了未来社会的实现原则；另一方面依据共产主义的阶段性划分提出了不同的看法，甚至在共产主义和社会主义两个词的使用上更加倾向于前者而不是后者。

西方马克思主义社会主义道路的探索完全异于苏联式的正统马克思主义的思路，其没有通过建立社会主义制度的方式寻求解决路径，而是在西方社会主义革命失败的背景下思考西方革命的出路问题，其认为西方革命应该与具体的历史文化处境相结合，从普遍缺乏无产阶级意识的主体角度入手，强调主体和实践是革命取得胜利的关键性因素。早期的西方马克思主义者侧重于从马克思哲学或本体论视角阐述社会主义革命，法兰克福学派的探索则更多地走向了乌托邦社会主义，描绘了一条更加偏理想化的实现路径。由于特定的历史环境，他们更多地使用了"社会主义"而非"共产主义"这一考察视角，这里两者是同义的①。在这一时期，西方马克思主义者针对马克思所谓的"两个必然"的经典判断，将重点放在第一个必然上，主要集中于批判和建构两个视角。而对于第二个必然如何到来，他们不是用经典唯物史观和政治经济学的方式进行阐释，而是主张从哲学-文化视域发掘人的主观性因素，这使得第二个必然在结果上没有达到马克思的理论高度。

一方面，对苏联社会主义模式进行批判。基于经典西方马克思主义的视角，他们主要将人的本质复归这一基本目标视为衡量马克思、恩格斯共产主义思想的标准。弗洛姆批判苏联的社会主义模式，指出"这种类型的'社会主义'的原则基本上与资本主义的原则是相同的：最大的经济效益，规模巨大的官僚工业机构以及在这个既官僚又具有经济收效的体系中个人的绝对服从"②。马尔库塞认为苏联社会主义强调暴力革命和改变经济所有制形式，忽视文化革命，是一种狭隘的制度设计。哈贝马斯强调，从斯大

---

① 早期西方马克思主义者和法兰克福学派在同等意义上使用社会主义和共产主义，他们在批判苏联社会主义的同时主张人道主义的社会主义，而人的本质的自由而充分的发展是共产主义的必要条件。只是受五月风暴的影响，尤其是自苏东剧变以来，一些西方激进左翼学者和市场社会主义者凸显了共产主义与社会主义之间的裂痕，试图建构一个纯粹的共产主义观念。

② 弗洛姆. 在幻想锁链的彼岸. 长沙：湖南人民出版社，1986：149-150.

林以后，这种马克思主义就堕落成了一种完全非人性的意识形态①。可以肯定的是，他们在纠正社会主义观念的路径上拓展了人的发展这一维度，弥补了苏联社会主义模式的这一缺陷。围绕苏联模式的批判，概括起来主要有四方面：一是将苏联的社会主义现实与马克思主义的社会主义理想做出比较性评析；二是批评苏联社会主义模式在内容上没有充分调动人的积极性和能动性；三是批判苏联社会主义模式在制度层面与法西斯主义等极权主义思想具有相似性；四是断言苏联社会主义所处的时代依然是一个全面异化的时代。

五月风暴后兴起的西方左翼思潮在对待共产主义和社会主义的态度上表现得更加突出，存在明显的亲近共产主义而排斥社会主义的倾向。在谈到社会主义这一话题时，他们要么认为现在的社会主义力量过于薄弱，不足以对抗资本主义，要么认为社会主义国家已经在世界历史进程中被纳入资本主义体系。如巴迪欧认为，20世纪共产主义试验失败的一个重要原因是在实践上遵从资本主义的经济假设。苏联社会主义的失败就在于它把资本主义看作经济上的标杆，过度追求经济上的目标，而一旦既定政治秩序的展开与经济发展不相协调的矛盾出现就会爆发危机或革命。齐泽克在《〈共产党宣言〉中的关联性》一书中认为，如今的共产主义已经不再作为解决方案发生作用，而是成为问题的名称，因为无论解决方案是什么，它都必须处理这些问题②。在此，激进左翼学者更多的是将共产主义视为一种理念，而将社会主义视为一种实存，即失败的产物。在对实现共产主义的路径选择上，他们大都放弃无产阶级革命、经济斗争等方式，而采取一种保守性的政治诉求和激进的道德谴责。

另一方面，以"两个必然"的分析视角憧憬了未来社会的实现原则。在"两个必然"所主导的"应然"结果上，卢卡奇认为，第二国际理论家的错误在于过于执着于经济决定论和唯意志论的思维定式，没有从辩证的角度审视资本主义社会的科学与价值危机，在强调历史规律客观性的同时忽视了人的主体向度，简单地将"应然"与"实然"画了等号，而对两者之间的实现条件和中介缺乏足够的认知。因为这里的关键问题不是社会主

---

①　哈贝马斯．东欧剧变与《共产党宣言》．马克思主义与现实，1997（3）．

②　ZIZEK S. The relevance of the Communist Manifesto. Polity，2019.

义是否必然，而是如何由"应然"转化为"必然"。卢卡奇主张一种客观优先性前提下的主体辩证法，意思是在强调经济因素"作为一种决定一切理论的决定性趋势"① 的同时，注重发挥作为历史主体的意识特别是无产阶级意识在由资本主义转向共产主义的趋势中所起到的革命性作用，其目的是实现客观决定论与主体自由意志、马克思主义科学性与意识形态性的统一。布洛赫在憧憬共产主义的目标的时候，从历史的必然性出发，以由"自由王国"回溯到"必然王国"的方式诉诸当代资本主义的社会批判，但这种方式是一种乌托邦式救赎，而非现实的革命运动。因为从理论而言，实现了人的自由的共产主义具备三大特征：一是集合了资本主义的高度发达的生产力，二是形成了人的全面发展的社会条件，三是人的类本质得到最高程度的彰显。经典西方马克思主义者将资本主义的突破口设定为哲学上的主体意识问题，而不是实证化为科学意义上的资本和阶级问题。他们更多的是从"两个必然"的应然层面出发考察共产主义，而不是从"两个必然"的实然层面出发去论证资本主义的灭亡和共产主义的实现是同一问题的两个方面，这种顾此失彼的做法不可避免地为其解决方案蒙上一层乌托邦的理想化色彩。

西方左翼学者将共产主义与社会主义之间的裂痕进一步加大，瓦解了共产主义与社会主义的现实关联，使得对共产主义的分析更加停留于思维层面。他们所称的共产主义实践更多的是从拉康的精神分析意义上进行解读，缺少实践的当代革命性与现实根基，更多的是一种思维辩证法。他们在列宁关于共产主义阶段性划分的问题上通常采取拒绝的姿态，甚至喊出"要共产主义，不要社会主义"的口号。他们的理由是社会主义不能作为共产主义的一个初级阶段，这会混淆现存社会主义（主要指苏联的社会主义模式）与纯粹共产主义的界限。比如，奈格里在《告别社会主义先生》一文中提出，"对我而言，1989 年堪比 1968 年，在 1968 年拆毁的是封闭我们社会的墙，1989 年拆毁的是保护现实社会主义的墙"②。詹姆斯·劳

---

① 卢卡奇. 历史与阶级意识. 北京：商务印书馆，1995：313.

② 复旦大学当代国外马克思主义研究中心. 当代国外马克思主义评论（8）. 北京：人民出版社，2010：9.

勒认为，在马克思、恩格斯的著作中关于共产主义的发展存在三个阶段，即资本主义之中的共产主义、资本主义与共产主义之间的共产主义以及严格意义上的共产主义。列宁所采用的将社会主义作为共产主义初级阶段的表述并不恰当，因为共产主义是一种未来理想，列宁的这种做法会加深"现实的社会主义"与"纯粹的共产主义"之间的分离①。这表明，很多西方左翼学者在头脑中已经将苏联社会主义模式的失败归结为社会主义的失败，并试图营造要共产主义观念而不要社会主义现实的景象。但就这一关系的解读所带来的结果而言，它不仅不利于澄清两者之间的关系，还容易造成对历史和现实的误读。

总的来说，国外马克思主义在理解共产主义与社会主义的关系上出现了与经典马克思主义的分歧。国外马克思主义者大都从正面或侧面否认了科学社会主义的两大基本原理（唯物史观视域下的阶级分析和剩余价值理论的政治经济学分析），主要通过个人道德的重建和主体解放的政治革命推动人类社会的发展和实现人道主义的期盼，将共产主义演变为一种涉及价值判断的理想化图景。在关于最终目标以及如何实现这一目标方面，国外马克思主义者出现了目标与手段不对等的分析。他们认同由必然王国通往自由王国的分析逻辑，但在如何通往的途径选择上陷入了保守和悲观境遇，置换了经典马克思主义的基本阐释路径，不是从哲学走向政治经济学，而是从政治经济学走向哲学。换言之，他们在找寻共产主义的现实路径上退回到理论书斋，没有深刻领悟社会主义从空想到科学的发展所带来的理论和实践上的复杂效应，没有将共产主义由空想的观念置换为现实的物质生活实践，或是认为理想的共产主义就应该是纯粹的甚至是空想的，这是一种行动的怯懦。但不可否认的是，剩余价值和阶级分析视角的缺失或对之有意无意的忽视，使得他们从"哲学-文化""哲学-政治""主体革命"等方面开辟了马克思主义研究的新视角。

2. 将马克思主义哲学作为共产主义的理论基础

国外马克思主义将共产主义视为马克思主义哲学的重要组成部分，侧

---

① 劳勒 . 马克思的共产主义阶段理论 . 中国特色社会主义研究，2004（6）.

重于从哲学本体论和近代理性批判的视角追问当代资本主义社会的现实问题以及社会主义革命的出路。他们认为，马克思哲学的研究对象和目的可以被归结为人类如何在社会历史发展中寻求和实现自由解放这一命题。但细分来看，在实现共产主义的路径上演化出两种倾向和道路。

一种是早期西方马克思主义和法兰克福学派采取的一条不同于苏俄时期的道路，这条道路是包括文化心理革命、经济革命和政治革命在内的总体性革命，即重建人道主义的社会主义社会，亦可阐释为伦理社会主义层面的主观主义。早期的西方马克思主义者与其后的法兰克福学派的共同点是对正统马克思主义的反叛，他们共同反对抽象的物质本体论，并且拒斥反映论的认识论，发展了关于人的历史辩证法，从主体性的哲学角度赋予了马克思主义新的革命维度。如卢卡奇强调，对正统的马克思主义来说，重要的是方法，这个方法说到底是总体性辩证法。他们反对苏联对唯物主义的错误认知，主张历史唯物主义的重点应该是"历史"而非"唯物主义"，应从人的主体意识出发来激发对社会主义的革命性思维。葛兰西在《狱中札记》中曾经明确地指出："人们忘记了在涉及一个非常普通的用语（历史唯物主义）的情况下，人们应该把重点放在第一个术语——'历史'——而不是放在具有形而上学根源的第二个术语上面。实践哲学是绝对的'历史主义'，是思想的绝对的世俗化和此岸性，是一种历史的绝对人道主义。追踪新世界观的线索，人们必须沿着这条路线。"① 柯尔施重新肯定了马克思主义的哲学性质，反对在抽象的唯心主义和唯物主义的本体论框架下理解马克思哲学。按照哈贝马斯的分析，卢卡奇、柯尔施、葛兰西等经典西方马克思主义者研究马克思思想的特点是"继承了黑格尔主义传统，把马克思的思想从政治经济学恢复成反思哲学"②。

法兰克福学派主张以人的本性恢复和个性发展作为衡量社会主义和共产主义的基本价值标准。其从实现每个人的自由而全面发展的共产主义理念出发，以异化与人道主义为分析核心，引导出未来社会的理想形态是关乎人自身的社会革命。因为"马克思是把'消灭了异化和物化的实证的共

---

① 葛兰西．狱中札记．北京：中国社会科学出版社，2000：383.
② 哈贝马斯．后形而上学思想．南京：译林出版社，2001：5.

产主义看作人本主义来加以叙述的，人本主义这一术语表明，对马克思来说共产主义的基础就是人的本质的某种实现"①。在马尔库塞看来，社会主义的新的基础只能是人道主义。弗洛姆同样认为，马克思主义的目的在于"建立一个超越资本主义社会的人道主义社会，一个以全面发展人的个性为宗旨的社会"②。这种社会主义观的立足点不是市民社会，而是人类社会。

　　另一种是阿尔都塞及以后的马克思主义者所主张的多元决定论的客观主义，其核心是重建马克思的唯物主义内涵，打破因果必然性规律，在哲学的无限可能与偶然性中寻求哲学与政治的内在联结。因为哲学的战场是政治，哲学是为政治服务的。阿尔都塞的结构主义的马克思主义的认识论方法集中体现为"认识论断裂"，这成为西方许多左翼学者研究共产主义思想的基本范式。正是沿着认识论断裂的路径，他以症候阅读的方式解释了自第二国际以来的马克思主义难题，在结构主义的框架下构建了一个科学化的马克思主义。他认为，对人道主义的错误解读在于将共产主义内在化了，共产主义还涉及一种政治革命。如果将一切领域都放在人的本质这个总问题上，就容易忽视事物之间的内部结构以及多种因素共同决定的影响，以致将共产主义做泛化处理。他所要解决的问题是弥合科学与意识形态之间的认识论裂痕，在捍卫马克思主义科学性的基础上，发挥其意识形态功能。他的解决办法是以割裂辩证唯物主义哲学与历史唯物主义科学的统一的方式解决马克思主义的科学性和意识形态的断裂问题，其中唯物辩证法行使意识形态职能，历史唯物主义提供科学认识③。这一理论认知打

---

　　①　复旦大学哲学系现代西方哲学研究室. 西方学者论《1844 年经济学—哲学手稿》. 上海：复旦大学出版社，1983：95.

　　②　弗洛姆. 在幻想锁链的彼岸. 长沙：湖南人民出版社，1986：149.

　　③　如有文章提出："经典西方马克思主义理论家反对第二国际和苏俄马克思主义理论家对马克思主义理论的唯科学主义的决定论式的理解，强调其缺陷在于忽视历史发展进程中主观因素的作用，无法发挥马克思主义理论的批判价值职能，马克思主义理论的科学性与价值性的关系由此成为经典西方马克思主义探讨的重要理论问题。经典西方马克思主义中的人本主义流派比较重视阐发马克思主义理论的价值批判功能，科学主义流派则重视捍卫马克思主义理论的科学性。除葛兰西外，西方马克思主义理论家并没有科学解决马克思主义理论的科学性与价值性的关系问题。"[王雨辰. 论经典西方马克思主义的理论贡献及其在中国的理论效应. 马克思主义理论学科研究，2019，5（1）]

破了自第二国际以来的经济决定论思维，体现了观念与现实之间的张力关系。

当然，决定共产主义实现的因素到底是现实还是观念，成为西方左翼思想家思考的核心问题。这里有两种解决方式：一种是将现实与意识的关系转化为纯粹的观念问题，另一种是通过劳动这一中介将其转换为复杂的现实问题。前者是西方左翼学者的通常做法。如巴迪欧主张 21 世纪的共产主义要创造一种完全不同于以往的历史和政治秩序，它不是国家权力的管理，不是一种社会制度，首要的是打破既定现实和绝对之新的观念的东西。后者是马克思的做法。历史与唯物主义相结合、观念与现实相结合的意义在于历史是现实的人的感性活动所带来的结果，而思想和观念只是人们对现实生活的反映。

经典西方马克思主义和阿尔都塞及以后的左翼学者构成了国外马克思主义从马克思哲学出发阐释共产主义的两种相对的阐释路径。前者秉持人的全面发展这一目的论，在论证资本主义社会是一个全面异化的社会的同时从人的主观意识觉醒和自由人格培育方面出发，构建了一个理想的人道主义社会模型；后者秉持社会发展的多元矛盾论，以思维辩证法的方式弥合了科学与意识形态的二元对立，以政治革命取代哲学和阶级革命的方式给予人类解放新的维度。马克思的哲学革命对后继者而言从来不是完成时，而是进行时。国外马克思主义者在马克思哲学的滋养下不断突破传统的思维定式，在意识形态与科学之间开辟了一条具有强烈张力的历史和政治上的阐释路径，从主体意识的培育和政治革命的论证方面为通达历史唯物主义的"历史"方面做出了较大突破。

3. 提出共产主义是建立在消灭现存状况的现实运动基础上的乌托邦社会主义

国外马克思主义依据第一次世界大战爆发后对马克思主义理论的反思，力求开辟一条不同于列宁-斯大林的社会主义路径，社会主义道路探索更多地被解读为一种现实运动中的乌托邦社会主义。

马尔库塞曾针对恩格斯的《社会主义从空想到科学的发展》提出一个反判断，即通向社会主义的道路，可能是从科学到乌托邦，而不是从乌托邦到科学。他认为，发达工业社会的变革必须经历一个"从马克思到傅立叶……从现实主义到超现实主义的理论和实践的运动"①。马尔库塞的这一论断开启了西方马克思主义的乌托邦之路，规定了西方马克思主义的基本论调是阐述乌托邦社会主义，而不是阐述科学社会主义。但这里的乌托邦社会主义不同于空想社会主义，而是一种现实的运动。乌托邦社会主义与科学社会主义具有相同的现实根基，即根植于资本主义社会现实。无论是霍克海默、阿多诺、马尔库塞还是布洛赫，他们所希冀的新社会都不是抽象的乌托邦，而是基于一定的生产力基础所能达到的现实状况。因此，他们描述的社会主义图景更多的是从资本主义的社会批判入手的。霍克海默和阿多诺认为，未来社会主义是已经被生产力发展证明了的、具有现实可能性的"实际存在"，而不是"抽象的乌托邦"。工具理性代替价值理性成为当代发达工业社会占统治地位的思维方式不是偶然的，它是理性概念演变和科学技术发展的必然结果。马尔库塞认为，共产主义作为资本主义的可替代理论，一开始是作为一种价值理念出现的，但是，"当它们由于历史实践而被变成现实的时候，它们的价值就变成了事实"。这些价值观是对资本主义价值观的批判与超越，如果离开对资本主义价值理念的超越，共产主义哲学理念也就失去了丰富的历史内涵。他还在《历史唯物主义的基础》中说："资本主义社会成问题的不仅仅是经济的事实和对象，而且是整个人的存在和'人的现实'。"因此，无产阶级革命要进行"整体的和彻底的革命"②。哈贝马斯同样指出，社会主义不仅是一种目标，也是一种趋向目标的现实运动③。

国外激进左翼学者指认共产主义的不变性意味着一种世界性的人道主义，意味着恢复一种新的激进主义。共产主义只存在于"消灭现存状况的现实的运动"之中，但这里的现存状况的既定前提不是经济状况，而是政治条件，即在何种政治情况下共产主义是可能的。在激进左翼思潮的语境

---

①　MARCUSE H. An essay on liberation. Boston：Beacon Press，1969：22.

②　徐育苗. 当代西方政治思潮评析. 武汉：武汉出版社，1992：70.

③　选自熊光清的《当代西方马克思主义：批判、反思与探索》（载于《人民论坛·学术前沿》2017年第3期）。

中，理想的人类社会从本质上是远离国家的。因为在资本主义社会中，国家总是跟民主原则联系在一起。民主原则作为资本主义议会制国家的主要范畴，代表着国家的特有标准，成为拥护资本主义的坚实根基。因此，共产主义如果从政治层面来讲，就是抛开国家层面，诉诸一种真理政治。"运动"一词主要可从两个方面加以理解：一方面，从态度而言，运动表示要时刻保持一种激进的姿态，这种姿态意味着对未来仍然是可期待的，每个人都可以成为斗士，并为共产主义复兴做出自己的努力。另一方面，从社会革命而言，运动意味着暴动是一种保持运动和政治联合的主要方式。但是，这里的社会运动已经与马克思的理解相去甚远，甚至可以说这种社会运动已经演变为一种边缘化行动。这里的行动并非马克思口中的"改变世界"，而是介于拉康的实在界与象征界之间的一种观念的东西，这种观念的东西没了阿伦特对于行动提出的协商路径，而有了更多的萨特对于行动的能动性理解，并赋予了行动一种激进内涵。例如，在目前情况下，巴迪欧建议不应该盲目采取积极的革命策略，而是应该把这种政治实践以政治实验的形式展现出来，即通过罢工、示威等形式争取新的权利，以此创造一种政府与工人的新型政治关系。

### （二）呈现出的新特点

#### 1. 批判视角的多样化

西方社会主义革命道路的探索反映的是国外马克思主义对马克思哲学革命道路和实质的考察，其功能和使命不再是把握整个世界的普遍规律和绝对本质，而是探索如何求得无产阶级解放说。马克思主义的目标是实现共产主义——它既是一个联合体，同时又是一种消灭异化、回归人性的动态过程。在如何通达共产主义、进行社会主义革命方面，国外马克思主义者进行了不同的尝试，归纳下来有以下几个方面：

一是意识形态革命。工人阶级的精神发展和两种意识形态的斗争决定了西方社会主义运动的成败得失。西方马克思主义所采取的路径与把马克思主义哲学人道主义化相对应，形成了以人本主义为主要倾向的理论基调，突出了文化和意识形态批判的功能。二是生命政治革命。国外马克思主义从经典西方马克思主义的文化哲学批判转向当代国外马克思主义生命政治学批判，基于主客二元对立、手段与目的统一以及政治经济学和哲学批判的思考，指认全球化秩序调整的背景下"生命政治生产"已经成为把握资本主义基本矛盾的新抓手。三是生活方式革命。微观革命观成为马克思主义革命观的重要补充。列斐伏尔等人主张把微观世界的革命、日常生活的批判放到应有的高度。在高兹看来，只有实行"更少地劳动""更好地消费"的原则才能使人们获得更多的自由时间，增强个人行动的自主性，重塑人与自然之间的和谐关系，提供给人们"更好的生活"，从而达到马克思所期望的理想生活方式。马尔库塞则主张无产阶级革命要进行整体的和彻底的关乎人的存在的革命。

2. 在重释历史唯物主义中澄清共产主义和社会主义的关系

实际上，无论是早期的西方马克思主义者还是西方左翼学者，他们对社会主义的阐发都与历史唯物主义的理解交织在一起。形成什么样的历史唯物主义观念，就形成什么样的共产主义观。一方面，卢卡奇把历史唯物主义作为一种解决无产阶级意识形态危机的科学方法；另一方面，卢卡奇认为历史唯物主义的首要功能是行动，最重要的任务是揭露资本主义社会制度的本质，为通往共产主义提供必要的理论准备。法兰克福学派继承了早期西方马克思主义的思想，但是在"改造"共产主义的思想道路上走得比早期西方马克思主义者更远——法兰克福学派试图营造一种新的关于共产主义与历史唯物主义关系的哲学-文化阐释路径。例如，阿多诺和霍克海默试图用否定辩证法和纯粹否定性的批判理论来改造马克思主义的政治理论。法国著名马克思主义者阿尔都塞的认识论断裂致力于呈现马克思主义的哲学革命与科学革命的意义，对于勘定共产主义的研究方法具有重要意义。法国解构主义代表人物德里达反对现实的共产主义运动，不承认任何形式的本体论建构。西方左翼代表人物巴迪欧和齐泽克提出共产主义观念的复兴，以反历史主义的视角将共产主义解读为介于空想与科学之间的待生成的东西，或称之为"事件化的共产主义"。

在把握历史唯物主义这一关键原则上，我们可以从两个方面分开理解：一是历史唯物主义中的"唯物主义"，二是历史唯物主义中的"历史"。前者主要侧重于强调事物的客观性维度，后者则将重点放在历史这一概念的哲学维度或是本体论维度。早期西方马克思主义者虽然深入了历史的本质的那一维度，却在结果上放弃了唯物主义的原则性和科学意义上的坚守，不自觉地回归到了历史的本真。西方左翼学者在历史唯物主义与唯物辩证法的关系中，将唯物辩证法置于决定性地位，将历史唯物主义置于从属地位，形式化的分裂成为其理论追求。其继承了对阿尔都塞偶然相遇的唯物主义的思考，认识到断裂以及由断裂迸发出的能动性能够构筑出开放的、处于永久发展中的历史性。当然，这种观点打破了历史决定论的藩篱，将马克思主义置于后现代主义的重释中。要明确的是，根据历史唯物主义的一般规定，对历史的理解是建立在必然性而非偶然性的基础之上的，必然性中当然包含着对偶然性因素的干预。但是在唯物辩证法与历史唯物主义的关系中，起基础性作用的还是历史唯物主义。

总的来说，19—20世纪共产主义的实践历程没有如马克思、恩格斯预期般顺利，而是经历了一些论争和现实挫折。这些问题集中反映了共产主义与现实生活还未形成一定的自洽性，即还未能实现将共产主义理论完全融入社会主义的实践进程中。由于形形色色的马克思主义者所持有的立场不同，因而他们的意见带有不同的意识形态色彩，并在捍卫马克思主义共产主义理论的基础上不自觉地打上阶级的烙印。从这个意义上说，西方各种流派的马克思主义者对共产主义做出的时代判断与历史补充都只是围绕科学与意识形态展开，他们如同在这两个名词之间打转一样，始终没有突破马克思、恩格斯共产主义理论所规定的基本框架，即以唯物史观为逻辑主线把哲学共产主义和科学共产主义贯穿起来，为最终实现每个人全面发展的共产主义社会而不懈努力。因此，研究共产主义不仅仅因为它是一种理论体系，更为重要的是，它是一种关系意识形态层面的思想体系。共产主义理论是与人类社会和中国社会发展的一系列重大的核心问题关联在一起的。我们追溯国外马克思主义共产主义的发展史，是为了澄清共产主义的理论争论、最本真的理论形态和最本己的理论使命。只有在解决这一问题的前提之下，才能更有力地回应我们时代最为重大的理论问题，才有可能从根本上推动共产主义与新时代中国特色社会主义内在关系的研究。

# 二、中国学者对西方马克思主义
# 共产主义理论的新探索

　　国外马克思主义的社会主义和共产主义革命学说长期以来一直受到国际共产主义运动的批判，直到 20 世纪 70 年代以后才得到肯定性评价。改革开放以来，尤其是经过 20 世纪 80 年代关于人道主义与异化的大讨论，学界迎来了思想大解放的良好际遇。作为伦理原则的社会主义与作为科学原则的历史唯物主义共同构成了共产主义的核心要素①，成为国内 40 多年来研究国外马克思主义共产主义理论的主要路径，并以此为基础确定了研究主题、研究方法、研究路径和研究目标，呈现出国外马克思主义在批判资本主义和展望理想社会形态方面的丰硕成果，这不仅仅对拓展马克思主义建构未来社会方法论具有重要参考价值，更在国内学界催生了研究国外马克思主义的热潮。直到今天，研究国外马克思主义的新发展、新趋势和新问题都成为衡量马克思主义和共产主义未来走向的重要参照系，成为全面发展马克思主义的一道亮丽风景线。

## （一）研究主题：共产主义是关于人的解放的学说

　　从生产力的极大发展到人的自由全面发展，是马克思、恩格斯共产主义逻辑体系的演进理路。西方马克思主义者大都从《1844 年经济学哲学手稿》中汲取思想资源，将侧重点集中于人的发展。实现共产主义的解放，说到底就是人的解放。对于如何理解共产主义与人的关系问题，国内学者从西方马克思主义的话语体系中做出不同的解答。

　　一种是从马克思、恩格斯的历史哲学体系中寻找思路，将共产主义落脚到人的主体解放和阶级意识的生成。有学者从"**共产主义**是最近将来的必然的形态和有效的原则，但是，这样的共产主义并不是人类发展的目

---

　　①　参考胡乔木在《关于人道主义和异化问题》中的相关表述。

标，并不是人类社会的形态"① 这一判断出发，认为马克思在《1844年经济学哲学手稿》中对各种共产主义学说进行批判的目的是阐释自己所理解的共产主义是一种"**现实的**共产主义行动"②。只是这里的共产主义行动与《德意志意识形态》中的理解还是存在鲜明区别的：前者是一种人的本质的复归，后者是一种建基于资本主义生产方式上的现实批判③。这种分析角度基本上概括出了西方马克思主义与经典马克思主义研究共产主义的切入视角：西方马克思主义更侧重于前者，经典马克思主义更侧重于后者。因为早期西方马克思主义和法兰克福学派主要将《1844年经济学哲学手稿》作为阐述共产主义的主要文本，其主要从人的本质的复归和人的异化的全面扬弃这一正一反的逻辑框架出发来阐发进行社会主义革命的新思路。在此，共产主义既指"在那里，每个人的自由发展是一切人的自由发展的条件"④，又指"**必须推翻**使人成为被侮辱、被奴役、被遗弃和被蔑视的东西的**一切关系**"⑤。

另一种是主张共产主义既是马克思主义哲学的重要组成部分，又是进行无产阶级革命和实现人类解放的有效形式和最终归宿。国内有学者提出，早期西方马克思主义者的一个鲜明特色在于，他们虽然从人本主义逻辑出发解释辩证法，却没有把马克思主义直接等同于人本主义，而是将人本主义隐藏在对阶级意识的强烈渴望之中，即只有复苏无产阶级的革命意识，才能实现以人类自由解放为目标的共产主义⑥。在考虑到共产主义成立的条件即人的全面发展这一前提之下，我们会发现，马克思、恩格斯在早期和后期的阐释路径有所不同：早期侧重于从哲学人类学视角回归共产主义的本质，后期则侧重于从现实的人及其历史发展出发回答人的全面发展何以可能的问题。这也就是说，如何理解共产主义关系到马克思、恩格

---

① 马克思，恩格斯．马克思恩格斯文集：第1卷．北京：人民出版社，2009：197．

② 同①232．

③ 张荣军，卢成观．马克思对形形色色共产主义的批判及其当代价值：基于《1844年经济学哲学手稿》的文本解读．贵州社会科学，2019（6）．

④ 马克思，恩格斯．马克思恩格斯文集：第2卷．北京：人民出版社，2009：53．

⑤ 同①11．

⑥ 白文杰，刘同舫．西方马克思主义辩证法的理论特色及其局限．华南师范大学学报（社会科学版），2014（6）．

斯的哲学革命问题。他们之所以超越了德国古典哲学，很大程度上是因为新唯物主义观的确立。因为仅仅看到社会生活中"物"的客观存在优先还远没有把握历史唯物主义的精髓，因为历史唯物主义逻辑本身要求在主客观的辩证运动中，以实践为中介、以无产阶级为载体达到改变世界的目的①，所以在这条路径上，西方马克思主义者显然走得比第二国际时期的马克思主义者要远得多。

　　这种长远性主要体现在，西方马克思主义者善于从马克思的历史哲学体系和无产阶级革命理论中发现共产主义的新特点，在现实性和理想性这一双重理解中，共产主义被解读为形而上学的逻辑终结和人类历史进程的现实终结。在这双重终结中，西方马克思主义者形成了对共产主义的两种理解：一是把它理解为一种现实的社会运动和将要出现的事实；二是将它理解为一种无法作为理想社会形态实现的乌托邦目标，或是一种永恒的自我超越过程。有学者认为，西方马克思主义者对于当代社会主义的道路究竟是从科学走向乌托邦还是从乌托邦走向科学提出了新的见解。他们依据苏联模式的失败和资本主义的繁荣发展的对照性分析得出乌托邦具有现实基础的结论，从而颠倒马克思关于社会主义从空想到科学的基本论断。当然，这一判断虽然具有一定的创新性，但没有很好地把握科学社会主义的发展特点和表现形式。因为社会主义之所以实现从空想到科学的发展，是因为唯物史观和剩余价值这两大发现使得社会主义学说摆脱了空想性，成为指导无产阶级完成其历史使命的科学学说。同时，这个判断既没有说明以后的社会主义实践都是科学的，都是不会经历挫折的，也没有给以后产生的各种问题提供终极真理。科学社会主义是发展的科学，它的特点会随着时代的发展和社会主义的实践而不断向前发展②。也有学者为乌托邦社会主义做辩护，不赞同后人对乌托邦社会主义的批判以及斥之为教条主义的做法。因为马克思、恩格斯的共产主义理想应该归于乌托邦范畴的结论，所以为乌托邦正名有利于驱散意识形态的迷雾，为人的思想解放提供

①　张一兵. 马克思历史唯物主义中的历史概念. 哲学研究，1998（9）.

②　徐崇温. 社会主义从科学到乌托邦论辩析. 理论前沿，2000（15）.

更加有力的理论依据①。

## （二）贯穿共产主义的方法论原则

以何种方法论研究共产主义关系到在社会主义发展进程中所秉持的政治立场和实践方向。国内学界对于共产主义学术旨趣的探讨整体上以问题导入，以资本主义社会批判为靶子，在方法论上围绕行动从属于观念的逻辑理路、唯物史观与共产主义的关系性分析展开，这些思考能为我们把握共产主义的方法论原则、完善和发展中国特色社会主义制度提供一定的参考。

1. 共产主义的研究方法遵循的是行动从属于观念的逻辑理路

苏东剧变以后，对共产主义的理解出现了弱化行动转而强化观念的变化。国外马克思主义者普遍将共产主义视为一种观念，将社会主义视为一种实存，即失败的产物。虽然自20世纪90年代以后，随着市场社会主义、生态社会主义、新自由主义、女性主义等多元化思潮的涌入，共产主义不再处于主流地位，但是在此期间，马克思、恩格斯的共产主义理论依然经历了两次复兴。

第一次复兴是随着德里达《马克思的幽灵》的发表，国内产生了"幽灵论"研究的热潮。关于这个问题，学界一般存在以下两种解读方式。一种是政治观念化解读，亦可称之为带有政治取向的批判伦理学。从两个层次来说：第一，德里达所理解的马克思主义与我们所理解的马克思主义存在本质性区别。被解构的马克思主义不承认任何形式的本体论的体系建构，反对现实的共产主义运动，这些消解后的共产主义是一种乌托邦幻境②。第二，德里达所说的幽灵是缺乏直接现实存在的价值悬设，是在后马克思语境下开始的一种解构意境下的"新解构"。他不是要回到马克思、恩格斯的科学社会主义语境，而只是试图将马克思的幽灵塑造成对抗资本

① 李广益.乌托邦的归来：重读《社会主义从空想到科学的发展》.科学社会主义，2016（2）.

② 李西祥.德里达的幽灵学与解构的马克思主义.中国社会科学院研究生院学报，2006（6）.

主义全球化的批判武器，而是将共产主义解读为一种"不真实的错觉或幻影"①。因为，这种幽灵化的表述反抗的是教条主义的马克思主义和新自由主义，以瓦解关于价值理念同一性的方式消解政治形而上学的霸权②。另一种是行动化解读。有学者在为解读德里达的《马克思的幽灵》这本书所做的评论中提出，马克思主义和共产主义的现实性远远超出"活生生的在场的东西"，因为马克思主义发展的源泉来自思想与具体实际的结合③。还有学者提出，马克思主义留下的遗产不是一种简单的言说，而是应该通过实际行动去达成的历史使命。我们可以以此为目标得出三条结论：一是马克思主义是行动的指令，不能被解读为一种虚假的意识形态；二是马克思主义主张社会变革；三是共产主义依然是没有降临的状态，因此苏联社会主义模式的失败不代表共产主义本身的失败④。这表明，在资本主义现代性批判和共产主义的人类解放、解构资本主义和瓦解共产主义的本体论逻辑这两个维度上，一方面，德里达继承了马克思主义的真精神，将共产主义立足于现实生活；另一方面，被消解的共产主义虽然不是一种宗教式的救赎，但却仅仅是一种在社会批判视域下寻找差异性存在的方式或是一种带有批判和解放指向的观念性话语。

　　第二次复兴是西方激进左翼代表人物巴迪欧和齐泽克提出的"共产主义观念复兴"。自 2009 年在伦敦召开共产主义观念大会以来，共产主义出现了第二次观念上的复兴⑤。它的现实影响在于，它不仅是激进左翼思想家的集体亮相，也是共产主义观念回归的重要仪式⑥。国内不少学者（如

---

　　①　张一兵．德里达幽灵说的理论逻辑：《马克思的幽灵》的文本学解读．理论探讨，2005（5）．

　　②　张文喜．幽灵政治哲学：政治性的又不是政治性的：读德里达的《马克思的幽灵》．山东社会科学，2006（2）．

　　③　陈学明．为马克思辩护：读德里达的《马克思的幽灵》．当代国外马克思主义评论，2000．

　　④　苏娅．论德里达对马克思主义的继承．东岳论丛，2011（4）．

　　⑤　齐泽克、巴迪欧等在 2009 年共产主义观念大会上发表评论，其中，巴迪欧所做的《共产主义观念》（The Idea of Communism）的报告的末尾提出"在人们的意识中赋予共产主义观念将是共产主义存在的第三个时代"。

　　⑥　汪行福．为什么是共产主义？：激进左派政治话语的新发明．当代国外马克思主义评论，2010（1）．

汪行福、王金林、蓝江、范春燕、夏莹、韩振江等）从左翼共产主义思潮入手分析后现代语境下共产主义的特点、内容及其本质和定位，将其置于观念、行动、主体、现实等多重语境和对马克思、恩格斯共产主义思想的比较性研究的视野中进行解读，呈现出当前激进左翼在革命陷入低潮时做出的政治性尝试。齐泽克、巴迪欧等人从对共产主义观念的拯救出发，从政治经济学批判、政治组织模式和革命性主体生成等方面来构建"新共产主义"，试图通过盘活马克思主义经典概念而将其运用到当前的资本主义批判之中，为复兴共产主义做出了很好的尝试。共产主义作为一种"永恒"的观念和"不变量"，本身就是解放政治领域中的观念的代名词，就此而言，激进左翼仍然要对共产主义观念保持忠诚，其目的是促进共产主义运动的当代复兴①。总的来说，西方激进左翼学者继承了阿尔都塞的反人道主义的旗帜，将共产主义做出科学解读，判定共产主义是介于人道主义与科学主义之间的事件化的东西。共产主义的回归不是一种具体内容的回归，而是将其置于解放话语和未来向度的哲学性思考中。在这里，共产主义不再被认为是必然到来的现实性的东西，而被认为是一种主观意义上不断前进的趋势或观念。

2. 共产主义的研究方法是基于历史唯物主义之上的关系性分析

坚持共产主义的方法论原则，归根结底谈的是历史唯物主义问题。因此对共产主义的理解理应将其置于科学的历史观基础之上。当然，关于历史唯物主义与共产主义的关系问题，国内马克思主义者从文本出发提出了不同的看法，大体上可分为以下三种：

第一种是针对"广义历史唯物主义"和"狭义历史唯物主义"的区分，将历史唯物主义作为一种研究方法引入社会发展必然趋势的考察视域之中。以张一兵为代表的学者提出，广义历史唯物主义是关于社会历史发展的一般规律的理论，狭义历史唯物主义是指马克思的政治经济学；以俞吾金为代表的学者则提出，广义历史唯物主义是马克思哲学，狭义历史唯物主义是关于社会历史领域的发展规律的理论；以王金福为代表的学者提

---

① 参考范春燕在《一种新的共产主义?：当代西方左翼学者论"共产主义观念"》《当代西方激进左翼学者的"新共产主义"》中的表述。

出，广义历史唯物主义是关于人的历史存在的理论，即从人们的历史存在出发解释人们的历史意识的哲学理论，狭义历史唯物主义是关于社会历史领域的理论，揭示了社会历史运动的特殊本质和规律①。他们虽然在区分问题上不甚一致，但在人类历史发展可以达到什么样的状态上保持一致，并从马克思、恩格斯思想的社会语境出发建构未来的理想社会。在自19世纪以来大工业所确立的资本主义生产方式以及雇佣劳动制下的剥削关系所表征的客观现实的基础上，马克思、恩格斯通过关注资本与劳动、无产阶级与资产阶级等不同要素的相互斗争，试图在展望作为社会发展必然趋势的共产主义的同时，诉诸无产阶级革命。这表明，唯物主义中内含共产主义趋势，共产主义是以唯物主义的方法论为指导，不断运动和作用于社会生活，并对资本主义产生颠覆性影响的世界历史性结果。

　　第二种是通过对历史唯物主义与政治哲学关系的探讨拓展和加深对共产主义的本质性理解。因为历史唯物主义在内容上，既通向对资本主义最深层矛盾的揭示，也涉及对理想政治模式的建构问题。历史唯物主义并没有因为其"实践"维度的存在，而成为一种缺乏理论反思的经验主义哲学；历史唯物主义也没有因为其"理论"维度的存在，而阻断其与实践哲学相打通的道路。相反，正是由于它在理论层面对事实性和必然性的东西进行深刻的探索并取得科学的认知成果，才将实践层面的思考根本性地推向纵深发展。这样的贯通直接为共产主义的实现提供了理论上的依据，进而从政治哲学视野佐证了"两个绝不会"的科学判断②。

　　第三种是从历史唯物主义的革命性变革出发阐释共产主义生成的理论逻辑。有学者指出，历史唯物主义中内含辩证法，辩证法中内含历史性的统一，这使得唯物主义发生革命性变革。历史唯物主义的核心范畴是资本，理论基础是现实的社会存在，而贯穿这一革命性变革的思想便是历史唯物主义在扬弃抽象存在后所达到的现实生活批判，而这一现实生活批判

---

　　①　吴苑华．由辩证唯物主义、历史唯物主义走向实践唯物主义：重新理解马克思的"新唯物主义"之本质内涵和真精神．理论探讨，2015（6）．

　　②　参见李佃来在《论历史唯物主义与政治哲学的内在会通》《历史唯物主义的"实践"维度与"理论"维度》中的相关论述。

所达成的结果便是共产主义①。

综上所述，国内学者虽然从唯物主义、政治哲学和辩证法等视角阐释共产主义，但最终都将落脚点放在对历史唯物主义这一方法论的探讨上。如果没有这个逻辑思路，共产主义就会演变成两种基本倾向：一种是纯粹现实的共产主义，它只能算是马克思所说的粗陋的共产主义的理论表达；另一种是追求超越性的共产主义，它因实现方式的不切实际而终会沦为乌托邦幻想。在唯物史观中，现实与观念、历史尺度与价值尺度的统一是考察问题的基础。只有在这一基础之上，马克思主义共产主义理论的批判性与建构性、科学性（事实性）与价值性、理想性与现实性的统一才能得到合理说明。从科学性或事实性层面而言，社会关系的所有方面都是以微观的、商品的形式来对待的；而从价值层面而言，社会整体不是以"经济给定的社会时期"，而是以"人"的发展程度来表达的。由此可见，共产主义不仅仅是在事实层面上以政治经济学批判、哲学批判和政治哲学批判的方法对资本主义社会形态进行剖析，凸显无产阶级主体性和革命地位以及完成这一历史使命的条件的科学理论，更是关于人的本性从异化到复归的动态过程、关于无产阶级意识的历史性生成、关于理想社会制度应该是什么的理论，后者正体现了研究国外马克思主义的理论价值和意义。正如阿格尔所指出的那样，"马克思主义不是一种纯思辨的方案，不是流于自我欣赏的我行我素，而是一种方法，一种把解放理论和关于社会主义可能性的设想与被压迫人民的寻常斗争联系起来的方法"②。

### （三）通往共产主义革命的路径选择

西方马克思主义者批判第二国际思想家在理论上的实证主义倾向，从主观维度和主体逻辑视角出发，形成了以人道主义阐释为主要倾向的理论基调，将关注点定位于无产阶级的主体意识与主体革命问题。

第一种是积极地从主体解放和人的全面发展中找寻可行性路径。西方

---

① 杨耕.重新理解唯物主义的历史形态及其革命性变革.中国社会科学，2016（11）.

② AGGER B. Western Marxism：an introduction. Santa Monica：Goodyear Publishing Company Inc.，1979：11.

马克思主义选择的社会主义路径是超越资本主义社会和社会主义社会的"第三条道路"，其核心是人的主观意识如何在革命中发挥关键性作用。针对这一问题，国内学者主要从以下三方面对国外马克思主义展开评述：一是西方马克思主义应该将提升工人阶级和个人的主观精神境界作为实现人道主义的社会主义社会的重要举措，核心是培育作为无产阶级整体的成熟的阶级意识以及个人的自主的意识和健全的人格①。二是西方马克思主义致力于社会主义革命的主体向度。社会主义革命不是客观规律的简单结果，不能把社会主义革命的胜利建立在宿命论和经济决定论的基础之上。要想实现社会主义革命的胜利，就应该重建马克思主义哲学的基础，恢复社会主义政治斗争的主观作用方面，将人的主体意识、主观能动性置于变革过程的中心地位②。三是西方马克思主义不仅揭示了马克思对人的本质规定的全面性，还全面而整体地论述了人的异化，揭示了马克思所看到的人的异化是一种整体的异化。西方马克思主义者在向我们解释资本主义社会异化的同时也在其中以不同的方式和方法展现出解决的手段和路径。比如，马尔库塞一方面强烈地批判，正是现代工业、现代科学技术的广泛使用，导致人成了"单向度的人"；另一方面又提出"新科技观"，认为只要"人道主义地"使用现代科学技术，现代科学技术的广泛使用就非但不会引向当今这种人的存在方式，反而会创建新的人的存在方式③。这表明，异化和异化的扬弃走的是同一条道路，扬弃异化的结果是自由人联合体的共产主义理想状态的实现。

第二种是侧重于哲学批判而没有找到具体的摆脱异化的革命策略。西方马克思主义哲学批判的关键词是主体意识与主体辩证法。有学者认为这一特点恰恰凸显了它的困境，因为西方马克思主义的做法是主体的玄学化、形而上学化，其谈论主体的抽象类本质却淡忘了实践中的具体的人，

① 王雨辰，孙珮云．论西方马克思主义在中国的解释史及其影响．马克思主义与现实，2018（4）．

② 李青宜．西方马克思主义关于发达资本主义向社会主义过渡的战略．科学社会主义，2007（1）．

③ 参考陈学明在《西方马克思主义研究在当今中国之意义》《西方马克思主义对人的存在方式的研究》中的相关论述。

或者说在个人与主体的关系问题上出现了无主体对应的个人，这会导致无法在现实中找到普遍异化的具体策略①。还有学者从科学社会主义这一视角，指认西方马克思主义沉迷于哲学思辨，轻视政治经济学批判，甚至试图摆脱科学社会主义，结果使西方马克思主义者所强调的总体性成为一种抽象总体，而不再是马克思和恩格斯所面对的具体的、历史的总体。西方马克思主义在理解共产主义与社会主义的关系上出现了分歧，否认了科学社会主义的两大基本原理（阶级分析和剩余价值理论）的政治经济学分析，在将共产主义解读为人的本质的复归、乌托邦或美学旨趣的同时不仅放弃了通往社会主义的现实路径，也背离了马克思、恩格斯共产主义的关于无产阶级与资本主义批判的革命实践②。更有学者直接指出，西方马克思主义者提出的"乌托邦的社会主义"和以"文化革命"为中心的变革策略，是建立在忽视政治经济因素基础之上的意识形态革命，这种做法最终会使它走向唯心主义③。换言之，西方马克思主义者倒转了马克思、恩格斯共产主义思想发展的轨迹，从理性、伦理和文化的角度论证了社会主义的必要性和可能性。虽然他们看到了资本主义社会的一系列文明弊端、价值困境和文化冲突，揭示了资本主义社会政治、经济、劳动、科技、消费、日常生活的全面深刻的异化，但他们的批判说到底是一种道德义愤。"道义上的愤怒，无论多么入情入理，经济科学总不能把它看做证据，而只能看做象征。"④ 因为在马克思、恩格斯那里，共产主义不仅仅是一种美好理想，更是一种现实状况。虽然从政治经济学现实分析回溯到哲学批判的方式有其时代价值，但对坚持马克思主义革命观，尤其是经历过新民主主义革命和社会主义革命的中国学者来说，上述表述对他们的心理产生了较大的影响。直到真理问题大讨论以后，学界才对西方马克思主义有了更加清醒和客观的判断，这也就能理解为什么一开始人们会对西方马克思主义抱有天然的敌意。

---

① 李高荣. 西方马克思主义视域下的历史主体批判. 中南大学学报（社会科学版），2019，25（4）.

② 马拥军. 马克思主义发展史视野中的西方马克思主义. 党政干部学刊，2018（4）.

③ 陈喜贵. 西方马克思主义视野中的社会主义. 当代世界与社会主义，2008（5）.

④ 马克思，恩格斯. 马克思恩格斯文集：第9卷. 北京：人民出版社，2009：156.

第三种是从"马克思主义是不是已经过时了，是不是没有存在的价值了"出发，国外马克思主义将革命目标置于批判苏联模式和建构理想形态的双重视域。一方面，国外马克思主义者批判了苏联社会主义模式的弊端，证明了把苏联东欧社会主义的失败等同于马克思主义的"破产"是没有道理的，"破产"的只是一种变了味的社会主义模式（苏联社会主义模式），而不是人类理想的共产主义和社会主义，更不是作为这种理想的理论基础的马克思主义①。同时，从苏联社会主义模式的弊端出发，国内有学者指出，西方马克思主义（尤其是法兰克福学派和存在主义的马克思主义等流派）批评"科学社会主义"概念，认为"现实的社会主义"完全背离了马克思社会主义思想轨迹，社会主义不仅是一种制度的改变和生产力的发展，而且是一种人的思想和生活的解放。社会主义的本质及目的是人的全面发展或人的本质潜能的充分体现②。另一方面，国外马克思主义者展望了未来社会的预期目标。其目标包括三个方面：一是社会主义不仅必须增加财富，还必须改变人类生存的社会条件；二是社会主义不仅要增加生产和合理分配产品，还必须赋予人与人的关系以一种新的形式；三是社会主义不仅是生产力的发展，同时也是一个充满道德和美学之地③。

　　因此，总的来看，如何勘定共产主义研究的主体、方法、路径和目标等原则将持续成为学界讨论的主要话题。有些国外马克思主义者在阐释共产主义问题上存在政治立场不坚定的问题，如有些学者主张"共产主义渺茫论"和"不可实现论"，有些学者一味地制造共产主义与社会主义"分离论"，试图将社会主义从共产主义视域中脱离出来，这些都是极其有害的想法。我国学界在研究国外马克思主义、共产主义理论时需要正本清源，以是否背离马克思主义基本立场和是否脱离我国社会主义发展实际情况为衡量标准，明确政治立场和理想信念的重要性。正如习近平总书记所言："一些人认为共产主义是可望而不可及的，甚至认为是望都望不到、看都看不见的，是虚无缥缈的。这就涉及是唯物史观还是唯心史观的世界

---

①　陈学明．西方学者对马克思主义的新反思．教学与研究，1997（4）．
②　陈振明．"西方马克思主义"社会主义观述评．福建学刊，1997（2）．
③　徐崇温．西方马克思主义的社会主义观．理论视野，2000（5）．

观问题。"①

# 三、西方马克思主义的共产主义理论的影响与展望

对当代国外马克思主义思潮的研究与分析，要在科学总结其特征和趋势的基础上，将其放在国内和国际的大环境中进行考察，切勿脱离马克思主义的基本立场，也不能因为国外马克思主义思潮理论与中国特色社会主义的不同而一味地否定西方马克思主义理论。这里的关键在于在研究国外马克思主义思潮的同时，以辩证思维方式把握好其所带来的积极影响和消极影响，以坚定的政治立场和理想信念对其进行客观合理的评价。"对国外马克思主义研究新成果，我们要密切关注和研究，有分析、有鉴别，既不能采取一概排斥的态度，也不能搞全盘照搬。同时，我们要坚持把自己的事情办好，不断发展中国特色社会主义，不断壮大我国综合国力，充分展示我国社会主义制度的优越性。"② 坚持历史唯物主义的基本观点，有分析、有鉴别地关注和研究国外马克思主义批判资本主义和展望共产主义的内在原则，对于我们深刻认识资本主义的发展变化、历史方位、矛盾形态、重要特点，加深对资本主义历史命运的理解，坚定共产主义理想信念，准确观察、解读、引领时代，正确判断世界政治、经济力量对比与格局变化，制定正确的战略、策略很有意义。

## （一）国外马克思主义共产主义理论在我国产生的积极影响

自国外马克思主义传入中国，对中国思想界、学界和人们的生活产生了较大影响。这些影响包括如何看待实现共产主义进程中存在的现代性问题、生活方式和个体自由问题，如何在发展国外马克思主义的过程中更好地成为科学社会主义的同盟军，如何在更好地将理想目标与现实状况做好

---

① 中共中央文献研究室. 十八大以来重要文献选编：上. 北京：中央文献出版社，2014：116.

② 习近平. 习近平谈治国理政：第2卷. 北京：外文出版社，2017：67.

紧密联系的同时区分出孰轻孰重的问题。近十多年来，国内学者关于国外马克思主义给我国带来的影响方面的论述无论是从数量还是从质量上来说都有较大的提高，并且更多的还是侧重于从积极方面展开讨论，归结下来主要有以下几种：

第一，共产主义社会是高度发达的文明社会，国外马克思主义的现代性批判为我国现代化建设提供了新思路。有学者指出，现代化过程中出现种种问题的原因不在于现代性理念本身，不在于科学技术、理性本身，而在于承受这些现代性的社会制度和经济运行模式[①]。这反映了体与用的关系问题。理性的狡诈本来是现代性所必然带来的结果，现代性出现的问题之所以没有归咎于理性和现代性理念本身，是因为这种思维方式会使得我们的思考再次陷入哲学批判的悖论境地，没有打破传统的认识论框架。或者说，在追问现代性问题的根源和如何克服现代性危机方面没有将途径、方法和目标落实到感性的物质生活和革命性实践中，故而在推进共产主义的过程中又落入了形而上的怪圈。这提醒我们，在发展现代化事业的同时必须处理好思想与现实的关系，深刻领悟现代性理念背后展现出的人的社会关系以及制度体系和运行机制，从更加现实和可操作的层面将现代化的手段与现代性理念更好地结合起来。

第二，历史唯物主义是研究共产主义的重要方法，这为我国坚持马克思主义的指导地位提供了新思考。西方马克思主义以人道主义作为共产主义的哲学基础，以关于人的历史辩证法重构了历史唯物主义的"历史"概念，在社会主义革命中体现了人的主体性，使得唯意志论与经济决定论的对立关系得以缓解，极大地丰富了研究历史唯物主义的内容，使人的自由发展与生产方式的变更共同构成历史唯物主义的核心范畴。此外，西方马克思主义共产主义理论就其关注对象而言经历了从聚焦个体生存状态到关注人类整体生存状态的发展过程。直到现在，整体与个体关系的动态呈现仍是研究共产主义的一个重要维度。

第三，西方马克思主义与科学社会主义的互补性关系为我国发展科学

---

① 陈学明. 西方马克思主义研究在当今中国之意义. 思想理论教育，2016（3）.

社会主义提供了新思考。西方马克思主义的出现与 20 世纪 50 年代科学社会主义在西方影响力的衰落有关，当科学社会主义因为苏联模式的僵化而成为明日黄花之时，西方马克思主义异军突起，成为当时风行一时的重要思潮。这在某种程度上弥补了科学社会主义遭遇挫折的劣势，维护了马克思主义在西方世界的影响力。另外，要想变革资本主义制度，实现共产主义，就必须面对世界上发生的种种问题，从传统的无产阶级专政、阶级斗争、暴力革命等问题向全球性问题如生态危机、人的生存危机、异化问题、科学技术的发展、消费问题和空间问题等方面拓展①。因此，对科学社会主义来说，要不断吸收西方马克思主义的有益资源以丰富自己的思想体系，将西方马克思主义作为自己的同盟军以求得自身力量的不断更新。此外，西方马克思主义还揭示出人的本质的实现与社会主义革命的相互关联，即回归到共产主义的目的是实现人的全面发展。这一理论对我国人们生活方式的改变产生了重大影响。

第四，重新阐释共产主义不仅是一种理想状态，也是一种消灭现存状况的现实运动。国外马克思主义共产主义理论的本质性理解对我国正确处理共产主义远大理想和中国特色社会主义共同理想的关系提供了借鉴意义。国外马克思主义的共产主义理论在乌托邦社会主义与科学社会主义之间徘徊，这种解读的积极意义在于能够打破科学社会主义与空想社会主义之间二元对立的局面，重新阐释乌托邦与社会主义的关系，将社会主义作为乌托邦、作为关于人类未来的总体理想②。更重要的是，重解社会主义与乌托邦的关系能够使我们更加清醒地认识到，共产主义是建立在消灭现存状况的基础之上的现实运动，坚持和实践中国特色社会主义共同理想，就是坚持和实践共产主义远大理想。

### （二）国外马克思主义共产主义理论在我国产生的消极影响

国外马克思主义自传入中国以来，不断重塑着人们对资本主义的认知方式，成为发展中国特色社会主义的重要思想资源。但不容否认的是，国

---

① 宗锦福．"西方马克思主义"与当代社会主义．社会主义研究，1987（1）．
② 陈学明．论当代西方马克思主义．西南林业大学学报（社会科学版），2017，1（1）．

外马克思主义不是科学社会主义，它只能是科学社会主义的补充，而不能在思想界占据主流。也正是在这层意义上，学界对国外马克思主义从怀疑否定到肯定借鉴再到批判性吸收，经历了一个较长的消化时间。任何一种社会思潮都要接受时间的考验，都将在实践中暴露出一定的缺点，尤其是对作为马克思主义的一个分支的国外马克思主义，更应该以马克思主义的基本立场加以辨识。因此，国外马克思主义的共产主义理论对我国所产生的消极影响主要概括为以下几点：

国外马克思主义的共产主义理论中存在违背马克思主义基本原理的偏颇之处。如早期西方马克思主义与法兰克福学派将马克思的共产主义理论的基础归结为抽象的人道主义，在社会变革方面忽视政治经济学的批判方式，过于从哲学批判视域强调思想文化的作用，忽视传统无产阶级的作用而过分强调科学技术和意识形态批判，以抽象的理性和伦理原则去指导现实的社会主义运动，这显然是不切实际的。从政治经济学批判回溯到哲学批判的做法与经典马克思主义的基本阐述有相悖之处。恩格斯曾说过："以往的社会主义固然批判了现存的资本主义生产方式及其后果，但是，它不能说明这个生产方式，因而也就不能对付这个生产方式；它只能简单地把它当做坏东西抛弃掉。它越是激烈地反对同这种生产方式密不可分的对工人阶级的剥削，就越是不能明白指出，这种剥削是怎么回事，它是怎样产生的。"① 此外，国外马克思主义对苏联社会主义模式的评价过于偏狭，没有以辩证思维方法认识苏联社会主义模式的成败得失。因为苏联社会主义建立的目的是创造一个新的世界。首先，它为解决资本主义固有的问题提供了一种另外的考察视角和解决思路，开启了人类社会由资本主义向社会主义过渡的历史进程。其次，它通过对苏维埃这一民主形式的探索，使得工人、农民和知识分子有了行使自己权力的机会。最后，它推动了世界民族解放运动的发展，促进了发展中国家的民族解放。

尤其需要指出的是，国外马克思主义受后现代主义的影响，在解构马

---

① 马克思，恩格斯．马克思恩格斯文集：第9卷．北京：人民出版社，2009：388.

克思主义的同时建构了多元化的马克思主义。马克思主义可以是多样的，但不能是多元的，就是说，我们不能以文本的不同解读为借口来建构多元的马克思主义。正如陈先达所指出的，因为"马克思主义的本质是一元的并非多元的。马克思主义作为一种科学体系，它的内容并不取决于研究者的主观解读、自我建构，而是取决于它的客观内容和科学本性。马克思主义作为一种科学学说，必然具有它的本质属性，这就是马克思、恩格斯在他们的经典文本中所阐述的关于哲学、经济学和科学社会主义的基本原理"①。我国的国外马克思主义研究要有基本的价值标准：一是从当代资本主义批判和世界历史发展新际遇的视角出发，客观地描述西方学者眼中的资本主义的现状、发展趋势和未来走向，在进一步厘清概念和内在逻辑的基础上，强化问题意识，创新研究范式，从国外马克思主义的观点中汲取有利要素。二是立足于科学社会主义基本原理和当代中国的马克思主义理论建设，在坚持马克思主义指导地位的同时，将国外马克思主义发展的内在逻辑和思想路径揭示出来，更好地服务于中国特色社会主义的当代资本主义研究，进一步推进对共产主义与新时代中国特色社会主义内在关系的研究。

### （三）以整体性视野展望国外马克思主义、共产主义理论研究的未来发展

一直以来，马克思、恩格斯共产主义理论都是国内外学界持续关注和讨论的热点。他们主要围绕共产主义的内容阐释、基本特征、理论定位和厘清争议等方面展开探究，尝试通过理论和现实的分析对共产主义进行客观而合理的评价。因此，在介绍和研究国外马克思主义关于共产主义的最新研究动态和共产主义思潮时，必须坚定马克思主义的立场、观点、方法，为真正的、科学的共产主义的复兴而努力探索。

第一，国外马克思主义共产主义研究应该立足于历史唯物主义视野。在一些基本的描述中，许多西方马克思主义者逼近了马克思的本真义。

---

① 陈先达．马克思恩格斯经典文本研究的双重视角．中国社会科学，2014（11）．

当很多后现代主义者诉诸否定的叙事方式时，他们无疑走向了更加坚定的一面，继承了马克思、恩格斯关于共产主义的革命话语及其实现形式。但是，马克思、恩格斯的共产主义学说是从资本主义发展的客观进程中发现其自我否定的内在根据。一是发现工人阶级的历史使命，即主体的革命地位。马克思不仅侧重于从现实与观念的层面考察共产主义，还从资本主义与共产主义的对抗性关系中找到了突破资本主义的出口，这个出口已经不再是哲学意义上的异化问题，而是实证化为科学意义上的资本问题和阶级问题。联合起来的个人共同占有生产资料，实现人的自由全面的发展是由工人阶级所处的地位所决定的。二是确立以唯物史观和剩余价值理论为基础的资本主义批判框架，这一框架决定了资本主义的基本矛盾是无法通过其自身调节得以完成自我更新，而需要在资本主义之外构建一种新的社会形态。这一社会形态将以共产主义社会的形式而存在。因此，只要坚持以科学的历史唯物主义立场看待当代共产主义复兴的各种思潮，就既不致陷入先入为主的经验主义和主观化的判断之中，也不会将社会现实建立在一个空洞的观念之上，更不会脱离人民群众的迫切要求而去建立一个不能为人民谋福利的乌托邦，这一切都是与共产主义的原初目标不符的。

第二，在评价国外马克思主义共产主义理论时要坚持三个标准，即看它对世界社会主义和共产主义运动的借鉴意义，看它对中国社会现实的借鉴意义，看它对发展马克思主义的借鉴意义。尤其是进入 21 世纪以来，在形形色色的社会主义思潮中，有些国外学者会戴着有色眼镜看待社会主义的复苏，也有些国外学者无视实存的社会主义所具有的世界历史意义，更有些国外学者直接将社会主义混入资本主义发展进程之中，这些做法都不利于世界社会主义、共产主义运动和马克思主义的发展。在评价国外马克思主义的共产主义理论时，要以中国特色社会主义的发展现实为依据，重点考察这些社会主义和共产主义理论能够给我们带来哪些现实启示。更重要的是，在研究过程中，应该注意发掘有思想深度的话题，开启国际比较的研究视野。

总结而言，共产主义是马克思、恩格斯创立的科学社会主义理论体系的核心命题，是形形色色的马克思主义思潮进行当代言说的思想基础。在这个充满问题的时代语境中，资本主义批判力量与新无产阶级主体的力量如何融合在一起，将成为衡量共产主义复兴能否成功的基本标准，这些都将产生于理论和实践的探索之中。这也许是我们今天研究国外马克思主义和发展中国马克思主义需要付出更多努力的地方。

# 第七章 西方马克思主义的共产主义理论在中国的传播与影响研究之二

在西方马克思主义的各种共产主义、社会主义理论中，最引人注目的是市场社会主义理论。实际上，在西方马克思主义的各种共产主义、社会主义理论中，对我国产生影响最大的也是市场社会主义理论。这里，我们集中探讨一下我国学者对西方马克思主义的市场社会主义的研究，以及西方马克思主义的市场社会主义理论在我国所产生的影响。

从 1978 年实行改革开放以来，我国的社会面貌发生了深刻的变化，现阶段正在全力以赴地向社会主义现代化强国发起冲刺。近年来国际社会之所以对中国特色社会主义高度关注，首要的因素是中国特色社会主义市场经济在实践层面取得的巨大成功。中国特色社会主义不仅使中国社会所蕴藏的生产力呈现井喷式发展，大大提高了中国人民的生活质量，增强了中国的经济实力，加快了中国向社会主义现代化强国迈进的步伐，扩大了中国的国际影响力，而且给其他广大的发展中国家树立了摆脱贫困、走向富裕的典范。

我国的改革开放事业始终围绕着这样两个关键问题：社会主义能否运用市场？社会主义如何运用市场？前一个问题关涉社会主义如何通过自我革新来去除偏见、焕发活力，后一个问题关涉社会主义如何不忘本源、坚守初心，牢牢把握好改革与改向之间的界限。伴随着中国特色社会主义进入新时代，我们关于市场与社会主义两者之间相互关系的讨论不断展开、日益深入。可以这么说，40多年来，我国关于市场与社会主义两者之间关系的探索是非常成功的，尽管当前仍然处于探索过程之中，在今后较长一段历史时期内也仍将继续探索，但是我国综合国力的不断增强和国际地位的日益提升从不同的侧面印证了这一点。我国坚持在社会主义制度框架内走市场化取向的改革道路是正确的历史选择，不仅成功抵御了诸如亚洲金融危机、美国次贷危机、欧洲债务危机及难民危机等种种外部危机的冲击，而且通过在外交领域的"韬光养晦"，为本国争取到了飞速发展的平稳政治环境。40多年来，我国在改革开放基本国策的指引下，一心一意谋发展，结合本国的经济特色，创造了世界经济领域的中国奇迹，人均GDP迅速增加，人民群众生活质量稳步提升，由过去的温饱不足到如今的全面小康，这一切都足以说明我国将市场机制与社会主义基本政治制度相结合的做法是成功的。在涉及如何处理好市场与社会主义的关系问题时，国外相关左翼思潮在我国的广泛传播，对我们产生了较大的影响。

国外探讨市场与社会主义关系问题的重要理论思潮是市场社会主义。它属于国外马克思主义的理论阵营，其理论精彩纷呈，不断结合时代发展的最新特征推陈出新。以往我们主要从西方主流经济学吸取经验，虽然西方市场社会主义并不属于西方主流经济学的范畴，但其理论却彰显出独特性：处于当代资本主义制度之下，而以社会主义的立场、方法去批判、反思资本主义，面对世界社会主义运动在现实境遇中陷入低谷，而坚持对社会主义前途与命运的探索。无疑，西方市场社会主义可以为我们进一步推动中国社会主义市场经济的理论创新与实践发展提供启示。当然，西方市场社会主义主要偏重于理论模型的构建，在实践中则实施得很少，具有一定的乌托邦色彩，我们在借鉴的时候也要注意这一点。

# 一、西方市场社会主义的相关理论

西方市场社会主义旨在将生产资料公有制与市场经济体制结合起来以

实现社会主义。这股理论思潮最早出现于 20 世纪 30 年代，以波兰经济学家奥斯卡·兰格提出"兰格模式"为诞生标志。其诞生背景与欧美经济学家之间发生的一场大争论密不可分，这场争论的焦点是社会主义应当与计划经济相结合还是应当与市场经济相结合，社会主义能否接纳市场经济以及运用市场杠杆。大部分欧美经济学家倾向于走社会主义与市场经济相结合的道路，因而形成了这样一种别具一格的社会主义理论模式。它试图摸索出一条将生产资料社会所有制与市场经济体制结合起来从而实现社会主义的具体路径，其关注的重点是社会主义能否合理地配置资源、市场机制是否与社会主义制度相矛盾等一系列问题。苏东剧变以后，国际社会主义运动陷入低谷，但市场社会主义却异军突起，西方左翼学者在反思苏东剧变、重构社会主义未来的过程中，重新掀起了对"市场"与"社会主义"关系问题的探讨，从而重新掀起了一股对市场社会主义的研究热潮，并进一步将这一流派的理论往纵深推进，使西方市场社会主义这一世界社会主义理论中的一分子更具有现实性和前沿性的特征，其研究的空间与张力随着现实世界经济生活的快速变化得到了持续的拓展与延伸。

西方市场社会主义的代表性著作有：约翰·罗默的《平等股份：推动市场社会主义运作》及《社会主义的未来》，论述了公有制与私有制、计划与市场的关系问题等；詹姆斯·扬克的《经济公平：市场社会主义的视野》论述了如何促进经济领域的公平性问题；伯特尔·奥尔曼的《市场社会主义》论述了市场与社会主义相结合的可能性与必要性等；W. 布鲁斯等人的《从马克思到市场》论述了市场社会主义面对的挑战及应对的措施等问题；克里斯托弗·皮尔森的《新市场社会主义》论述了市场社会主义的可行方案；等等。此外，踏入 21 世纪以来，尤其是在西方资本主义国家遭遇金融危机及债务危机之后，《新左派评论》及《每月评论》等杂志发表的相关论文逐渐增多，如 P. 戴文等人发表的《社会主义的经济理论》、弗勒伯伊发表的《健康、公平与社会福利》及施韦卡特发表的《债务与欺骗》等。在这些相关论著的基础上，形成了"银行中心的市场社会主义"、"经济民主的市场社会主义"、"合作制市场社会主义"、"实用的市场社会主义"及"虚拟证券的市场社会主义"等各种理论模式。总体而言，国外对于市场与社会主义关系的研究呈现出多角度、深层次的特点。近年来，西方市场社会主义者越来越关注社会主义的价值目标与市场这种资源配置的方式能否结合及如何结合。除此之外，还有一些市场社会主义者从着重研究经济关系逐步转变为研究社会主义市场经济的实施对上层建筑，尤其是对国家治理会产生什么影响及提出什么要求。虽然西方市场社会主义关于市场与社会主义关系问题的研究有助于我们拓宽理论视角，但是国外的这些左翼学者主要进行的是理论探索，缺乏实践支撑，我们要正确地对其进行价值判断。

虽然关于市场与社会主义关系问题的讨论出现于 20 世纪 30 年代，以"兰格模式"的提出为诞生标志，但是兰格本人并没有把自己创建的模式称为市场社会主义。何谓市场社会主义？仅仅从字面上来看，这个称谓似乎是"市场"与"社会主义"这两个词的简单叠加，而在实际运用过程中它则是一个相对比较宽泛的范畴，对此理论家们有多种不同的解释。英国《不列颠百科全书》所下的定义是："市场社会主义也称自由的社会主义，是一种使社会主义的计划与自由的企业相协调的经济制度。企业属于公有，但生产和消费不受政府计划的控制，而是受市场力量的支配。20 世纪60 年代南斯拉夫实行了有别于苏联中央计划经济模式的市场社会主义。60 年代末 70 年代初匈牙利也有类似的发展。"① 美国《新帕尔格雷夫经济学大辞典》所下的定义为："市场社会主义是一种经济体制的理论概念（或模式），在这种经济体制中，生产资料公有制或集体所有，而资源配置则遵循市场（包括产品市场、劳动市场和资本市场）规律。对于现有的种种社会主义经济来说，这一名词往往是更广泛地概括这样两种体制：在严格意义上趋于接近这一定义的那种体制（像南斯拉夫 1965 年后所形成的体制），以金融调节和种种刺激作为中央计划的手段来替代命令和对生产商品进行实物分配的那种体制（即受调节的市场，像匈牙利 1968 年改革后的'新经济机制'）。"② 这仅仅是两种关于市场社会主义的定义，除此之外还

---

① 本书编辑部. 不列颠百科全书：第 7 卷. 北京：中国大百科全书出版社，2007.

② 伊特韦尔，等. 新帕尔格雷夫经济学大辞典：第 3 卷. 北京：经济科学出版社，1996：363.

有其他很多种不同的解释，其中值得一提的是，余文烈等人在《市场社会主义：历史、理论与模式》一书中结合对市场社会主义的分类进行了更加详细的界定。他们认为，对所有历史阶段的市场社会主义给出一个通用的界定会显得过于简化，应当根据两个主要的不同历史时期将市场社会主义划分为传统市场社会主义和当代市场社会主义来分别加以界定："传统市场社会主义是探索革新传统社会主义经济制度的替代模式，寻找传统的生产资料公有制和计划经济与运用市场配置资源争取效率的有机结合，发展社会主义经济。当代市场社会主义以超越当代资本主义为己任，提倡以某种形式的公有制或限制资本权力为基础，运用市场去实现社会主义的价值目标（如经济民主、分配平等、选择自由、消灭剥削等），培育社会主义因素。"① 这一观点为我们从时代发展的特点来重新定义市场社会主义提供了不同的角度。

市场社会主义的产生与发展始终伴随着激烈的思想交锋，也就是说，持不同立场、观点的学者在相互论争中促使了市场社会主义的诞生，又在后面持续的论争中促进了市场社会主义自身的发展，有些市场社会主义者甚至将围绕市场与社会主义展开的形形色色的论争本身写成书，如伯特尔·奥尔曼所著的《市场社会主义——社会主义者之间的争论》。

回顾市场社会主义自诞生以来的历史，不难发现其中包含了为数众多的理论派别，而对于这些派别的概括和分类，每一位学者又有自己的独到见解，这也显示出市场社会主义本身包含的多样性与复杂性。美国西伊利诺伊大学经济学教授詹姆斯·扬克认为市场社会主义包含五个派别。他这样说道："自从20世纪30年代奥斯卡·兰格在其《社会主义经济理论》中提出市场社会主义概念至90年代，总共出现了5种不同的市场社会主义：第一种是兰格的市场社会主义；第二种是服务的市场社会主义，即非营利性生产；第三种是本杰明·沃德的合作市场社会主义；第四种是实用的市场社会主义；第五种是勒兰德·斯托贝尔的区域所有的市场社会主义。"②

---

① 余文烈，等. 市场社会主义：历史、理论与模式. 北京：经济日报出版社，2008：32.

② YUNKER J A. Capitalism versus pragmatic market socialism：a general equilibrium evaluation. Boston：Kluwer Academic Publishers，1994：5.

上述划分只是一家之言，也有一些学者并不同意这一划分法。不管在具体的归类上有哪些差异，市场社会主义的各个流派总体上都呈现出一些共同的特征。戴维·施韦卡特在《市场社会主义：一个辩护》中提出，不管这些理论派别是否存在这样或那样的区别，它们至少在以下四点上持赞同态度：第一，市场不应等同于资本主义；第二，中央计划作为一种经济机制有极大的缺陷；第三，不存在任何可以替代市场社会主义的可行的、合乎要求的社会主义形式，这就是说，在短缺的情况下，市场是组织一种可行的经济的必不可少的（尽管不是完美的）机制；第四，市场社会主义的一些形式在经济上是可行的，并且远比资本主义可取①。

这些理论派别在相互争锋、相互促进中使市场社会主义呈现出特定的几个阶段。美国的市场社会主义者罗默在其代表作之一《社会主义的未来》中，将其归纳为五大阶段。第一阶段：社会主义者认识到在社会主义制度下，必须把价格运用于经济测算，若用原先的"自然单位"进行测算则无法达到目的；第二阶段：其特征是通过求解一系列复杂的联立方程式，测算这样一种价格是可以实现的，即按照这种价格，社会主义经济中的一般均衡将会达到；第三阶段：其标志是承认真实市场，兰格等人认识到要找到社会主义经济的均衡点，要有真实市场的介入；第四阶段：其与20世纪50年代以后共产主义国家的系列市场改革紧密相连，如1968年引进"新经济机制"后的匈牙利、1978年开始农业非集体化的中国等；第五阶段：是"当前这一阶段"，即自1990年以来西方左翼理论家重新设想社会主义的时期②。罗默较为细致地追溯到了市场社会主义的发端阶段，他所分的五大阶段突出了以兰格等人为代表的传统的市场社会主义。随着市场在现代社会中发挥出越来越大的功效，关于市场与不同性质的社会制度之间的关系问题吸引了东西方众多学者的研究目光。

---

① 奥尔曼．市场社会主义：社会主义者之间的争论．北京：新华出版社，2000：7.

② 罗默．社会主义的未来．重庆：重庆出版社，1997：25-32.

# 二、西方市场社会主义在我国的传播

如前所述，西方市场社会主义的正式诞生可以从 20 世纪 30 年代"兰格模式"的提出算起，此后，在 20 世纪 50 年代至 80 年代苏联和东欧社会主义国家的经济体制改革中，它又为这些国家的经济学家所发展。以匈牙利为例，在 20 世纪 50 年代初照搬苏联模式引发各方面严重危机的情况下，匈牙利的一些学者吸收了早期西方市场社会主义者的一些理论观点，探索如何在社会主义公有制为主体的框架内，运用一定的市场机制，发挥市场对资源分配的灵活作用，随后社会主义与市场相结合的举措也在具体的实践过程中得以展开。匈牙利在社会主义制度框架内对市场机制的灵活运用使其经济在短时间内获得了快速增长。东欧社会主义国家在实践中取得的成绩促使西方学者增强了对市场社会主义的研究旨趣。到了 20 世纪 80 年代末 90 年代初，发生了震惊世界的苏东剧变。虽然苏联与东欧社会主义国家纷纷发生易帜的行为，但是对市场与社会主义两者关系的探索并没有因此而止步。西方很多左翼学者，尤其是具有一定经济学背景并对社会主义怀有很大热情的左翼学者，在对苏东剧变展开积极反思的过程中，加剧了对市场与社会主义两者关系的研究。他们著书立说，一批市场社会主义的理论研究成果被出版和发表。伴随这一发展趋势，国内很多研究国外马克思主义的学者也开始更多地聚焦于西方市场社会主义研究。

从我国的情况来看，从 20 世纪 50 年代开始，由于对东欧社会主义国家发生的经济改革实践的关注，我国研究者开始对西方市场社会主义理论加以关注，并且这种关注随着世界时局的变换不断增强。在苏东剧变之后，国外马克思主义研究者的队伍中有越来越多的人聚焦于西方市场社会主义的研究领域。从总体上来说，目前国内对西方市场社会主义的研究主要还停留在文献翻译、动态介绍上，虽不乏一些研究成果，但总体较宽泛，且较少重点阐述西方市场社会主义对中国社会主义市场经济的启示。一些学者尝试用西方市场社会主义的相关理论来阐释党的十八届三中全会主旨精神中的一些相关方面，如让市场起决定作用、建立混合所有制等。一些学者从西方市场社会主义的相关理论出发，重新将效率与公平的关系作为重点来探讨。还有些学者借助市场社会主义的某些成果着重探讨如何在社会主义市场经济的基础上推进国家治理的现代化和协商民主广泛多层制度化发展。简单来说，国内对西方市场社会主义的研究主要分为以下四种类型：

第一，在对国外马克思主义理论思潮进行整体介绍、综合概括时，将西方市场社会主义作为其中的一个理论分支进行论述。比如，陈学明的《西方马克思主义教程》全面、系统地介绍了西方马克思主义产生与发展的时代背景、主要流派以及重要代表人物和主要理论观点，其中在"苏东剧变后西方的马克思主义研究"这一部分中，专门阐述了西方学者关于市场社会主义的研究。再如，俞可平主编的《全球化时代的"社会主义"》对西欧民主社会主义、东欧中亚的社会主义观、生态社会主义等各种社会主义理论进行了深入探讨，其中专门列了一章介绍市场社会主义，具体包括对市场社会主义的定义及渊源的分析、对英国和欧美市场社会主义流派的分析、对东欧及俄罗斯的市场社会主义的分析等。这些分析都没有专门聚焦于西方市场社会主义这一流派本身来展开研究，而是将其作为西方左翼思潮中的一个部分予以一般性介绍。

第二，针对西方市场社会主义相关外文资料进行专门翻译介绍。比如，邓正来、徐泽荣等人在20世纪90年代初翻译的《市场社会主义》，主要对英国的市场社会主义者的理论进行了介绍，其中包括索尔·埃斯特林、戴维·米勒、尤里安·勒·格兰德、戴维·温特、雷蒙德·普兰特及彼得·阿贝尔等人的相关理论。虽然此书的篇幅不大，但此书的译者们本着"他山之石，可以攻玉"的初衷，希望从市场社会主义理论中获取理论借鉴之处，为正在探索市场发展之路的中国改革事业提供帮助。又如，段忠桥翻译的《市场社会主义——社会主义者之间的争论》，分为"赞同""反对""批判""答复"四个部分，对来自美国和英国各大高校的西方市场社会主义者伯特尔·奥尔曼、戴维·施韦卡特、詹姆斯·劳勒及希尔·蒂克庭的相关理论进行了介绍。这本书通过叙述不同的西方社会主义者相互之间的理论争鸣，呈现了自 20 世纪 80 年代以来西方市场社会主义的发展变化，使人们对西方市场社会主义自身的创新发展有了进一步的了解。再如，余文烈等人翻译出版了美国的市场社会主义者约翰·罗默的代表作《社会主义的未来》。此书系统介绍了罗默关于"社会主义者需要什么""公共所有制""长远目标与短期计划"等主题的思考，通过本书的叙述，读者可以了解苏东剧变之后，以罗默为代表的西方左翼学者如何总结苏联模式的社会主义失败的原因，并在此基础上进一步思考社会主义往何处去的问题。他们依然坚持为社会主义辩护，认为社会主义在效率与公平的结合上优于资本主义，提出市场社会主义可以克服苏联模式的社会主义在经济领域的固有弊端，并以其公有制的优势获得比资本主义更多的机会平等，而这一点恰恰是在资本主义制度框架内所难以真正实现的东西。此外，还有一些相关的译著及论文。

第三，对西方市场社会主义代表人物的主要思想进行较全面、系统的梳理，尽量将西方市场社会主义的整个发展历程及发展现状立体地呈现在人们面前。比如，景维民等人的《经济转型中的市场社会主义——国外马克思主义的分析与实践检验》及《经济转型的理论假说与验证——市场社会主义的传承与超越》这两本书。前一本书重点介绍了市场社会主义的演进逻辑、当代西方市场社会主义的各种理论模式、市场社会主义的路径分化与制度探索，以及市场社会主义自身的兴衰等方面。后一本书重点介绍了市场社会主义的理论内涵、产生及发展的理论背景、体制实践、制度结构、运行机制、传承与超越等。再如，姜国权的《市场社会主义劳动产权理论研究》一书，论述了市场社会主义劳动产权理论的概念界定、产生渊源、内容实质、广泛影响及借鉴意义等。此外，还有一些学者将西方市场社会主义与其他一些理论思潮结合起来进行比较研究。

第四，在对西方市场社会主义进行全景式介绍的基础之上，揭示出其对中国社会主义市场经济的启示作用，将对西方市场社会主义的理论探究与对中国社会主义市场经济的理论探索及改革实践相结合。比如，余文烈等人的《市场社会主义：历史、理论与模式》一书共分为"上、中、下"三篇内容，全面分析了市场与社会主义的关系问题，并论述了国外市场社会主义的历史轨迹、典型模式及价值判断等。在这本书中，作者详细介绍了西方市场社会主义的各种理论模式：经济管理型模式、泛市场社会主义模式、劳动者管理型与经济民主型模式等。除此之外，这本书还专门设置了一章分析西方市场社会主义与中国社会主义市场经济，探讨了两者共同的价值目标和根本区别。又如，张志忠的《当代西方市场社会主义思潮：模式、理论与评价》一书，重点论述了西方市场社会主义的形成与模式构建、当代西方市场社会主义的基本理论问题、对当代西方市场社会主义的评价，以及当代西方市场社会主义对中国社会主义市场经济的借鉴意义和启示等。

此外，随着时代的变迁和科学技术革命的不断发展，西方市场社会主义近年来在我国的传播还呈现出以下四个方面的主要特点：

第一，从时限上来看，苏东剧变以后国内对西方市场社会主义掀起了新一轮的研究高潮。苏东剧变使世界社会主义运动暂时陷入低潮，但是令人意想不到的一点是，国内对市场社会主义的研究反而更加热衷。一方面，人们对苏联模式的社会主义之弊端有了很清晰的认识，希望通过另外一条不同的途径探索社会主义制度下经济的快速发展问题，这条路径离不开市场机制的积极运用。另一方面，当时无论是东方国家还是西方国家，都对曾经效仿苏联中央计划经济体制的中国在苏东剧变之后的走向拭目以待，当然这其中也包括我们对自己选择要走的道路的思考，经过一系列的思考与探究，我们发现要想解放和发展国内的生产力就必须直面市场机制，适当地运用市场机制。总体上，以苏东剧变为分界线，在此之前，市场社会主义在我国的传播并不十分广泛，而苏东剧变使人们重新思考市场与社会主义这两者之间的关系，这恰恰涉及西方市场社会主义的研究领域。尤其是在邓小平南方谈话提出建立社会主义市场经济以后，国内对市场社会主义的研究越来越多。毋庸置疑，西方市场社会主义在苏东剧变之后由于一系列特殊的原因成了国外马克思主义中的"显学"。

第二，在21世纪全球化速度不断加快的大背景下，西方市场社会主义者将探索市场与社会主义的结合作为克服资本主义体制性弊端、替代资本主义制度的可行性方案之一。进入21世纪，整个世界发展的复杂性、多变性、不可预测性增强，尤其是资本主义世界中各种危机现象不断加重，以美国为首的西方发达资本主义国家除了在自身发展过程中遭遇了体制性弊端，如遭遇由次贷危机引发的金融危机，进而引发全世界范围内的经济下滑等，还遭遇了具有扩张性、强烈主导意识的西方文明与其他文明之间的相互冲突，这些都使越来越多的西方左翼学者不断思考替代资本主义制度的可行性方案。以此为宗旨，致力于将市场与社会主义相结合的西方左翼研究者队伍日益扩大。

第三，随着互联网技术的不断发展，信息在全球范围内快速传播，西方市场社会主义在当代的发展速度也越来越快。属于这一理论思潮范围内的各种学说层出不穷，不断有新的理论模型被建构、涌现出来，很多当代西方左翼学者活跃在这一领域之中，他们之间也进行了一系列的理论争鸣。这一发展现状从另一个侧面反映了西方市场社会主义自身在理论创新上的勃勃生机，而国内关于这方面的翻译外文论著的速度显然有点跟不上。如果在这方面的工作投入更多，西方市场社会主义的最新发展趋势和动态就能及时地为国内相关的研究者所掌握。

第四，中国学者在对西方市场社会主义的各种理论进行研究分析的同时，越来越深入挖掘西方市场社会主义对中国社会主义市场经济的启示与借鉴。这一发展趋势充分说明，中国学者越来越重视将理论研究与中国当下的社会现实密切联系在一起。一方面，为我国正在进行着的关于市场与社会主义关系的理论探索开拓视角、提供思路；另一方面，为解决我国的现实问题提供借鉴方案。我国的实践探索已经证明，改革开放是中国生产力摆脱传统计划经济束缚、迈入快速发展正轨的逻辑起点，在如今的中国大地上，人们曾几何时对社会主义制度框架内是否可以运用市场机制的困惑早已一去不复返，当下的问题是如何在新时代的历史新方位中全面深化改革，尤其是经济体制改革，为生产力发展释放出更加广阔的空间，使市场充分利用社会主义制度的优越性，获得更加长远、有效的发展。

# 三、西方市场社会主义在我国的影响

从 1978 年召开的党的十一届三中全会开始，我国便踏上了改革开放之路，这条道路既是实践摸索之路，也是理论创新之路。可以毫不夸张地说，中国的改革开放事业真的是"前无古人，后无来者"，一切都要靠我们一步一个脚印地往前走。我国经济改革的一个核心问题就是如何处理好市场与社会主义的关系问题，在这方面，毫无疑问，西方市场社会主义的理论可以起到拓宽理论视野、提供理论借鉴的重要作用。当然，由于西方市场社会主义的代表人物绝大多数身处西方发达资本主义国家，他们直接面对的是西方的资本主义制度，其理论研究背景主要是发达资本主义国家的社会现状，因此他们的理论与我国的社会主义性质的市场化改革具有本质区别。我们在对其理论进行正确评价的基础上，结合我国的具体国情，可以对其合理之处和创新之处予以吸收利用。

党的十九大之后，进一步推进我国的市场化进程、破解实施中国社会主义市场经济过程中出现的一系列难题，如市场与社会主义、市场与所有制的关系等。我们以当今中国社会主义改革实践中的问题为导向，通过梳理和概括西方市场社会主义在我国的传播及影响，深入挖掘西方市场社会主义对我国加强社会主义市场经济建设的启示作用，旨在为进一步构建与完善中国社会主义市场经济体系、全面深化改革、破解当前改革过程中的一系列难题提供政策建议，从而推进中国社会主义市场经济的理论创新与实践发展，进而推进整个中国特色社会主义建设事业在新时代这一特定历史方位上进一步往前发展。从大的范围来讲，当代世界社会主义运动已发生新的变化，这一定程度地反映在西方市场社会主义与中国社会主义市场经济之中。通过回顾西方市场社会主义在推动中国社会主义市场经济改革过程中的影响，可以为目前国内外针对世界社会主义运动的研究开拓理论新视野，进而推进整个世界社会主义运动的理论创新与实践发展。

这里，我们主要集中于从西方市场社会主义对我国不断完善社会主义市场经济建设与改革事业的启示作用来总结其对我国的影响。具体可分为以下四个主要方面：

## （一）市场、计划与社会主义

苏东剧变意味着苏联模式的社会主义遭遇失败，这一模式在理论上力图照搬经典马克思主义并将之固化成教条，在实践中实施几乎单一的计划经济体制和高度中央集权的政治体制，还曾以勃列日涅夫时代提出的"现实社会主义"的形式与"布拉格之春"的改革者们所倡导的"带有人性面孔的社会主义"相抗衡。从理论的逻辑起点来看，苏联模式的社会主义严格执行计划经济体制，排斥在社会主义制度框架内建立起市场关系，这一做法在一定程度上缘起于马克思主义政治经济学的相关思想。在马克思主义创始人那里，商品交换的出现伴随着市场关系的确立，而商品交换、商品生产都是私有制的产物，私有制需要予以消灭。虽然马克思、恩格斯没有直接表明反对市场，但其态度显而易见。恩格斯指出："一旦社会占有了生产资料，商品生产就将被消除，而产品对生产者的统治也将随之消除。社会生产内部的无政府状态将为有计划的自觉的组织所代替。"① 不难看出，在马克思、恩格斯所设想的未来理想型社会中，取消商品生产、实现计划经济是必然的，苏联模式的社会主义秉承了这一思路并将之作为行动纲领，在现实中加以夸大。实际上，马克思、恩格斯所设想的取消商品生产、实现计划经济，即"去市场化"并完全依靠国家计划组织一切经济活动，是出现在一个人类历史上从未出现过的、特定的社会中的，这是一个"自由人的联合体"，具有生活资料极大丰富的物质基础，而对现实世界中还未具有相应前提的社会主义国家来说，只能根据现存的经济社会发展状况不断探索，找到具体的实施途径。对于这一点，西方市场社会主义者把握精准，既没有简单地否定马克思主义创始人的思想，也没有就此放弃社会主义理想，还进一步剖析了市场、计划与社会主义这三者之间的关系，其相关理论对中国社会主义市场经济的启示如下：

第一，社会主义尽管在现阶段遭遇挫折，但依然是人类需要不懈追求的美好理想。社会主义可以通过恰当地利用市场来弥补自己的缺陷，从而使自身变得更好、更完善。西方市场社会主义者处于苏东剧变之后这样一个非常特殊而重要的历史时期：一方面，福山等西方右翼学者为资本主义制度额手称庆，高声欢呼"社会主义已经死亡"；另一方面，社会主义理

---

① 马克思，恩格斯．马克思恩格斯选集：第3卷．2版．北京：人民出版社，1995：757.

论阵营内部开始出现分裂，不少社会主义制度的拥护者、社会主义理想的追随者开始转变立场，对社会主义产生怀疑。面对社会主义在现实与理论两方面所遭遇的困境，西方市场社会主义者没有放弃社会主义理想，而是另辟蹊径，在反思计划经济弊端的基础上，深入思考市场在社会主义中的性质定位问题，即弄清市场与社会主义之间到底是何种关系，并在此基础上坚持探索市场与社会主义结合的可能性与必要性，力图用市场来为社会主义注入新的活力及张力，以市场拯救陷入逆境的社会主义。"银行中心的市场社会主义"的主张者罗默认为："苏联和东欧的共产主义制度的崩溃支持了一些旧论点，也产生一些新论点，认为社会主义不论在当今世界或作为一种理想都不能存在。我则希望阐述理由证明，社会主义仍然是一种值得追求的理想，而且在现实世界也是可能的。"① 由此可见，苏联模式社会主义的失败非但并不影响人们对社会主义诉求的信心重塑，反而使这一诉求更加迫切。此外，"经济民主的市场社会主义"的主张者施韦卡特则详细阐述了对市场与社会主义关系的看法，他认为："非市场的社会主义形式或者在经济上是不可行的，或者从标准上看是不合需要的，而且常常同时是两者。"② 施韦卡特的判断直接将症结摆在了人们面前：既然缺乏市场的社会主义已经被事实证明是难以存续的，那么应当如何实现市场与社会主义的"联姻"呢？当然，这里涉及每个国家的具体国情，需要根据特定情况来采取相应的措施。西方市场社会主义者在坚持社会主义理想之余，纠正了长期以来传统社会主义者的一个认识论上的误判，即认为市场与社会主义没有可融合性。他们的相关理论为中国在苏东剧变之后风云变幻的国内外环境中，继续高举社会主义旗帜，艰难探索市场与社会主义的结合之路并带领其他的社会主义国家走出低谷，提供了启示。

第二，无论是市场还是计划，都只是一种经济运行的具体机制，并不代表政治制度的根本性质。在理论界往往有不少学者将市场等同于资本主义，而将计划等同于社会主义，仿佛市场就是资本主义社会的标签，而计划则是社会主义社会的代名词。苏东剧变使西方市场社会主义者开始从理

---

① 罗默.社会主义的未来.重庆：重庆出版社，1997：1.

② 奥尔曼.市场社会主义：社会主义者之间的争论.北京：新华出版社，2000：6.

论探究与经验事实两方面重新思考起市场、计划与社会主义这三者之间的关系问题。施韦卡特提出："把资本主义等同于市场是保守的自由放任主义的辩护者和大多数市场改革的左翼反对者的致命错误。"① 实质上，市场与计划都是一种中性机制，是社会主义和资本主义都可以利用的经济手段。一方面，虽然市场经济本质上是市场配置资源的经济，但也不能忽视政府计划的重要作用，如果一味像市场原教旨主义者那样主张"市场万能论"，那么对市场的过度推崇将导致市场失灵甚至失控；另一方面，如果仅仅注重经济活动的计划性而排斥市场，就会使经济发展缺乏灵活性及驱动力，甚至不排除重蹈苏东剧变的覆辙的危险。西方市场社会主义者判断市场与计划各自职能的相关理论，既为中国在 20 世纪 90 年代初解答改革开放姓"资"还是姓"社"问题的困惑提供了启示，也为党的十八届三中全会以后，中国社会主义市场经济把调整市场与政府计划之间的关系作为改革攻坚克难阶段的重中之重，既要使市场在资源配置中起决定性作用，又要更好地发挥政府作用，从而使"看不见的手"和"看得见的手"相辅相成，共同推进中国特色社会主义事业，提供了启示。

经过 40 多年改革开放的探索，市场机制在推动我国经济发展方面显示出越来越重要的作用，人们对其的态度也由开始的排斥转变为如今的普遍接受。历史已经证明，如果仅仅注重经济活动的计划性而排斥市场运作的力量，就会使经济发展缺乏灵活性及驱动力。从优化资源配置的角度来看，市场机制无疑是最有成效的，这是资本主义在自身发展过程中对人类社会进步所做出的重要贡献。但是，市场机制并非完美无缺，其固有的弊端是发展的无序性与盲目性，尤其是在资本贪婪本性的推动下，一切以"利"字当头，忽视社会的公平、正义等价值目标。近年来在发达资本主义国家发生的一系列金融危机、经济危机，都充分印证了市场机制的固有弊端。我国是社会主义国家，对市场机制的运用必须置于社会主义的基本制度框架内，这一点不仅关系到举什么样的旗帜、走什么样的道路等一系列重大问题，而且关系到整个社会的长治久安。在坚持社会主义制度的首

---

① 奥尔曼．市场社会主义：社会主义者之间的争论．北京：新华出版社，2000：7.

要前提下，我们再来思考如何充分发挥社会主义制度的优越性，使市场机制的运用能够"扬长避短"，发挥出最大功效。实践证明，我国坚持在社会主义制度框架内推进市场化改革和市场化转型是正确的历史选择。举例来说，与资本主义国家相比，体现我国社会主义制度优越性的一点，即具有一个强而有力、一心为民谋福祉的政府，这样的政府能够统筹的资源多，容易集中力量为人民办实事、办大事。历史显示，资源配置完全由政府计划分配已被证明是不可取的，同理，真正完全的自由市场也是乌托邦式的存在，政府与市场之间总是处于博弈状态，关键在于如何把握两者之间的"度"。为了保持市场的持续张力与活力，我国将进一步转变政府职能，更好地发挥政府促进、规范市场发展的积极作用，在坚持我国社会主义制度的根本前提下，合理地保持市场与政府计划之间的平衡与张力。

### （二）平等与效率

市场最主要的价值目标在于提高效率，失去了效率的市场机制必然丧失运作的活力，不讲效率的社会主义生产力必然发展缓慢，只能是人人贫困，那样的平等不是大家所期盼的。而社会主义最主要的价值目标在于实现平等，若没有了对平等的孜孜以求，社会主义就不是真正意义上的社会主义。因此，市场与社会主义必须相结合，作为市场主体特征的"效率"与作为社会主义价值诉求的"平等"这两者之间的关系折射出市场与社会主义之间的关系。特定的时代造就特定的理论，西方市场社会主义者对平等与效率问题的探索同样建立在深刻反思苏联模式的社会主义基础之上。在经历苏东剧变发生之后短时期内的强烈震撼与深度困惑之后，无论是社会主义阵营还是资本主义阵营，整个东西方的人们似乎都在寻找导致苏东剧变的诸方面原因。原因之一不言而喻：一方面，呆板、僵化的计划经济体制使经济活动在组织实施的过程中缺乏效率，一切按计划指令严格执行，导致工人对生产行为的积极性普遍降低；另一方面，领袖个人崇拜之风盛行，中央领导层权力过于集中，从上到下各级组织的腐败现象日益严重，而底层老百姓日常生活物资匮乏，政治权利得不到保障，社会公平正义缺失。西方市场社会主义者在反思既无平等又无效率的苏联模式的社会主义之后，重新阐述了平等与效率的关系，认为市场与平等并不冲突，市场与社会主义的有机结合具有在效率与平等上的双重吸引力。他们的相关理论对中国社会主义市场经济的启示如下：

第一，市场与社会主义的结合是为了更好地实现效率与平等的双赢。市场机制的优点在于以激烈的行业竞争鞭策企业不断提高劳动生产率，社会主义制度的优越性在于尽可能地实现广泛的社会公平，以为人民谋福祉为己任，两者的结合可以实现优势互补。罗默认为："社会主义唯一正确的伦理学依据是一种平等主义的论据。"① "实用的市场社会主义"的主张者詹姆斯·扬克在阐释自己的理论模式的主要特征时指出："实用的市场社会主义经济实际上在每一重要方面都完全模仿现存的市场资本主义经济。它与市场资本主义的相似性出于这样的重要考虑，即保留现存的令人满意的经济效率水平。它只实行最低限度的制度变革，以利于实现非挣得的所有权收入分配的平等化。"② 这段话表明，西方市场社会主义与其他社会主义模式的不同主要在于，通过市场与社会主义的有机结合，最终实现"效率"与"平等"这双重目标。从扬克的立场来看，他认为现存的资本主义市场体系在提升经济效率这一点上具有不可替代性，只要对其加以一定的变革就可以为我所用，以实现社会主义的价值目标——平等。皮尔森对此评论道："市场不仅是社会主义取得更大经济效率的手段，也是达到更大程度的个人自由或者自由的平等价值、发展民主以及提高社会公正的途径。"③ 西方市场社会主义者的这些观点对中国社会主义市场经济解决先富与后富的问题并最终实现共同富裕，既使市场机制为中国经济社会的发展推波助澜，又使其有助于实现社会主义的价值目标，尤其是在现阶段进一步深化中国社会主义市场经济体制的改革，采取合理有效的措施尽快缩小贫富差距，既使中国经济高效率地向前发展，又使所创造的社会财富公平地惠及广大人民群众等，具有启示作用。

---

① 罗默. 社会主义的未来. 重庆：重庆出版社，1997：16.

② YUNKER J. Capitalism versus pragmatic market socialism：a general equilibrium evaluation. Massachusetts：Kluwer Academic Publishers，1993：1.

③ 皮尔森. 新市场社会主义. 北京：东方出版社，1999：104.

第二，完善制度设计可以监管以追求效率为主旨的市场，对平等来说，更重要的是机会上的平等而不是收入上的平等。传统社会主义者往往对市场持反对态度，并热衷于通过揭露市场规则的残酷性来实现对资本主义制度的批判，他们认为仅仅依靠单一的市场机制，一味地讲究效率，必然会导致资源与机会分配过程中的严重不平等现象。的确如此，在市场机制的框架内，人们在资源配置上的你争我夺及企业在行业竞争中的"大鱼吃小鱼"，也就是所谓的"丛林法则"，这些都不过是家常便饭，在市场原教旨主义者看来，不需要遭到任何伦理学视域内的谴责。在市场的效率原则会妨碍平等这一点上，西方市场社会主义者与传统社会主义者观点一致，他们共同反对市场放任主义者的冷漠。不同之处在于，西方市场社会主义者认为可以通过完善的制度设计来约束市场的任性行为，从而预防不平等，而传统社会主义者则主张只有拒斥市场，才能彻底消灭不平等。西方市场社会主义者所强调的平等更多的是机会上的平等而不是收入上的平等，或者说强调的是起跑线上的平等而不是结果状态的平等。"劳动者管理型市场社会主义"的主张者马克·福勒贝阐述了对机会平等的看法："柯亨、罗默等人提出的机会平等理论是起跑线理论……他们主张应当使个人在平等的条件下来做出选择，由个人承担选择结果的做法是公平的，无论这一做法是否会导致不公平的结果。"[①] 阿瑟·奥肯也提出："我自信更大的机会平等将产生更大的收入平等。"[②] 西方市场社会主义者的这些观点对中国社会主义市场经济在充分利用市场、发挥市场优点的过程中，如何通过制度保证来尽量避免市场的贪婪、无序及失衡等弊端，同时在实现平等这一价值目标的过程中注重机会的平等、事实上的平等，而不是收入结果的平等、形式上的平等，具有启示作用。

改革开放以来，我国曾经依据国情发展的需要对效率与平等这对关系进行不断重构。从我国目前的现实状况来看，无论是资源配置以市场为基础，还是市场化的程度，社会主义市场经济体制都进入了一个发展与完善

---

① FLEURBAEV M. Equality of resources revisited. Chicago：The University of Chicago Press，2014：83.

② 奥肯. 平等与效率：重大的抉择. 北京：中国社会科学出版社，2013：57.

的新时期。如何处理效率与平等的关系问题依然是构建和完善社会主义市场经济体制需要解决的重大时代课题。党的十八大召开以后，我国针对现实中涌现出来的问题，如贫富差距扩大的问题，在原有基础上调整了对效率与平等关系问题的定位，不再像过去那样旗帜鲜明地强调"效率优先，兼顾公平"，而是强调"效率与公平兼顾"。党的十九大召开以后，中国特色社会主义进入了新时代，在讲究效率的同时，我们正有意识地强化对社会平等的考量，这是坚持市场化改革社会主义方向的重要体现。只有不断造福于民，让所有人都能享受到发展带来的好处，才能真正贯彻落实"以人民为中心"的思想。

### （三）市场经济与混合所有制

所有制是社会经济制度的核心内容，涉及社会经济运行的动力问题，人们往往将特定的所有制形式与特定的社会属性及社会发展阶段联系在一起。马克思和恩格斯指出："一切所有制关系都经历了经常的历史更替、经常的历史变更。"① 可以说，所有制中隐含着人类社会由低级阶段不断向高级阶段演变的发展轨迹。从历史的角度来看，人们一般将公有制视为社会主义制度与资本主义制度相区别的关键。自托马斯·莫尔以来，几乎所有的空想社会主义者都很纯粹地反对私有制，提倡公有制。马克思和恩格斯指出："共产党人可以把自己的理论概括为一句话：消灭私有制。"② 无论是空想社会主义者基于社会文化精英的良知而提出反对私有制，还是马克思主义创始人基于对社会表象的洞穿、对历史本质的挖掘来批判私有制，都认为只有实现社会财富的公有，才能真正实现社会成员的平等。西方市场社会主义者虽并不否定社会主义公有制，但反对把它简单地归结为生产资料的国有制和集体所有制，反对"公有制拜物教"。他们试图将社会主义公有制与市场机制结合在一起，以期创造出一种既有经济效益，又能使全体公民享有更多社会平等的经济体制。在这种经济体制中，资源配置由市场（包括资本市场、劳动市场与产品市场等）这只"看不见的手"

---

① ②　马克思，恩格斯. 马克思恩格斯选集：第 1 卷 . 2 版 . 北京：人民出版社，1995：286.

来进行，而生产资料的所有权则为社会所有。其理论对中国社会主义市场经济的启示如下：

第一，与市场经济兼容的所有制形式既不是完全的资本主义私有制，也不是传统的社会主义公有制，而是独特的社会所有制。虽然西方市场社会主义本身包含各式各样的理论流派，每一个理论流派又提出了自己的理论模型，但是各个理论流派几乎不约而同地达成了这样一种共识，即在所有制层面主张社会所有制。许多西方市场社会主义者将社会所有制与"市场社会主义"的定义直接联系在一起。"合作制市场社会主义"的主张者戴维·米勒认为："没有一个关于市场社会主义的确切概念，它只是这样一个具有共同特征的范畴，即市场机制的广泛运用与生产性资本的社会所有制的结合。"① 皮尔森也提出："市场社会主义是把经济的社会所有制原则与继续通过市场机制配置商品（包括劳动）的做法结合起来的一种经济和社会制度。"② 通过建立比传统社会主义者所主张的公有制更加宽泛、比新自由主义者所主张的自由市场经济更加包含社会主义元素的社会所有制，西方市场社会主义者希望建立一种既区别于单纯的社会主义公有制又区别于完全的资本主义私有制的新所有制形式。西方市场社会主义的这一理论为我国在现阶段开拓出一种新的视野来推动所有制变革，充分利用所有制的特点，进一步构建与完善社会主义市场经济体系提供了启示。

第二，社会所有制凸显了混合经济的主体特征，这种混合经济比单一形式的经济更具有包容性。西方市场社会主义者推崇的社会所有制分为两种形式：一是混合型所有制；二是资本和利润的社会化和公有化。其中的混合型所有制包括生产资料的国有、集体所有、合作所有等，既有公有制经济成分，又有非公有制经济成分，非公有制经济成分主要为私有经济成分。在社会所有制框架内，私有的、合作的、公共的企业相互竞争，"社会"与"公有"不是主要体现为传统社会主义意义上的国家或集体对物质生产资料的占有，而是主要体现为全体公民对所有利润的平等享有。"彻

---

① MILLER D. Equality and market socialism//BARDHAN P，ROEMER J. Market socialism: the current debate. New York: Oxford University Press，1993：304.

② 皮尔森. 新市场社会主义. 北京：东方出版社，1999：104.

底的市场社会主义"的提出者 W. 布鲁斯早在 1991 年就对当时中国的市场化改革进行了评价："中国走上市场取向的经济改革之路，已历时十余年之久，沿着这条道路，她已经发展了一种独特类型的混合经济。"① 布鲁斯的观点可谓高瞻远瞩，非公有制经济在我国已经发展多年，如今已基本上形成了与国有、集体经济三足鼎立的格局，并且已日益成为推动国民经济快速发展、解决人民群众就业问题的重要力量，中国经济的腾飞离不开非公有制经济所做的贡献。

我国对于非公有制经济如何恰当地发展并没有现成的答案，一切都处在上下求索的过程中。在这方面，西方市场社会主义已经在理论领域先行一步，其有关混合经济的论述为我们提供了启示：一方面，深化对坚持和完善公有制为主体、多种所有制经济共同发展的基本经济制度的认识；另一方面积极发展基本经济制度的重要实现形式——混合所有制经济。或者说，既要确保公有制经济的主体地位以体现社会主义社会的性质，又要拓宽非公有制经济的生存及发展空间，为社会释放新的生产力。

回顾过去可以看到，改革开放以来，我国一直致力于促进市场与社会主义的融合。促进市场与社会主义相融合，随之生成的难题是：表征市场机制活力与创新性的各种非公有制经济如何实现与公有制经济的兼容？如前所述，我国提供的答案是：进行从观念领域到实践领域的持续创新，基于公有制主体地位之上探索实现形式的多样化。我们在反思单一公有制的基础上实现了发展与经济体制的双重转型。但是，近年来出现了一种新的情况，有一些人对非公有制经济的地位与功能认识存在偏差，社会上更是一度盛行所谓的"国进民退"之说。究竟是中国当前的市场化程度不够还是太过？究竟是中国经济改革的自由化色彩太浓还是经济改革过于保守？在具体的操作层面到底如何把握好公有制经济与非公有制经济之间的"度"呢？党的十八届三中全会起到了答疑解惑的关键性作用。自党的十八届三中全会以来，我国把建立混合所有制作为深化经济体制改革的一大举措。这样做的目的是创造新的经济增长点，全面提升国际市场竞争力，

---

① 布鲁斯，拉斯基. 从马克思到市场：社会主义对经济体制的求索. 上海：上海人民出版社，1998：前言 2.

为早日迈入现代化强国的行列打下坚实的物质基础。与此同时，我们需要清晰地认识到，在当今中国，国有企业在促进社会经济发展中起主导作用，国有经济牢牢地控制着国家的经济命脉，公有资产在社会总资产中占优势，这些体现公有制主体地位的方面依然没有改变，这是我国市场化改革保持社会主义方向的关键要素。

### （四）市场经济与社会主义民主制度

上层建筑涉及社会经济运行的方向和行为规范等问题，民主制度作为上层建筑的重要组成部分，与一定的生产力发展水平及经济基础密切相连，社会主义民主制度是社会主义社会经济发展的强大支撑与保障。与传统社会主义者希望通过急风暴雨式的革命来推翻资本主义政治制度并建立起社会主义政治制度有所不同，西方市场社会主义者对经济革命的热衷似乎超过了对政治革命的渴望。他们并没有从重新构建社会政治秩序的角度提出明确的革命目标，而只是希望以经济改革为基础，在市场机制中渗透一些社会主义因素，也就是说，立足市场，偏向社会主义，从而改善社会的民主发展状况，实现更大、更多的民主。从这个意义上讲，将西方市场社会主义者定义为"社会改良主义者"似乎更为恰当。俞可平认为："20世纪90年代的一些西方社会主义学者在为未来的社会主义设计出新的经济体制的同时，也在思考相应的政治体制，不过，他们对政治体制的关注远远比不上对经济体制的关注，这或许是因为在他们看来，经济体制不仅比政治体制更具有根本性意义，而且对于现实的社会主义来说具有更大的紧迫性。"[①] 这里的"他们"主要指的是西方市场社会主义者，其相关理论对中国社会主义市场经济的启示如下：

第一，民主是社会主义的生命，社会主义有助于民主的实现。虽然西方市场社会主义者重视经济民主问题胜于政治民主问题，但作为左翼理论家，他们又都普遍具有社会主义情结，认为民主是实现政治平等的前提，是社会主义、共产主义理想最吸引人的地方，代表着社会的发展方向，因

---

① 李惠斌，叶汝贤 . 当代西方社会主义研究：第 4 卷 . 北京：社会科学文献出版社，2006：17.

此构建良好的民主政治制度也是非常重要的。罗默指出："坚持民主对于社会主义的未来有着重要意义，也会引起我们用来描述社会主义的语言上的变化。在民主制度下，代表社会主义的一个或数个政党将会和其他政党（其中也会包括几个'资产阶级'政党）竞争权力。有时也会是这样一种情况：即使资产阶级政党偶尔获得胜利，一个政权也可以在多年里被称为是社会主义的。"① 西方市场社会主义者对经济民主的强化，可以说主要出于他们对市场与社会主义相结合的重视，而他们对社会主义与政治民主之间关系的阐述，则很好地诠释了为什么这一理论流派会被归入社会主义的阵营之内。当今中国是现存社会主义国家中的"领头羊"，代表了世界社会主义运动的主导力量与希望，中国的社会主义民主制度的本质是人民当家作主，与新自由主义主导下的资产阶级民主制度具有本质区别。西方市场社会主义者对于民主与社会主义之间相互关系的诠释，对我国进一步深化当前的政治体制改革，时刻警醒地意识到民主对发展中国特色社会主义事业的重大意义，深入挖掘出社会主义政治体制在实现民主问题上的优越性，在社会主义市场经济及上层建筑领域采取有力措施，以促进市场经济更有效地运行及社会主义民主更好地发展等，具有启示作用。

第二，市场可以提供更多的自由，促进更大的民主。西方市场社会主义者研究了社会主义市场经济的建立对上层建筑的影响以及与社会主义市场经济相适应的上层建筑，认为市场经济对上层建筑的效应主要是正面的，独裁政治的经济基础主要是计划经济而不是市场经济。的确如此，市场经济的繁荣促进了网络信息、报纸、杂志等新闻媒介的繁荣，使人们可以自由地发表政治意见，而计划经济往往在这些方面受到国家意识形态的严格管理。在当代工业社会中，民主的一块重要内容就是各个企业的成员对生产哪些东西、怎样来生产这些东西等拥有自主权。但是在高度计划经济的体制下，这一自主权是无法得到保证的，因为企业的一切生产行为都是由国家统一安排设定的。只有在市场机制下，企业才有可能实现生产的自主权。此外，在市场社会主义的机制下，国家并不决定经济的所有细

————————

① 　罗默．社会主义的未来．重庆：重庆出版社，1997：104.

节，而只是列出一些大的参数，由经济本身在这些大的参数里面寻找平衡，从而不仅使国家对经济行为的干预受到一定程度的限制，也使各个官僚机构的行政官员有可能受到有效的民主控制。米勒指出："市场社会主义为工业民主提供了最好的机会，就民主特有的权利而言，这种工业民主具有两个方面的价值：人们可以控制他们从事工作和生活的环境，这本身就是一件大好事；同时，它为更广泛的民主提供了训练和刺激的基础。"①当今中国正处在快速工业化与城镇化的轨道上，地区性发展差异较大，民族众多，文化与宗教信仰多样，社会利益关系的重组使地方性的矛盾冲突不时见于报端，这些错综复杂的国情、民情使推进国家治理的现代化和协商民主广泛多层制度化发展遭遇前所未有的挑战。在这方面，西方市场社会主义主张充分利用市场机制来激励更多民主的产生、从促进经济民主入手发展到构建更好的政治民主，这些观点对我们具有启示作用。

从传统社会主义的视角来看，民主是社会主义的生命，社会主义与以往一切社会形态相比的优越性就在于它是人民群众集体意志的表现。社会主义只有通过民主体制才能得以建立，民主体制是实现人人平等、自由的社会主义理想的基本保障。从中国特色社会主义的视角来看，民主是推进社会治理体系和治理能力现代化的题中应有之义，中国特色社会主义政治制度构建的原则是民主集中制。中国有 14 亿多人口，中国的民主建设从形式到内容都不能简单地照搬西方，而只能依据自身的特点走中国化的民主道路。正如张维为所说的那样："我们的民主建设一定要有创新精神。民主建设应该是一种生机勃勃的事业，民主可以有一千种、一万种形式，而不应被局限于一人一票普选这一形式。"② 中国的民主是协商式的民主，而不是西方的竞争式的民主，中国在构建民主的过程中不断创新，坚持和发展了人民代表大会制度、中国共产党领导的多党合作和政治协商制度、民族区域自治制度和基层群众自治制度。通过这些创新与改革，中国把代表

---

① MILLER D. A Vision of market socialism：how it might work and its problems//ROOSE-VELT F，BELKIN D. Why market socialism：voices from dissent. Armond：M. E. Sharpe Inc.，1994：252.

② 张维为. 中国触动. 上海：上海人民出版社，2012：118.

制民主与协商制民主结合起来，把实体性民主与程序性民主结合起来，在中国共产党的领导下充分培养人民群众的政治参与感与认同感。

以上从四个方面简单回顾了西方市场社会主义在我国的影响，实践已然证明，中国特色社会主义对市场与社会主义关系问题的探索是非常成功的，这种探索为中国特色社会主义事业兴盛奠定了良好的社会经济基础。在我国当前正在实施的新一轮深化经济体制改革进程中，我们需要继续探索以市场与社会主义的关系为核心的一系列重大的现实问题。对西方市场社会主义各种理论流派的研究，其出发点和最终目标都是我国通过对其他相关理论的合理借鉴，更好地开展新时代中国特色社会主义建设事业，尤其是推动中国社会主义市场经济在新时代、新起点进一步向前发展，从而为建设富强民主文明和谐美丽的社会主义现代化强国、为实现中华民族的伟大复兴奠定坚实的物质基础。

# 附录一　金融危机以来西方马克思主义"三大理论"的新进展

自西方世界爆发经济危机以来，西方马克思主义的"三大理论"有了很大的进展。这里分别加以介绍。

## 一、对于马克思主义的新探索

自始于 2007 年的美国信贷危机以及随之席卷整个资本主义世界的金融危机以来，我们看到一种明显的"回到马克思"的趋势。这是由危机所直接产生的理论效应，事实清楚地告诉我们：那个不断被宣布"过时"的马克思主义总是在历史的危急时刻重新出现。只要一直面资本主义的现实，只要一涉及对资本主义及现代性的反思，就总是无可选择地回溯到马克思的理论地平线上。

### （一）论证马克思主义为什么是对的

随着资本主义陷入危机和新自由主义意识形态的破产，越来越多的马克思主义研究者和左翼人士重申马克思主义没有过时，马克思主义仍然是指引人类前进的旗帜。论证马克思主义仍然具有现实性的著作与论文不断推出。伊格尔顿的《马克思为什么是对的》就是其中的一部代表作。伊格尔顿以酣畅清新的文字、通俗易懂的说理，实实在在地告诉人们这样一个道理：马克思主义在当今世界还有现实性，当今世界还需要马克思主义。伊格尔顿论证"马克思为什么是对的"的说服力和震撼力来自他并没有采取"自言自语""自说自话"的叙事方式，而是直面人们对马克思的种种疑虑，并一个一个地破解这些疑惑。虽然他所反驳的责难马克思的 10 个观点我们耳熟能详，但他所做出的驳斥刻肌刻骨、回味无穷。霍布斯鲍姆为 2012 年版《共产党宣言》所写的"导言"以及所推出的《如何改变世界》一书的主题也说明了当今人类为什么还需要马克思主义。他提出，《共产党宣言》之所以能够打动今天的读者，主要是因为"马克思对资产阶级社会革命特征和影响的杰出论断"。在资本主义形成之初，马克思就深刻地把握住了它的历史性质，洞见到它必然走向终结——或者是为新的社会形式所取代，或者是与无产阶级同归于尽。更令人关注的是，马克思在资本主义尚未得到充分发展之时就已经洞见到了资本主义在未来 150 年内的发展。今天的读者不难发现，《共产党宣言》所描述的全球化的资本主义世界正是当代的资本主义世界。霍布斯鲍姆还提出，马克思主义的当代意义不仅仅在于对资本主义的分析，更在于透过对资本主义的分析，把旨在实现社会变革的社会实践确立为当代人的历史使命。

## （二）总结"占领华尔街"运动等左翼反抗活动的马克思主义意义

尽管"占领华尔街"运动已经落幕，但国外马克思主义研究者和左翼人士对它的反思仍在继续。许多国外马克思主义研究者和左翼人士认为，"占领华尔街"运动和其他地区发生的群众运动的态度或者标志着马克思主义的阶级斗争、反资本主义革命的回归，或者代表着一种超越西方自由主义的激进民主或社会主义与共产主义政治立场的觉醒。巴迪欧的著作《历史的再生：暴乱和起义的时代》，提出近些年爆发的一系列反抗运动，不仅标志着起义时代的到来，而且标志着群众运动回到历史的舞台之上。在这个意义上，它们是大写的"历史的再生"。历史在这里不是一连串可预测的时间序列的巨大断裂，而是人类解放可能性的重新开启。齐泽克认为，"占领华尔街"运动的意义在于，它表达了人们对制度本身的不满，虽然以前也有许多反资本主义的运动，但它们往往是从伦理上反对资本主义，而没有上升为对资本主义制度本身的否定。此次事件正如巴迪欧所说：20世纪已经过去了。美国最著名的马克思主义经济学家之一瑞恰德·沃尔夫推出《民主的作用：对资本主义的医治》一书，认为在资本主义危机和各种反资本主义运动面前，一个改变世界的新的历史视窗已经打开，即出现了以工人对他们的生产场所的直接控制为基础的另一种民主。该著作所提出的"经济民主"的思想受到许多著名学者的关注。著名的《社会主义纪实》杂志出专刊从"战略"上对"占领华尔街"运动做出反思。该杂志的相关文章指出，20世纪的主导战略是社会民主主义的"议会道路"和列宁主义的"先锋队"道路，但这两种战略都无法作为反资本主义的工具。而当前的这种群众运动是一种反资本主义的社会主义运动，"最显著的是，自20世纪80年代以来，社会主义运动第一次把资本主义问题提到政治议程上"。特别是"占领华尔街"运动所提出的口号"我们是90％"，表明阶级的语言已经进入中心舞台。

### （三）阅读《资本论》与复兴政治经济学

当代西方马克思主义思潮是与重新阅读马克思主义经典著作，特别是马克思的《资本论》紧紧地联系在一起的。在西方世界，普遍出现了"阅读《资本论》活动"。德国的"马克思-秋季学校"的主题就是阅读《资本论》，从《资本论》的第一卷读到第三卷，再阅读《资本论》的各种手稿。2010年，德国出版了一本题为《〈资本论〉：为民请命》的书。不仅该书成为畅销书，它的出版也成了一个新闻事件。该书的作者马克斯·莱因哈特模拟与马克思对话：观察今天全球经济的发展，似乎你是对的；资本不畏界限地极力繁殖；看到资本家总是在这个过程中获利，在口袋里积累越来越多的资本，就这一点来说，你也是对的。一些著名的国外马克思主义研究者纷纷加入了研究和重新解释《资本论》的行列。如美国的詹明信推出了力作《重现资本：〈资本论〉第一卷解读》；法国的艾蒂安·巴里巴尔的

《马克思的"两次发现"》一文的主题也是重新解释《资本论》；意大利的奈格里推出《从对抗到共同性：重新发现马克思》一文来说明在资本主义危机愈演愈烈的时代重读《资本论》是必要的。国外马克思主义研究者和左翼人士之所以对《资本论》产生如此深厚的兴趣，主要是因为他们试图用《资本论》的基本思想对正在发生的资本主义危机做出诊断和批判。著名马克思主义研究者戴维·哈维的《资本之谜及资本主义危机》一书，就是这方面的代表作。他认为，资本的本质在于流动性，资本不是物，而是不断流动的动态过程，是"创造性的破坏"过程，对这一过程，没有其他的什么理论可以提供充分的合理解释。与阅读《资本论》热兴起相伴随的是马克思主义政治经济学的复兴。经济危机不仅唤醒了人们对《资本论》的普遍兴趣，而且对马克思主义政治经济学的研究有直接的推动作用。齐泽克明确提出，今天最需要的不是如法兰克福学派所注重的文化批判，而是全面恢复政治经济学批判。我们必须回到马克思的政治经济学。

### （四）思考社会正义问题

一些西方马克思主义研究者和左翼人士通过对信贷危机、金融危机的研究，进一步开始思考：以古典自由主义为核心的资本主义制度是不是一种正义的社会制度？他们在这样的背景下展开了对社会正义问题的研究，思考社会正义问题成了当代国外马克思主义研究的一个中心议题。早年致力于分析马克思主义哲学基本命题的英国马克思主义者柯亨在后期发生巨大的转变，他开始对政治哲学问题进行思考，力图发掘马克思的社会主义理论背后的伦理观念，即平等、正义观念。他在《为什么不是社会主义》一书中，提出对马克思主义来说，社会的平等正义问题首先是一个社会的基本结构问题，更根本地说，是社会的经济结构问题，不解决社会的基本结构问题，社会的正义和平等就是不可能实现的。法国的马克思主义者比岱则力图通过把罗尔斯的契约论与马克思主义结合起来阐述社会正义问题。他一方面为社会中的经济不平等辩护，认为人们之间由于社会和自然的偶然性而产生社会差别是必然的，契约中的这种不平等关系必然存在，另一方面又认为，我们不仅要接受罗尔斯的在经济上补偿社会中的最少受惠者的原则，而且要赋予他们更多的权利，以平等的权利来补偿他们在经济上的劣势。法兰克福学派的第三代代表人物霍耐特从黑格尔的伦理学中发掘出"承认"的问题，并把社会正义问题研究从财富分配的角度转移到人在社会中是否得到承认的问题。在他看来，人与人之间会围绕承认而展开斗争，在这种斗争中，个人就是想获得自信、自重和自尊。社会的平等就是在人与人之间的相互承认中确立起来的。这些国外马克思主义研究者和左翼人士致力于在生产领域之外寻找社会变革的落脚点，从伦理的角度来论证社会主义的必然性，诉诸"道德工程"来推动社会主义的实现。

### （五）提出"后现代马克思主义"

这些年，西方马克思主义研究者并没有仅仅停留在"回到马克思""复兴马克思"，而是更致力于"推进马克思""发展马克思"。重新塑造马克思的理论形象、重新界定马克思的理论实质、重新构建未来马克思主义轮廓，是这些年国外马克思主义研究者孜孜以求的目标。在"推进马克思""发展马克思"的过程中，出现了各种称谓的马克思主义。原先的"生态学马克思主义""女性主义马克思主义""后殖民主义的马克思主义"等流派不但更加流行，而且被视为马克思主义发展的"最新阶段"。甚至还出现了"政治的马克思主义""魔幻马克思主义"这样的新术语。"政治的马克思主义"由美国的罗伯特·布瑞纳、加拿大的艾伦·梅克森斯·伍德等人提出，他们强调社会主体和阶级冲突在解释历史中的作用，反对非历史的传统马克思主义分析模式，认为历史唯物主义不能被理解为社会历史的一般规律，而应当首先被理解为对资本主义社会的批判。魔幻马克思主义是梅里摩尔德为针对所谓"资本主义的魔法"而提出的一个概念。他在《魔幻马克思主义：颠覆政治和想象》一书中指出，虽然资本主义的劳动和日常生活是单调沉闷和受控制的，但是人们总是可以发明"反抗的宝典"，即用即兴的、想象的和创造性的活动来加以反抗，而建立在这些反抗活动基础上的马克思主义理论就是魔幻马克思主义。魔幻马克思主义将超越马克思主义的传统，使马克思主义变得更加有趣和自由。显然，在所提出的各种关于马克思主义的术语中，最有影响的是"后现代马克思主义"。后现代马克思主义是当代国外马克思主义研究者集中推出的一个概念。美国的两个年轻的马克思主义研究者菲利普·克莱顿和贾斯廷·海因泽克提出，在"现代性已死"即现代文明行将结束的今天，需要将马克思主义推进到后现代阶段，形成一种后现代马克思主义。而后现代马克思主义与中国古代智慧和环境思想融合在一起就会形成"有机马克思主义"。有机马克思主义的核心价值观就是强调整体、联系与有机统一。他们认为，有机马克思主义是中国所独有的思想资源，所以，中国最有可能引领其他国家走向可持续发展的生态文明。

　　上述当代西方马克思主义思潮对马克思主义的种种研究推动了马克思主义本身的发展。当处于比较不利的历史背景时，马克思主义不但活了下来，而且活得很好，这肯定得益于当代国外马克思主义思潮所起的作用。当代国外马克思主义思潮对马克思主义的发展表现于方方面面，值得好好总结。当代国外马克思主义思潮为马克思主义理论宝库增添了新的内容。其在非主流意识形态的背景下对马克思主义的研究，无论如何都是对我们的有力激励。当代国外马克思主义思潮表明，尽管最近的30多年，马克思主义的声势没有如以前那样极天际地、浩浩荡荡，但它却从内涵上得到了提高。也就是说，马克思主义的发展主要不是表现在"量"的扩展上，而是体现在"质"的提高上。当代国外马克思主义思潮不是对传统的马克思主义理论的简单复兴，而是实现了对传统的马克思主义理论的创新。不能说当代国外马克思主义思潮对马克思主义的所有研究都是正确的，当代国外马克思主义的研究者所提出的所有理论观点都是正面的，在其理论体系中往往精华与糟粕交织在一起。而且，国外马克思主义思潮也不是铁板一块，其内部充满了矛盾与冲突。我们应当对其加以鉴别，并在此基础上再吸取。我们不但应当从正面，还应当善于从反面、侧面，从国外马克思主义思潮那里获取一切有益的东西。

# 二、对于资本主义的新批判

　　信贷危机、金融危机的爆发，的确令西方马克思主义研究者和左翼人士欢欣鼓舞。他们以此为契机，展开了对似乎已经在全球范围内取得了胜利的资本主义内在矛盾的探寻与揭示，以及对"历史已经终结"幻象的破除。当代国外马克思主义思潮取得的最大成就或许就是对资本主义所展开的新的批判。资本主义在他们那里有了赌场资本主义、债务资本主义、灾难资本主义、传媒资本主义、技术资本主义、认知资本主义等不同名称，他们从不同角度揭示了资本主义的新特征和新变化，深化了资本主义研究和批判。

### （一）把信贷危机、金融危机视为新自由主义在西方蔓延近 30 年的灾难后果，对新自由主义穷追猛打

自新自由主义形成之日起，西方马克思主义者就对它进行了广泛批判，但是这种批判并没有引起广泛关注。直到 2007 年美国信贷危机爆发之后，新自由主义批判成为国外马克思主义理论界的热点和前沿问题，金融危机被看成是新自由主义在西方蔓延近 30 年的灾难后果。一大批著名的思想家、理论家和学者，如法国的安德烈阿尼和吉拉德·杜梅尼尔，德国的哈贝马斯和弗里兹·豪格，英国的麦克莱伦和卡利尼科斯，美国的戴维·哈维、贝拉米·福斯特、爱德华·沃勒斯坦、戴维·科茨，以及加拿大的莫里·斯密，都参与了讨论。迄今为止，关于这个主题每年都有数量可观的专著和论文发表。许多国际知名的左翼论坛如"世界社会论坛""国际马克思大会""社会主义大会"等通过主题或专题会议，许多国际知名杂志如美国的《每月评论》、英国的《新左派评论》等通过专栏文章，从马克思主义的立场分析讨论了金融危机的成因、影响和应对策略，产生了广泛的影响。国外马克思主义研究者和左翼人士普遍认为，20 世纪末资本主义经历了新自由主义的转型，它的特征是彻底的市场化和私有化。新自由主义释放的资本积累的盲目冲动是经济危机的根源，然而，新自由主义却依赖经济危机来强化它自身的逻辑。在这种情况下，要诊断和解释资本主义的当代危机就需要批判新自由主义意识形态。关于新自由主义及其危机，法国著名马克思主义经济学家吉拉德·杜梅尼尔在《今天的资本主义——一个马克思主义者的视角》中提出三个判断：当代社会是资本主义

社会，它由资本家、管理者和大众阶级构成；资本主义的新阶段可以被称为"金融霸权"阶段；在美国和欧洲，这种社会秩序正陷入危机。由沃勒斯坦等人撰写的《资本主义还有未来吗？》对新自由主义和资本主义的命运做了多角度的探讨。他们把当今资本主义面临的危机视为结构性危机，认为在过去 500 年中资本主义通过"康德拉季耶夫周期"和"霸权周期"的作用保持着动态平衡，而在未来的三四十年中，这两个周期都将结束并失灵。

### （二）把对经济危机的批判与对生态危机的揭示紧紧联系在一起，强调造成生态危机的根源就是资本逻辑

与许多人批判马克思主义者是人类中心主义者和唯生产力论者相反，西方马克思主义理论家一方面发掘马克思主义经典作家的生态思想，另一方面从资本生产导致生态危机甚至人类毁灭这样一个新的角度展开资本主义批判，深化和拓展了马克思主义的资本批判理论。国外马克思主义者从资本主义生产方式和生活方式这一视角抓住了生态问题产生的总根源，认为以利润为根本定向的资本生产方式是导致生态危机的最终根源，而不是将生态问题变成一种道德主义的批判。他们坚决反对纯粹依赖技术手段和诉诸道德观念的变革来解决环境问题，而是强调必须通过限制和超越资本逻辑、建立新的生产方式和生活方式来实现生态文明。他们把对资本主义的生态批判作为对人类走向社会主义的必然性的论证。他们强调资本主义的经济危机是与生态危机密不可分的，它们都内在于资本主义社会，都是导致资本主义垮台的因素。资本主义生态批判作为近年来国外马克思主义研究的热点，在这一领域内活跃着一批知名的学者，诸如福斯特、莱易斯、阿格尔、奥康纳、佩珀等。他们还有专门的学术杂志作为理论宣传阵地，而且通过会议、教学、著述、政策咨询等各种方式渐渐产生越来越大的影响，每年各种相关学术会议也十分繁多。以 2013 年为例，当年美国左翼论坛的主题就是"为生态-经济转型而动员"，瑞典斯德哥尔摩"马克思2013"会议讨论了马克思的生态思想，《生态与资本主义》杂志围绕着环境危机展开了热烈的争论。

### （三）从一般的对消费异化的批判上升到对消费社会政治控制功能的揭示

西方马克思主义者对消费主义的批判是从 20 世纪六七十年代西方社会进入后工业社会和富裕社会之后开始的。它突破了从资本生产环节批判资本主义的局限性，将发达资本主义生活方式和生活观念批判纳入资本批判理论之中。这一批判与资本主义时代的生态危机批判、意识形态批判和文化批判结合起来，拓展了马克思主义资本批判的主题和领域，已经成为现代西方社会文化批判的重要主题。在消费主义时代，被生产和诱导出来的欲望和需求决定了生产和扩大再生产，颠覆了生产决定消费的逻辑，体现出不同于传统生产主义时代的特征。膨胀的欲望和需求不再是客观需要，而成为资本为了自我增殖而制造出来的资本生产环节，它们加剧了生态危机，导致了能源短缺、资源枯竭，同时也消解了传统社会的理想、崇高、节俭、利他等意识形态。在这方面，法兰克福学派的马尔库塞、弗洛姆等人对消费主义的批判是典型的代表。但是，在很长一段时间内，国外马克思主义研究者和左翼人士对消费主义的批判主要停留在对消费异化进行批判。后来，他们不再满足于仅仅对消费异化进行批判，而是把对消费异化的一般议论上升到对消费政治的分析。对消费的社会政治控制功能的分析意味着，国外马克思主义研究者和左翼人士对消费问题的研究已发生了视角的转换。这一路径的典型变化集中体现在鲍德里亚对消费所做的政治分析中。鲍德里亚认为，虽然当今社会是由消费主导的社会，但是这里的消费实际上不是作为经济流通环节的消费，其衍生意义大于其字面意义。它表达的是一种意识形态的衍生含义、一种社会政治的含义。消费实际上是实现社会一体化的政治控制和整合机制。消费服从于当代资本主义解决自身基本矛盾的政治需要。

### （四）开创对当代资本主义的空间资本化的批判

传统马克思主义把人的物化与商品拜物教视为资本主义社会的主要特征。当代许多西方马克思主义研究者和左翼人士认为，当历史进入 21 世纪，物化非但没有被克服，反而愈演愈烈。这不仅表现在人与人之间的关系、人与自身的关系上，而且扩展到了其他方方面面。他们认为，空间生产是当代物化最典型的表现，于是，空间的资本化问题成了他们关注的重点。早在 20 世纪 70 年代，列斐伏尔等国外马克思主义研究者就开始了对空间生产的研究，而最近 10 年，这一研究逐渐在他们的现代性批判中占据主导地位。在一定意义上说，他们对当代资本主义的批判集中于对空间资本化的批判，其中以戴维·哈维和爱德华·苏贾等人为主要代表人物。他们从空间的角度进一步阐释了物化的当代内涵，力图回答为什么马克思所说的垂而不死的资本主义至今非但没有灭亡，反而一路凯歌并以其价值观和生存方式几乎成为全球争相效仿与追求的目标。在他们看来，占有空间与生产空间是资本主义得以缓和甚至是消除矛盾的手段，空间的资本化与不平衡的地理发展是资本主义得以持续发展的新动力。他们认为，在传统意义上，空间是人们生产与生活的场所，但在当今世界，空间具有商品特征并成为资本增殖的手段。空间已经由生产、生活的场所转变为商品本身，空间内的物的生产已经不能满足资本增殖的需要，资本转向了空间自身的生产。他们还提出，在当代社会，作为商品被生产出来的空间本身不仅具备资本的属性，而且是各种主导性生产关系与社会关系的客观化反映。在全球化背景下，资本主义不必通过传统的战争、殖民等方式拓展自己的价值观念与生活方式，在某种程度上，其通过空间生产就可以完成。

### （五）把批判扩展到资本主义的自由民主政治制度本身

当今西方马克思主义研究者和左翼人士对当代资本主义的批判正逐渐从批判其经济制度推及批判其政治制度。马克思主义认为，以启蒙运动和法国大革命为标志的现代解放仅仅是政治解放，即人们只是获得了抽象的、形式的自由民主权利。经典作家通过政治经济学批判的方式揭露了资本统治中的剥削和压迫，揭示了现代政治解放的局限性。自 20 世纪末苏东剧变发生以来，美国以军事或非军事的方式在全球推行自由民主制度，加上 21 世纪初连续不断的反恐战争和金融危机导致的各种社会问题，国外马克思主义者强烈地批判以福山的"历史终结论"等为代表、认为资本主义自由民主制度是人类历史终结的观点，深刻揭示了资本主义自由民主制度的局限性，阐释了马克思主义的自由民主和平等思想，产生了一大批重要的政治理论家和理论流派。比如，以科恩为代表提出的平等主义的社会主义对正义问题的探讨，以伍德为代表的政治的马克思主义对民主问题的探讨，在国际理论界都有广泛的影响。他们破除"历史终结论"的思想幻象，致力于寻找新的理论资源和逻辑通道来说明资本主义的经济制度和政治制度本身的对抗性本质及其历史暂时性的本质。马克思主义的阐释甚至因此出现了政治哲学的转向。这些研究一方面揭示了资本主义政治实践违背自由民主的承诺，如以暴力和军事的方式在全球推行民主、民主选举变成了游戏政治和金钱政治等，另一方面从理论上揭示了资本主义制度本身与真正的自由、民主、平等价值的背离。其力图用无可辩驳的事实告诉人们：尽管西方的那种自由民主的政治制度作为封建专制政治的对立物，相对于以往的剥削社会具有进步意义，但时至今日，对广大人民群众来说，这种政治制度只是富人的专利品，它实质上只是一种为少数人服务的同资产阶级私有制相适应的政治上层建筑。

### （六）展开对新帝国主义的批判

"帝国"和"新帝国主义"是当今西方马克思主义研究者和左翼人士关注的焦点。他们大多认为当今资本主义已进入了新帝国主义的阶段，甚至把全球化看作20世纪90年代以来的新帝国主义的代名词，这样，他们便把对当今资本主义的批判，归结为对新帝国主义的批判。列宁的帝国主义论曾经是马克思主义资本主义批判的代表，具有深远影响，一些国外的马克思主义者至今仍然强调列宁帝国主义理论的重要意义。2011年德国马克思主义者举办了"列宁时代与我们时代的帝国主义的讨论会"，探讨列宁帝国主义理论的意义和帝国主义的新变化。国外马克思主义理论家结合当代资本主义的发展和新的国际统治形式进行新帝国主义批判，马克思主义理论家戴维·哈维的《新帝国主义》和艾伦·伍德的《资本的帝国》，以及左翼理论家哈特和奈格里的《帝国》具有普遍的代表性。围绕这些具有广泛影响的著作，理论界展开了热烈的讨论。2006年，英国的《历史唯物主义》杂志围绕这三部著作展开了争论，美国的《重思马克思主义》也以"帝国主义和民主的梦想"为题讨论了相关问题。它们认为，新帝国主义与传统的帝国主义有许多不同的特征。哈维从"权力的领土逻辑"对"权力的资本主义逻辑"的最终服从出发来解释新帝国主义的新意。顺着哈维的这一思路，罗伯特·布伦纳提出，传统帝国主义在保护国家和民族资本的利益时是垄断的、排他的，这自然导致战争。相反，美国的霸权和美国资本的增殖是通过实施国际经济和地缘政治战略而实现的，而这些战略中的绝大多数也能够实现其经济伙伴甚至是竞争对手的利益。伍德从现代资本主义社会政治与经济的分离来分析新帝国主义的创新之处。查默斯·约翰逊、阿明等人也注意到了新帝国主义的新的一面，如：军事基地替代了原来的殖民地，跨国公司替代了原来的特许公司（如原来大英帝国的东印度公司），有更多的集体行动（如以北约、反恐联盟的名义开展的集体行动）以及更高的道德原则（如捍卫人权、人道主义干预、反恐、反对专制和独裁、促进自由和民主等）。这些国外马克思主义研究者和左翼人士强调，新帝国主义一直是在矛盾和危机中发展的，只是近年来各种矛盾和危机越发尖锐。

当代西方马克思主义思潮围绕资本主义对抗性本质的新表现形式、超越资本主义的革命主体的求索，展开了种种研究，他们期待种种新社会运动，期待公共领域的发展，期待以激进民主的方式来改变资本主义社会。他们的所有相关理论一方面可以帮助人们认清资本主义的本质，纠正人们对当代资本主义认识的片面性，另一方面在与右翼的自由主义思潮等抗衡中，促进了当代资本主义的良性发展。他们与宣扬资本主义制度将一统天下的像福山这样的资产阶级政要和右翼知识分子构成了当代资本主义社会的两极。福山等后来对资本主义的态度有所改变，不能不说与这些国外马克思主义研究者和左翼人士对资本主义所展开的持之以恒的批判有一定关系。他们对身处其中的当代资本主义社会现实具有深切的体会，并且能够做出马克思主义的批评和阐释，坚持社会主义的未来方向。这是难能可贵的。他山之石，可以攻玉。借鉴他们对当代资本主义的批判性分析，是避免我国社会主义实践走歪路和走邪路的有效方式之一。我们从他们对当代资本主义的批判中起码可以获得如下启示：当今资本主义并没有经过自我调节而成为人类最美好的制度，当今西方极端自由放任的市场经济体制并不是医治百病的灵丹妙药，当今资本主义的自由民主制度并不是一种值得我们照搬效法的政治体制，当今的资本主义社会所存在的弊端根源于资本主义制度本身。难能可贵的是，他们把对当代资本主义的批判与对"资本主义何以能够幸存"的思考结合在一起。2014 年 11 月上旬在伦敦召开的"历史唯物主义年会"的主题就是"资本主义何以幸存"。

# 三、对于社会主义的新展望

信贷危机、金融危机的发生表明新自由主义意识形态的破产，不断涌现的反对资本主义的各种群众运动要求把寻找后资本主义的社会替代形式提上议事日程。正是在这个背景下，一度冷寂的社会主义与共产主义问题又重新回到西方马克思主义研究者和左翼人士的理论领域。

## （一）竭力说明"另一种选择是可能的"

英国前首相撒切尔夫人有句名言："别无选择。"她的意思是当今的人类除接受资本主义之外没有其他的选择。国外马克思主义研究者和左翼人士在分析、批判当代资本主义的过程中，竭力论证人类除接受资本主义之外，还有其他的选择，即论证"另一种选择是可能的"。从一定意义上说，他们对当代资本主义提出尖锐的批评，就是为了让人们摆脱资本主义而走上另一条道路，并且他们中的大多数人明确地把这另一条道路理解成就是社会主义道路。2009 年在巴西贝伦举办的世界社会论坛的参加者有 10 万人之多，在批判资本主义的目的下，论坛的主题就是"建设一个别样的世界"。在批判、反思、危机、抵抗等口号的指引下，"社会主义是另一种选择""另一种世界主义/反资本主义""另一个世界是必要的"等成了各种国际论坛的主题。卡利尼科斯明确地说，他的宗旨就是要"能说服更多的人：寻找另一个世界是实际可行的"。他所说的"另一个世界"就是指目前反资本主义全球化运动所追求的那种"社会主义民主社会"。施韦卡特提出，那些资本主义的辩护者和追随者对抗、批判资本主义的一个强有力的反驳是：拿出你的替代物来！基于这种情况，在他看来，批判资本主义最重要的是必须论证资本主义的替代物确实是存在的，只有向人们揭示了这种替代物，才能真正说服人们去改变资本主义。在哈贝马斯看来，正因为当今人类除资本主义之外还有其他的选择，所以左派还是应当对前景充满信心。他认为，左翼没有理由放弃社会主义的目标，"没有理由懊悔，但也不能装成什么也没有发生的样子"。他们应当坚决地接受已经发生的事实，确定批判观察和分析现实的角度，把历史向未来的社会主义推进。乔姆茨基提出，新自由主义关于"没有替代现状的其他选择"的论调旨在维护现存体制，而实际上建立另外一种社会是完全可能的。在哈特和奈格里看来，"新帝国"的出现不仅加剧了人类的不平等，与此同时也造就了抵抗它的力量，从而也造就了替代物。尽管他们没有把这种替代物与社会主义联系在一起，但他们对"在帝国自身的区域内""建立一个替代物"，对"穿越和超越帝国""创造新的民主形式"，都深信不疑。《每月评论》2011年第5期发表了"第三世界论坛"主席萨米尔·阿明的文章《民主的欺诈：普遍主义的另一种选择》，从政治上思考了另一个世界是否可能的问题。齐泽克认为，我们不能从反对美式资本主义走向否定普遍价值的特殊主义。与资本主义的对抗不能采取特殊主义的立场，而是要通过普遍主义的彻底化和现实化来超越西方虚假的普遍主义，他所说的要加以"彻底化""现实化"的普遍主义就是指社会主义、共产主义。

## （二）复兴共产主义观念

共产主义的复兴是21世纪以来国外马克思主义和左翼理论的一个重要现象，其从共产主义观念出发对当代资本主义进行了激进的批判，并且强调了共产主义与现实社会主义的根本差别。其代表性人物哲学家齐泽克在《首先作为悲剧，然后作为喜剧》（2009）中明确提出了"告别社会主义先生，欢迎共产主义先生"的口号。意大利著名学者吉亚尼·瓦蒂莫于2011年出版了《解释学共产主义》一书，此书可以作为共产主义复兴的另一标志。而这一思潮最早可追溯到奈格里1990年的著作《告别社会主义先生》。此外，有关复兴共产主义的会议也连续召开。比如，2009年3月在伦敦召开了"共产主义观念"大会。2010年在巴黎召开了第二次共产主义大会，主题是"论共产主义的潜在可能性"。在2013年1月于巴黎召开的"希腊症状：债务、危机和左翼危机"讨论会上，一些国外马克思主义研究者和左翼人士结合当时的形势对共产主义理念及其激进政治策略再次进行了讨论。齐泽克、巴迪欧、哈特、奈格里、朗西埃、南希等从不同方面阐释了共产主义观念及其复兴的现实意义。齐泽克的《活在末世》、巴迪欧的《共产主义假设》、波斯蒂尔的《共产主义的实际性》、格瑞伊斯的《共产主义附录》、哈特和奈格里的《帝国》等著作都对共产主义做出了新的阐释。从在"论共产主义的观念"会议上这些国外马克思主义研究者和左翼人士的发言来看，他们对共产主义的内在意义的阐述有三种思路：巴迪欧从超越的事件哲学出发，把共产主义观念理解为永恒的假设；哈特和奈格里等人从马克思的政治经济学出发，把共产主义理解为全球化和非物质劳动的内在趋势；朗西埃从文化和美学角度把共产主义理解为文化和艺术的共同创造和共同分享本性的体现。共产主义旗帜今天已成为激进左翼的标志，虽然这些思想家都承认，当下的讨论只是某种理论的操练，而不能提供具体的方案。由巴迪欧、齐泽克等人领导的新世纪的"共产主义热"之所以出现，按照他们自己的解释是因为：一是苏联式的"现实社会主义"不能代表共产主义；二是为了与自由民主派立场相区别，激进左翼需要自己的政治标签，而共产主义概念由于其内涵的复杂性受到欢迎。

### （三）生态视角的引入成为思考21世纪社会主义的最重要的动力

进入21世纪以后，随着生态问题、环境问题的日益凸显，西方马克思主义研究者和左翼人士越来越把研究的重点引向如何通过用社会主义替代资本主义来走出生态危机、实现生态文明。生态社会主义是当代国外马克思主义的理论代表之一。其通过对资本主义生产方式和生活方式对于生态危机的影响的揭示，认为环境友好型社会和可持续发展是社会主义的根本要求和本质特征，只有社会主义才能真正解决生态危机问题。福斯特、阿格尔、奥康纳、佩珀等是生态社会主义的主要代表。他们不仅仅挖掘马克思主义经典作家的生态思想，批判资本主义制度下的生态危机，更重要的是将生态危机的解决与实现社会主义联系起来，为社会主义提供了切合时代的论证和辩护。福斯特的《马克思的生态学：唯物主义与自然》《生态革命：与星球重归于好》，奥康纳的《自然的理由——生态学马克思主义研究》等都是重要的著作。在福斯特看来，对自然的非私人占有、对人与自然关系的合理调节，以及生产是为了满足共同体的需要是马克思生态学的核心思想，生态问题的解决与实现社会主义不过是一件事情的两个方面。以前人们一般从资本主义经济危机来论证社会主义的必然性，而这些国外马克思主义研究者和左翼人士强调除此之外，也应从资本主义的生态危机来论证社会主义的必然性。奥康纳就提出，传统的马克思主义者总认为"生产力和生产关系更为社会化形式的发展"，即生产力和生产关系不断走向社会化，资本主义必然会向社会主义过渡，但实际上，生产条件的"更为社会化的供应模式的发展"，即生产条件日益走向公共化和社会化，也会促使资本主义向社会主义过渡。

## （四）深入探讨市场社会主义

市场社会主义具有较长的发展历史，是超越社会主义计划经济与资本主义市场经济的理论取向。这一思潮认为，应该将市场和计划都看成手段，与社会制度区分开来，主张以市场调节与社会主义公有制相结合，实现资源的有效配置。20世纪80年代之前，市场社会主义主要反思社会主义的计划经济，主张社会主义可以运用市场手段进行经济调节。20世纪末苏东剧变之后，市场社会主义针对的主要是西方资本主义制度，讨论的重心是如何通过市场的方式使西方发达资本主义走向社会主义，主要的代表性理论有米勒的"合作制的市场社会主义"、罗默的"证券的市场社会主义"和施韦卡特的"经济民主的市场社会主义"。他们主张市场与公有制经济结合，并且认为资本主义国家的股份制、合作经济等已经具有了社会主义公有制经济的性质。进入21世纪以后，市场社会主义迎来了新的发展时期，具体表现在：一是罗默对其市场社会主义理论进行了两点修正，即劳动收入而非资本收入是造成收入不平等的主要根源和改造人的平等偏好比设计制度更重要；二是施韦卡特更加关注中国问题，并阐述了 2008 年国际金融危机的爆发原因和规避路径；三是扬克构建了一个新模型来验证实用的市场社会主义的潜在表现，论证了以社会红利的形式分配资本收入的依据；四是安德烈阿尼分析了资本主义的经济、社会和政治危机，指出了社会主义复兴面临的四大障碍，提出了社会主义未来纲领的核心是经济民主。国外马克思主义研究者和左翼人士认为，市场社会主义进一步复苏需要两个基本条件：一个是外因，即发生资本主义的重大危机，从而动摇人们对资本主义的迷信；另一个是内因，即设计出合理的制度模式并在实践中检验。在他们看来，进入 21 世纪以来，社会具备了这两个条件，所以市场社会主义的前景值得期待。但他们也不时地承认，在公有制与市场经济兼容性问题上还存在许多理论分歧和实际困难，其中，在肯定市场机制作用的同时去寻找实现社会主义目标的制度安排，是问题的核心所在。

### （五）打破科学社会主义与空想社会主义之间二元对立的界限

在最近数十年的西方马克思主义研究中，不时地会出现"乌托邦社会主义"这一概念。这不是一种政策主张，而是一种理解社会主义的观点。近年来，它在思想界，特别是在马克思主义思想界产生了越来越大的影响。它主张打破科学社会主义与空想社会主义之间二元对立的界限，重新阐释乌托邦和社会主义，认为社会主义作为乌托邦是关于人类未来的总体理想，是超越和批判当代资本主义必不可少的理论地平线，而不是一种必然实现的实体性的社会形态。这一思潮通过激活乌托邦思想和社会主义的理论意义，既反对自由资本主义的历史终结论，也反对传统社会主义的历史决定论和历史目的论，社会主义变成了反思资本主义所必须赖以立足的意识形态想象。戴维·哈维的《希望的空间》（2000）、华伦斯坦的《乌托邦学》（2000）、雅各比的《不完美的图像》（2005）、杜克斯的《乌托邦之后的明天》（2007）、布恩伊的《乌托邦和自然幻想》（2007），以及詹明信的《未来考古学：乌托邦欲望及其他科幻小说》（2007）等等，提出了各种不同的乌托邦概念和阐释模式，突出了乌托邦思想对批判资本主义和构想未来社会的积极意义。在一些国外马克思主义者看来，马克思主义是具体的现实的乌托邦，是代表美好未来和梦想的"希望科学"。乌托邦社会主义的思想本来是 20 世纪上半叶布洛赫等人阐述的主题，进入 21 世纪以后，这一思想又得以复兴，这与当代资本主义所出现的精神困境密切相关。值得指出的是，与左翼思想界对乌托邦问题的关注相伴随的是，左翼思想界又出现了一定的"宗教复兴热"。如哈贝马斯、齐泽克、巴迪欧、伊格尔顿、奈格里、阿甘本等，他们的立场或视野各不相同，既有马克思主义激进政治立场，又有社会批判传统，还有后马克思主义视野，但他们都强调宗教的政治及道德伦理内容，强调包括宗教在内的乌托邦内涵的现实意义。

### （六）拉美社会主义异军突起

"拉美社会主义"或者说"21 世纪社会主义"或"新社会主义"是 21 世纪初国外马克思主义的一个重要热点。

21 世纪初，拉美一些左翼政党在反对新自由主义的旗帜下通过民主选择获得了政权，2006 年出现了拉美左转的现象，拉美社会主义研究出现了复兴繁荣趋势。近年来拉美学界不断召开各种关于马克思主义、西方马克思主义和社会主义的国际学术会议和学术论坛，其中如巴西连续举办多届的"马克思和恩格斯国际论坛"、古巴举办的"马克思著作与 21 世纪的挑战"等，都产生了不小影响。拉美社会主义一方面反思苏联社会主义的失败，另一方面反思新自由主义给拉美带来的灾难，突出拉美的社会主义是民主的人民参与和分享的社会主义。一般来说，拉美社会主义具有本土化和与解放神学相结合两个特征。其主要理论的阐释者有智利马克思主义理论家哈内克和墨西哥马克思主义理论家迪特里希。哈内克在《拉美社会主义》一文中从五个方面对社会主义做出了全面系统的阐述，其中关于拉美社会主义的价值和制度特征，他提出了六个方面的要求：其一，把人作为核心，遵守人道和互助原则，以满足人们的需要为目标，而不是以盈利为目标；其二，反对消费至上，目标不是"生活得更好"，而是"幸福地生活"；其三，在生产资料社会所有制基础上形成以满足人的需要为核心的生产、分配和消费的辩证关系；其四，尊重自然，追求人的全面发展；其五，在分散化和参与性的规划中，更理性地使用自然资源和人力资源；其六，将人的发展作为生产性投资。与其他社会主义理论阐释不同，拉美社会主义不是一种学院化的理论阐释，而更多的是一种依托政权实施的社会主义实践运动，因此有广泛影响。当然，拉美社会主义实践依托的是选举政治，容易受到政权更迭和领导人本身去留的影响。查韦斯逝世之后，委内瑞拉的社会主义实践就遭遇曲折和困难。

当代国外马克思主义思潮对社会主义所做的这些新展望、新探索，包括对马克思主义社会主义理论的研究，对世界社会主义运动经验教训的探讨，拯救了世界社会主义运动，加快了世界社会主义的发展进程。有人总结说，进入 21 世纪以后，世界社会主义运动出现了第三次高潮，那这第三次高潮的出现，也是同当代国外马克思主义思潮的关于社会主义的一系列新理论的推出、破解世界社会主义运动的难题分不开的。虽然国外马克思主义者坚持了马克思主义的实践性，坚持了社会主义方向，但他们对于科学社会主义的反思、对于现实社会主义实践的批判，以及对于未来社会主义的探索，并没有实践经验的支持，不少只是观念的演绎，只是激进的批判理论，没有现实的可操作性，然而我们仍然可以从中汲取合理成分，丰富和巩固中国社会主义理论。

# 附录二　新冠肺炎疫情后西方马克思主义理论家及其他西方左翼学者对"三大理论"的新反思

2019 年年末肆虐全球的新冠肺炎疫情必将载入人类史册，它所带来的危机仍在全面考验着人类社会的思想、制度和伦理。在重大疫情背景之下，一切有良知的知识分子都不得不思考这样一个公共议题：当前由欧美所主导的西方新自由主义制度及其社会解决方案将带领人类社会走向深渊还是救赎？这场考验迫使人类再次来到一个具有决定性的十字路口：是走向社会主义还是继续走向野蛮？正如西方左翼学者齐泽克所言："全球共产主义抑或丛林法则，新冠病毒迫使我们做出抉择。"①

## 一、从新冠肺炎疫情回到马克思：重新认识资本主义

自第二次世界大战以来，或许从来没有哪一个时刻能够使我们如此强

---

① ZIZEK S. Global communism or the jungle law: coronavirus forces us to decide. (2020 - 03 - 10)[2021 - 10 - 30]. https://www.rt.com/op-ed/482780-coronavirus-communism-jungle-law-choice.

烈地与马克思对资本本性的批判产生共鸣："资本来到世间，从头到脚，每个毛孔都滴着血和肮脏的东西。"① 与此相似，乔姆斯基也将由新冠肺炎疫情带来的危机视为由野蛮的新自由主义带来的"文明的危机"②，病毒的肆虐最终将促使大众重新思考我们究竟需要什么样的世界。

### （一）新自由主义的"切尔诺贝利时刻"

如果说1986年的核灾难带给苏联的"切尔诺贝利时刻"成为西方世界批评苏联社会主义的口实的话，那么2020年西方世界普遍陷入新冠病毒导致的疫情旋涡而无法自拔则成为新自由主义的"切尔诺贝利时刻"，而这个时刻正在敲响新自由主义的丧钟。

戴维·哈维认为新冠肺炎疫情以令人始料未及的方式使全球资本主义的资本循环和周转陷入失血休克，因为"这种新自由主义模式越来越依赖于虚拟资本以及货币供应和债务创造的巨大扩展"，整个资本主义的生产和需求链条都被按下了暂停键，这反而使得我们能够更理性地看到资本主导下的生产主义和消费主义的深层危机。事实上，当代资本主义经济仍然能够完成资本的循环并获得利润的积累，百分之七八十依赖于消费主义推动，新冠肺炎疫情等意外事件的出现则造成最富裕国家中占主导地位的消费主义形式核心的全面崩溃。无休止的资本积累的螺旋形式正在从世界的一部分向内部崩溃。它正在检验马克思所说的过度消费和疯狂消费，从而预示着整个体系的可怕和怪异的崩溃。哈维着重从新自由主义所塑造的当代资本主义经济生态丛林被破坏来评估全球资本体系崩溃之可能性。在这片生态丛林中，消费主义是提供资本循环和周转的丰厚土壤，而"当代资本主义消费主义"的许多前沿模式在当前的条件下无法运作，因为"新冠肺炎疫情并不是一次剧烈波动，而是一次对主导最富裕国家的消费主义形式的核心的强力撞击，无止境的资本积累的螺旋形式正在从世界的一个地

---

① 马克思，恩格斯．马克思恩格斯文集：第5卷．北京：人民出版社，2009：871.

② POLYCHRONIOU C J，CHOMSKY，POLLIN. To heal from COVID-19，we must imagine a different world．（2020-04-10）［2021-10-30］．https：//truthout. org/articles/chomsky-and-pollin-to-heal-from-covid-19-we-must-imagine-a-different-world.

方到另一个地方向内坍塌"。不过，也有学者认为哈维仅仅从资本流通的角度分析新冠肺炎疫情对资本主义经济的影响，而这是一种"早已被马克思批判过的所谓'消费不足危机论'"。也就是说，判断新冠肺炎疫情能否给资本主义带来根本性转变，仍然要回归到马克思主义的经典分析范式——生产力与生产关系的矛盾变化，而从生产力和生产关系（特别是生产资料所有制形式）来看，新冠肺炎疫情并未触动现有私有制与雇佣劳动关系。尽管崩溃还远不可能，但是新冠肺炎疫情造成的新自由主义世界的消费主义危机已然使资本主义经济呈现出颓势，这一颓势呈现出一种资本主导的社会体制的夕阳西下的总体性病态面目，以至于哈贝马斯呼吁"我们必须努力废除新自由主义"。哈贝马斯的呼吁显而易见被正在欧洲发生的事实印证着："比起民众的安危，欧盟更关心金融机构和跨国企业的生死存亡，再一次印证了它是一个失败的政治实体。欧盟任由 27 个成员国自生自灭，甚至从未呼吁各国共同支援身陷困境的意大利。"①

### （二）阶级斗争与种族矛盾

疫情初期，中国政府迅速出台应对措施，为全世界遏制疫情赢得了极为宝贵的时间窗口，但是西方新自由主义世界却以一种种族和文化优越感对新冠病毒不以为然，即使是在世界卫生组织的不断警告之下，西方世界仍然不为所动。最后疫情加剧向全世界扩散，造成这种结果的重要原因之一是西方世界偏执的种族主义意识形态以及隐藏在它背后的阶级斗争的尖锐化。世界卫生组织中国调查组专家组组长布鲁斯·艾尔沃德不受种种西方固有意识形态偏见的干扰，客观公正地认为中国的防疫方法是唯一正确有效的方法。不仅如此，他还高度赞扬普通中国人与政府同舟共济的社会责任感："这些人辛勤地工作，他们非常愿意分享，他们为自己的工作骄傲，他们谦虚不傲慢，他们有责任心。"

---

① PIQUERAS A. Crisis mundial，Coronavirus y capitalismo moribundo：un cóctel mortal. (2020－03－17) ［2021－10－30］. https：//blogs. publico. es/dominiopublico/31228/crisis-mundial-coronavirus-y-capitalismo-moribundo-un-coctel-mortal.

事实上，新冠肺炎疫情对全球资本主义经济造成的经济危机仅仅是更广泛的危机的一个预演。美国黑人乔治·弗洛伊德遭白人警察执法死亡，激起了西方世界普遍的抗议浪潮，在疫情重压之下，数以千万计中下阶级基层工人和小生产者失去劳动机会，被压抑已久的资本主义世界普遍存在的贫富差距和阶级矛盾终于被释放出来。种族矛盾背后隐藏的是根深蒂固的社会矛盾，我们甚至可以说，世界上不可能存在一个不包含种族主义的资本主义。西方世界需要将无产阶级对资产阶级的斗争转化为种族之间的冲突，因此，种族主义才能如此根深蒂固地存在于资本主义世界。正如左翼组织"国际马克思主义趋势"所呼喊的：新冠肺炎疫情不仅是一个医学问题，黑人被任意杀害不仅是一个种族问题，而且是一个"阶级问题"，"资产阶级作为统治阶级一直在利用种族主义来促进那些为我们国家工作的人之间的竞争，来创造少数人致富的价值"[①]。要结束这一切，则"只有推翻资本主义，建设社会主义，才能弥补几个世纪以来的种族主义压迫和剥削"。

乔治·弗洛伊德之死与新冠肺炎疫情产生了激烈的化学反应，直接导致了全世界被压迫和被剥削者对资产阶级社会制度严重不公的反抗，因为种族主义产生的真正原因是资本主义制度，既有的阶级结构中存在的不可调和的阶级矛盾被转译为无法改变的由肤色决定的优势种族与劣势种族之间的矛盾，这种在意识形态上对资本主义私有制造成的贫富差距与阶级矛盾的偷梁换柱欺骗性地将矛盾的焦点从反对资本主义私有制转移出去了。事实上，疫情危机的管理也正在成为另一种阶级斗争的场域。一方面，通过定义风险的来源和解决方案，资产阶级将阶级冲突转化为风险管理的技术议题，也就是说，将风险的总体性原因物化为一个社会学的或者经济学的实证问题，比如，生化灾难对人类的普遍性风险被简化为生化技术难题，并因此催生出一批消化生化灾难的公司和职业，于是，资本生产出灾难，最终使得灾难成为一种商业机会。以医疗工业为例，资本驱动下的医疗工业事实上在不断地生产新的疾病，同时通过疾病的生产来制造医药的

---

① https：//www.marxist.com/video-racism-police-violence-and-the-socialist-revolution.htm.

消费。法国生态学马克思主义者安德烈·高兹为此提供的有力证据是："疾病成为最有利可图的产业的动力，创造就业和'财富'。同时，患者数量的增加和'健康'产业已被纳入国民核算中，如果患者减少，这些产业的消失就转化为 GNP 的减少和对资本的重大打击。简言之，疾病是有利可图的，健康则不然。"① 但是，另一方面，危机的结构性积累也将阶级斗争的场域进一步扩大到了公民运动当中。如前所述，危机在社会结构中的平均化趋势跨越了阶级利益的冲突，风险的共同性是真实存在的，因而"为了预防核能和有毒废料的危险，阻止对自然的明显破坏，不同阶级、党派、职业群体和年龄群体的成员团结起来形成公民运动"是可能的②。因此，新冠肺炎疫情的最优化治理需要产生一种跨越阶层的社会联合，这种社会联合被恰当地表述为"人类命运共同体"。齐泽克在反思疫情的时候也认为，全世界更"需要完全无条件的团结和一种全球协同的反应，一种曾经叫作共产主义的新形式"③。

美国工人世界党也发出警告称"新冠肺炎大流行将加剧全球工人与穷人为社会和种族正义以及反对资本主义而进行的斗争……绝大多数新冠肺炎受害者都是世界上最脆弱的工人阶级和穷人"④，高度市场化和私有化的医疗行业一方面利用疾病来攫取高额利润，另一方面拒绝为全社会提供必要的医疗卫生公共服务。新冠肺炎疫情的暴发将在健康权巨大不公的议题上积累起底层社会的愤怒，这也正是工人阶级有可能重新召唤出曾经支配19 世纪工人运动的伟大斗争能量的历史性契机。

---

① ANDRÉ GORZ. Ecology as politics. Boston：South End Press，1980：171.

② 贝克．风险社会．南京：译林出版社，2004：53.

③ ZIZEK S. Clear racist element to hysteria over new coronavirus. （2020 - 02 - 03）［2021 - 10 - 30］. https：//www. rt. com/op-ed/authors/slavoj-zizek.

④ SOTO T. The COVID-19 pandemic：a historic event that will intensify global working-class struggle. （2020 - 06 - 03）［2021 - 10 - 30］. https：//www. workers. org/2020/06/49094.

# 二、疫情与启蒙：重新认识马克思主义

如果说新冠肺炎疫情彻底暴露了资本主义虚伪的自由主义意识形态，那么在这场席卷全球的危机之中，马克思主义再次显示出其真理的光芒和深刻的洞察力。可以说，新冠肺炎疫情既是全人类的共同危机，同时也是用马克思主义再次启蒙全世界劳动者的历史契机。

## （一）马克思主义启蒙：通往真正的自由和平等之路

马克思主义的重要使命之一是要实现人的真正自由全面发展，正如马克思和恩格斯所提出的："代替那存在着阶级和阶级对立的资产阶级旧社会的，将是这样一个联合体，在那里，每个人的自由发展是一切人的自由发展的条件。"[1] 在疫情重压之下，西方世界的付酬劳动者们发现，被世界追逐的西方社会制度将每一个人牢牢地锁定在虚伪的自由之网之中。所谓的"群体免疫"实质上是假科学之名，资本主义国家基于资本集团利益考量，放弃对公共卫生防疫领域的大规模投资，以减少疫情中财富的损失。从这个社会治理逻辑入手，我们就可以理解欧美主要资本主义国家为什么在疫情扩散之际，首先考虑的是如何激活拯救经济的国家资源，而不是激活拯救生命的国家资源。俄罗斯联邦共产党中央委员会主席久加诺夫指出："资本家考虑问题的首要出发点，是只有在确保他手中的资本能够不断榨取到工人的剩余价值，即获得社会平均利润率的前提下，才会顾及工人的死活。"[2]

托马斯·皮凯蒂指出，新冠肺炎疫情暴露了人类社会长期存在的巨大不平等，不平等的经济地位对新冠肺炎疫情的致命性传播起到了推波助澜的作用，社会财富两极分化差距过大加剧了国家控制疫情的难度[3]。奈格

---

① 马克思，恩格斯. 马克思恩格斯文集：第 10 卷. 北京：人民出版社，2009：666.

② Г. А. Зюганов. Надо принимать экстренные меры. ［2021 – 10 – 30］. https：//kprf. ru/dep/gosduma/activities/194436. html.

③ PIKETTY T. Confronting our long history of massive inequality. （2020 – 03 – 26）［2021 – 10 – 30］. https：//www. thenation. com/article/culture/thomas-piketty-interview-ineqality-book-covid.

里认为，新自由主义已经在疫情中将政治上的缺陷暴露无遗，这将在可预见的未来激活一系列反新自由主义的斗争①。左翼学者普遍认为，即使新自由主义治理模式的系统性衰落可以避免，但是后疫情时代西方民主的衰退将不可避免。乔姆斯基将新冠肺炎疫情带来的危机视为由野蛮的新自由主义带来的"文明的危机"②，自由市场和公司的意识形态避免将病毒控制引入利润的黑洞，公众的健康是"可消耗"的生产成本。欧洲和美国政府在复工与隔离之间摇摆不定，表明在社会治理的系统性协调方面，国家、政府和公司三者处在难分胜负的博弈之中。新冠病毒的肆虐最终将促使大众重新思考我们究竟需要什么样的世界。正如马克思所言："生产力在其发展的过程中达到这样的阶段，在这个阶段上产生出来的生产力和交往手段在现存关系下只能造成灾难，这种生产力已经不是生产的力量，而是破坏的力量（机器和货币）。"③新冠病毒进一步促使这种破坏性力量反噬人类社会，从而"使我们陷入后现代的野蛮状态。为了摆脱这种状态，我们必须像许多社会主义运动一样，重新探索国家和资本以外的其他道路，创造出超越灾难资本主义的未知世界"④。

### （二）现代性启蒙：用以人为本重新定义现代性

新冠肺炎疫情以一种残酷的方式向人类揭露现代性的残酷之面目。现代性的基本建制之一科学理性曾自信地将自身宣布为人类征服不确定性的伟大力量，切尔诺贝利核电站每一个环节都有充足的预防措施以避免灾难的发生，科学理性将灾难发生的可能性置于可计算和可控制的概率之下，但是那场核灾难仍然不可避免地发生了。我们对此的重要反思是：人类理性为科学理性所垄断到底是灾难还是福祉？迄今为止，科学理性与社会理

　　①　NEGRI A. Coronavirus，la fase attuale ed il futuro．（2020－03－21）［2021－10－30］．https：//www. radiondadurto. org/2020/03/21/coronavirus-la-fase-attuale-ed-il-futuro-lintervista-a-toni-negri.

　　②　POLYCHRONIOU C J，CHOMSKY，POLLIN. To heal from COVID-19，we must imagine a different world．（2020－04－10）［2021－10－30］．https：//truthout. org/articles/chomsky-and-pollin-to-heal-from-covid-19-we-must-imagine-a-different-world.

　　③　马克思，恩格斯．马克思恩格斯文集：第1卷．北京：人民出版社，2009：542.

　　④　FASFALIS D. Marx in the era of pandemic capitalism．（2020－04－13）［2021－10－30］．https：//socialistproject. ca/2020/04/marx-in-the-era-of-pandemic-capitalism.

性是分裂的。当然，这种分裂并不是连续的，在某些特殊事件中，科学理性与社会理性能够交织在一起，比如虽然克隆技术和基因编辑技术作为科学理性的产物被认为具有极高的科学价值，但是社会理性先行介入此类技术的应用。也就是说，在科学技术进步所引发的事件中，以伦理判断为代表的社会理性将基因技术和克隆技术牢牢锁死在较低发展维度上，正如约纳斯所言："在这种特殊情况下，智慧要求我们继续前行，并且要求我们，在完全做好使用这些能力的准备以前，检验对它们的可能使用。"①

现代性逻辑在新冠肺炎疫情的笼罩之下的两难境地促使我们提出重新定义现代性的必要性。中国社会主义道路的社会治理和经济建设经验已经开辟了用"以人为本"来重新定义现代性的原则高度。陈学明就疫情与生态的关系反思了两个国内外普遍流行的观点——"人化自然"和"以人为本"，认为人化自然在实践上仅仅侧重了人化，而没有充分重视自然，"在面对自然时，就必然会为自己的行为确立一个界限，真正明确哪些是可以做的、哪些是不可以做的，而不是一味地无限夸大自己的力量"，而相应的，以人为本不是以人的物质欲望为本，而是以人的全面发展为本，健康的生活条件和免于公共卫生危机则正是以人为本的题中应有之义。王雨辰则呼应了陈学明的观点，认为要区分"需要"和"欲望"。资本所驱动的消费主义意识形态，将需要替换为欲望，"鼓励一切个人把消费活动置于他们日常活动的最核心地位，并同时增强对每种已经达到了的消费水平的不满足的感觉"②。

弗里德曼甚至将新冠肺炎疫情理解为一个新的历史分期的界碑，他认为我们必须在新的技术和人文条件之下重新理解现代性，并将新现代性视为一个新的历史分期的开始，科学理性为王的单向度时代应该让位于一个社会或文化理性为王的新时代，因为"在所有的不确定当中，我们需要牢记的是，新冠肺炎疫情的发展轨迹不仅同新冠病毒的性质有关，也同文化

---

① 约纳斯. 技术、医学与伦理学. 上海：上海译文出版社，2008：127.
② 莱斯. 满足的限度. 北京：商务印书馆，2016：115.

有关"①。事实上，他认为，以西方文化为领导的旧的现代性已经在应对新冠肺炎疫情的战斗中溃败，而在应对疫情更有效的以中国文明为代表的东亚文明中，新的"文化现代性"则成为重新延续人类现代文明的可能性。

### （三）价值观启蒙：疫情中的人类命运共同体

社会主义中国从来没有因在疫情中受到西方嘲讽、谩骂和敌视而关闭国际团结、合作、同舟共济以抗击疫情的大门。正如习近平总书记指出的，我们坚决维护中国人民生命安全和身体健康，也坚决维护世界各国人民生命安全和身体健康，努力为全球公共卫生安全作出贡献。也正是在这一理念指引下，中国共产党联合 230 多个世界政党就加强国际联合、抗击新冠肺炎疫情发出联合倡议，呼吁"各国应增强人类命运共同体意识，越是困难的时候越要相互支持和帮助，通过加强国际合作、政策协调、行动配合等，汇集全球的资源和力量，坚决打败病毒这一人类的共同敌人"②。全人类的危急时刻正是加强团结、协调行动的关键点，新自由主义的市场机制已经完全失灵，但垄断资产阶级的意识形态却要将每个公民赤裸裸地抛给新冠病毒，而拒绝承担公共责任，这证明了野蛮的新自由主义体系从来不曾将人类共同福祉视为最高原则，而是相反，人类命运是私有者可以出卖的财产——如果可以给它标价的话。

人类命运共同体原则虽被新自由主义体系高度拒斥，但却为共产党世界所欢迎。美国共产党在一封官方公开信中对社会主义中国在全球疫情防控中所扮演的重要角色高度赞扬，称中国共产党从公共健康而不是利润出发，采取大规模检测和有效动员全国资源等方法应对危机。英国共产党领袖罗伯特·格里菲斯表示："这封公开信继承了争取和平、合作和社会进步的国际共产主义运动的优秀传统。"此外，委内瑞拉、秘鲁、玻利维亚等拉美国家的共产党发布联合声明，认为私人垄断资本控制着拉美国家，

---

① FRIEDMAN T. Our new historical divide：B. C. and A. C.：the world before corona and the world after. New York Times，2020 - 03 - 17.

② 世界政党关于加强抗击新冠肺炎疫情国际合作的共同呼吁．（2020 - 04 - 02）［2021 - 10 - 30］. http：//www. xinhuanet. com/world/2020 - 04/02/c_1125806860. htm.

公共卫生事业由于无利可图，长期以来几乎处于荒废状态，富人也许可以获得更好的私人医疗保障，但是大多数中下收入人群面临绝境。因此，"我们认为必须保障最贫穷社会阶层的工人、失业者和未充分就业者的权利，以此作为一种人道和团结的姿态"。美国工人世界党官网发表文章称社会主义的基础帮助中国战胜新冠病毒，中国共产党做出的决策依据的不是如何维护百万富翁们的利益，而是如何维护全体人民的福利，这在资本主义的美国是不可想象的。

由此可见，中国疫情防控过程中体现出的人类命运共同体理念彻底地摒弃了资本逻辑主导下的以财产权为新等级制度基础的虚假的共同体，在这样的共同体中，交换价值体系凌驾于使用价值体系之上，对利润的渴望凌驾于人性的实现之上，私人公司的利益凌驾于人类普遍利益之上，资本主导的虚假共同体"对一切人来说表现为外在的因而是偶然的东西。通过独立的个人的接触而表现出的社会联系，对于他们同时既表现为物的必然性，同时又表现为外在的联系"，于是，在新冠肺炎疫情的攻击之下，西方那种虚假的共同体再次成为一切人反对一切人的战场。因此，从世界左翼学者和领袖们的高度评价中，我们可以感受到世界上"被侮辱与被损害"的人们在新冠肺炎疫情的危机中无法继续容忍资本逻辑对人类团结应对共同灾难的集体行动的阻滞，而在灾难中所激发的人类共同体的自觉意识也必将在灾后成为一个崭新的全球政治经济治理秩序的基石。

# 三、中国成功与西方陷落：重新认识共产主义

新冠肺炎疫情之前，全球资本主义经济已经开始尽显疲态。美国自2008年国际金融危机以后，依靠巨额量化宽松，向全世界输出通货膨胀，用以邻为壑的利己主义财政政策将虚假的经济繁荣苟延残喘至今。根据目前的经济数据，停工造成的大量企业债违约的预期很可能成为压垮整个金融帝国主义的最后一根稻草。突如其来的新冠肺炎疫情扮演了一场世界大战的角色，而经济停滞和秩序崩溃之后则将迎来重建秩序的新时期，新冠

肺炎疫情中的共产主义话语于是被再次激活。

### （一）重回社会，重回人性：西方左翼重申共产主义原则

戴维·哈维呼吁工人阶级的团结："工人阶级不是要实现什么理想，而只是要解放那些由旧的正在崩溃的资产阶级社会本身孕育着的新社会因素。"① 他将我们正在经历的这场新冠肺炎疫情引发的资本主义系统性危机视为"那个陈旧的、可怕的、崩溃中的社会秩序"。这场灾难正在创造出"新工人阶级"——被停滞的资本循环甩出的相对过剩人口，哈维将其主要人群定义为"非裔美国人、拉美裔美国人和工薪妇女等"②。哈维问道："为什么我们不把目前正在崩溃的资产阶级社会所蕴含的那些要素——惊人的科学技术和生产力——解放出来，利用人工智能、技术改造和组织形式，以使我们能够创造一个与以往存在的任何事物都迥然不同的东西？"③哈维的共产主义想象是令人兴奋的，因为很显然，尽管复工能够使得新工人阶级付租金、还房贷和购买食物——这也正是资产阶级所希望的——并重新回到旧的雇佣秩序中去，但是既然疫情让新工人阶级体会到了免费提供基本食品和医疗保障的类"社会主义"替代方案，那么为什么不让复工来得更晚一些，从而培养这种"社会主义"习惯，并激活工人阶级的社会主义想象呢？

病毒促使全世界脆弱的付酬劳动者和被资本社会排斥与压迫的人去思考共产主义状态下的生命存在状态，马克思的共产主义教诲发人深省："**共产主义**是对**私有财产即人的自我异化的积极的扬弃**，因而是通过人并且为了人而对**人**的本质的真正**占有**；因此，它是人向自身、也就是向**社会的**即合乎人性的人的复归，这种复归是完全的复归，是自觉实现并在以往发展的全部财富的范围内实现的复归。这种共产主义，作为完成了的自然主义，等于人道主义，而作为完成了的人道主义，等于自然主义，它是人

---

① 马克思，恩格斯. 马克思恩格斯选集：第 3 卷. 2 版. 北京：人民出版社，1995：60.

②③ HARVEY D. We need a collective response to the collective dilemma of coronavirus.（2020 - 04 - 24）[2021 - 10 - 30]. https：//jacobinmag.com/2020/04/david-harvey-coronavirus-pandemic-capital-economy.

和自然界之间、人和人之间的矛盾的**真正解决**，是存在和本质、对象化和自我确证、自由和必然、个体和类之间的斗争的真正解决。它是历史之谜的解答，而且知道自己就是这种解答 。"① 事实上，与资本主义世界以邻为壑的疫情应对方式不同的是，以中国为代表的社会主义国家对疫情的应对和国际合作体现出了真正的共产主义精神。斯科特·谢弗认为："中国共产党和中国人民在抗击新冠肺炎疫情的人民战争中树立了榜样。他们战胜疾病，成功地证明了科学和医学的惊人进步、集中规划的优越性以及如何将人类而不是利益置于优先地位。这是全世界工人阶级争取觉悟斗争的胜利。"② 中国在应对疫情方面的国际团结和合作成绩越好，美国统治者会越感到中国的榜样影响的压力，中国也会越遭到美国为首的西方世界的偏见和侮辱。谢弗认为，必须做好准备捍卫中国社会主义，事实上捍卫社会主义就是捍卫人性和自由。

### （二）中国应对疫情体现出社会主义制度的治理优越性

左翼学者卡洛斯·马丁内斯以《卡尔·马克思在武汉》为题详尽地阐述了中国社会主义击败新冠病毒的三个重要原因：第一，社会主义与人工智能、云计算以及被普通人广泛使用的高速互联网基础设施保证了对疫情发展态势的可控；第二，自上而下的高度协调的社会动员能力保证了高层的科学决策能够贯彻到基层社会；第三，免费的全民"战时"医疗福利保证了使每一个公民免于对病毒的恐惧③。秘鲁共产党（红色祖国）主席阿尔韦托·莫雷诺·罗哈斯认为，疫情防控体现了中国社会主义的高效治理模式：在短时间内调集全国医疗资源援助武汉，更为重要的是为所有新冠肺炎患者提供完全免费的医疗服务，避免了更大的人道主义灾难。"从中国的表现可以看出，这是一个真正伟大的国家——它独自承受了打击，保

① 马克思，恩格斯．马克思恩格斯文集：第1卷．北京：人民出版社，2009：185 - 186.

② SCHEFFER S. Marines retool for war on China. （2020 - 06 - 16）［2021 - 10 - 30］. https：// www. struggle-la-lucha. org/2020/06/16/marines-retool-for-war-on-china.

③ MARTINEZ C. Karl Marx in Wuhan：how Chinese socialism is defeating COVID-19. （2020 - 03 - 25）［2021 - 10 - 30］. https：//www. invent-the-future. org/2020/03/karl-marx-in-wu-han-how-chinese-socialism-is-defeating-covid-19/.

护了全人类。中国证明了自己有资格成为超级大国，并将以此身份走出疫情，从而大幅度提升自己的软实力。"①

显而易见，以上两位学者敏锐地注意到了社会主义制度的治理优越性的核心原则——公有制及其实践理性。社会主义制度的本质属性就是生产资料的社会主义公有制。按照恩格斯的看法，社会主义公有制使得"所有这些生产部门由整个社会来经营，就是说，为了共同的利益、按照共同的计划、在社会全体成员的参加下来经营。……因此私有制也必须废除，而代之以共同使用全部生产工具和按照共同的协议来分配全部产品"②。新冠肺炎疫情至少在以下三个方面再一次证明了恩格斯对社会主义公有制的优越性所做出的判断：第一，社会主义公有制将生产和消费等经济活动置于社会的治理之下，人及社会成为经济活动的唯一目的，因此，社会主义公有制所建构起来的乃是需求经济学而不是欲望经济学，也正是在这个意义上，满足新冠肺炎疫情中社会的基本医疗需求而不考虑资本盈利的旺盛欲望则成为公有制社会的第一选择。第二，以公共利益为出发点的有计划和组织化的社会治理模式建构了一个共享发展成果的美好愿景。事实上，尽管中国存在规模巨大的非公有制经济部分，但是由于公有制经济的主导作用，中国特色社会主义制度已经形成了公有制的实践理性动能。换句话说，非公有制经济在公有制经济的引导之下发挥了对经济活动的计划、组织和调控的社会主义功能，短时期内带领非公有制生产部门主动投入疫情物资供应的生产活动中并形成源源不断的产能供应全世界。第三，公有制所潜在的巨大社会资源调配和动员能力。公有制使得生产资料和生活资料在全社会分配，于是"土地国有化将彻底改变劳动和资本的关系，……与社会相对立的政府或国家政权将不复存在！……**生产资料的全国性的集中**将成为由自由平等的生产者的各联合体所构成的社会的全国性的基础"③。从恩格斯对公有制经济的实践理性的判断中，我们就不难理解为什么有些

① 俄罗斯专家：疫情过后中国将变得更强大：中俄资讯网莫斯科编发．中俄资讯网，2020 - 02 - 07.

② 马克思，恩格斯．马克思恩格斯文集：第1卷．北京：人民出版社，2009：683.

③ 马克思，恩格斯．马克思恩格斯文集：第3卷．北京：人民出版社，2009：233.

资本主义国家政府公然站在社会和常识的对立面，而与此相反，中国政府则坚定地与人民及社会站在同一战线上。

作为前社会主义国家的俄罗斯，在疫情中也遭受了很大损失。疫情使得俄罗斯民众不断要求国家援助，多数人要求的"非常规措施"是对商品的平均分配。与俄罗斯对社会主义的怀念不同，社会主义的古巴正在帝国主义的经济封锁之下，展现着一种伟大的共产主义精神。疫情期间，古巴的对外援助一直都在进行，并已经向 59 个国家提供了医疗援助，甚至接收了载有新冠肺炎患者的英国"布雷马"号邮轮——尽管该邮轮曾被多个国家拒绝靠岸。这难道不正是共产主义道德在此岸世界中的投影吗？正如马克思所说："承认真理、正义和道德是他们彼此间和对一切人的关系的基础，而不分肤色、信仰或民族"①。

或许当新自由主义者嘲讽社会主义的中国和古巴在疫情旋涡中挣扎，而资本主义国家又无所作为并以邻为壑的时候，正是我们重新定义自由主义和共产主义的时候。于是，齐泽克又一次提醒道：假设我们将所有关心自由的人都定义为自由主义者，并把那些认为只有在全球资本主义走向危机的时候通过根本性变革来挽救自由的人定义为共产主义者，那么我们应当说，今天那些仍然将自身视为共产主义者的人才是如假包换的自由主义者，只有他们严肃地研究为何我们的自由价值观受到威胁并意识到只有根本性变革才能挽救它。

---

① 马克思，恩格斯. 马克思恩格斯文集：第 3 卷. 北京：人民出版社，2009：227.

# 后　记


本书的前言、第一章由陈学明撰写，第二章由夏巍撰写，第三章由姜国敏撰写，第四章由韩秋红、孙颖撰写，第五章由韩秋红、王馨曼撰写，第六章由李健撰写，第七章由金瑶梅撰写，附录一由陈学明撰写，附录二由陈学明、韩欲立撰写，陈学明还负责策划与统稿。

**图书在版编目（CIP）数据**

西方马克思主义在中国的传播与影响研究/陈学明
等著. -- 北京：中国人民大学出版社，2023.3
（马克思主义理论研究与当代中国书系）
ISBN 978-7-300-31098-5

Ⅰ.①西… Ⅱ.①陈… Ⅲ.①西方马克思主义-传播
-研究-中国 Ⅳ.①B089.1②D61

中国版本图书馆 CIP 数据核字（2022）第 188905 号

国家出版基金项目
"十四五"时期国家重点出版物出版专项规划项目
马克思主义理论研究与当代中国书系

**西方马克思主义在中国的传播与影响研究**

陈学明 等 著
Xifang Makesi Zhuyi zai Zhongguo de Chuanbo yu Yingxiang Yanjiu

| | | |
|---|---|---|
| 出版发行 | 中国人民大学出版社 | |
| 社　　址 | 北京中关村大街 31 号 | 邮政编码　100080 |
| 电　　话 | 010－62511242（总编室） | 010－62511770（质管部） |
| | 010－82501766（邮购部） | 010－62514148（门市部） |
| | 010－62515195（发行公司） | 010－62515275（盗版举报） |
| 网　　址 | http://www.crup.com.cn | |
| 经　　销 | 新华书店 | |
| 印　　刷 | 天津中印联印务有限公司 | |
| 规　　格 | 165 mm×230 mm　16 开本 | 版　次　2023 年 3 月第 1 版 |
| 印　　张 | 16.25 插页 2 | 印　次　2023 年 3 月第 1 次印刷 |
| 字　　数 | 241 000 | 定　价　68.00 元 |